Passwort Deutsch 2

Kurs- und Übungsbuch

Ernst Klett Sprachen
Stuttgart

Passwort Deutsch 2

Kurs- und Übungsbuch

von Ulrike Albrecht, Dorothea Dane, Christian Fandrych (Systematische Grammatik), Gaby Grüßhaber, Uta Henningsen, Angela Kilimann, Harald Knaus, Renate Köhl-Kuhn, Karen Papendieck, Susanne Schäfer

1. Auflage A1 ^{6} ^{5} | 2013   2012

Alle Drucke dieser Auflage können nebeneinander benutzt werden, sie sind untereinander unverändert.
Die letzte Zahl bezeichnet das Jahr des Druckes.

Internet: www.klett.de, www.password-deutsch.de
E-Mail: info@passwort-deutsch.de

Projektleitung: Jürgen Keicher
Redaktion: Iris Korte-Klimach, Silvia Klötzer, Alicia Padrós
Beratung: Dr. Evelyn Frey, Ronald Grätz
Zeichnungen: Dorothee Wolters
Fotografie: Jürgen Leupold
Layout: Andreas Kunz, Andrea Schmid
Umschlaggestaltung: Silke Wewoda
Herstellung: Katja Schüch
Satz: Lihs GmbH, Medienhaus, Ludwigsburg; Medienproduktion Isabella Helm, Herrenberg
Druck: Druckerei A. Plenk KG, Berchtesgaden • Printed in Germany

ISBN: 978-3-12-675827-7

Was ist Passwort Deutsch?

Unabhängig davon, welche Erfahrungen Sie bisher gesammelt haben und ob Sie im In- oder Ausland Deutsch lehren oder lernen – **Passwort Deutsch** ist das richtige Lehrwerk für Sie:

Passwort Deutsch bietet Ihnen einen direkten Zugang zur deutschen Sprache, zu Land und Leuten, zu Kultur und Kommunikation. Gezeigt wird die moderne Lebenswirklichkeit von Personen und Figuren an verschiedenen Schauplätzen in den deutschsprachigen Ländern.

Passwort Deutsch ist transparent, pragmatisch und kleinschrittig. Sie wissen an jeder Stelle, was Sie warum machen, und haben alles, was Sie zur Bewältigung der Aufgaben brauchen. Die gleichmäßige Progression passt sich dem individuellen Lernrhythmus an.

Passwort Deutsch begleitet Sie in vier Bänden durch die gesamte Grundstufe. Band 5 bereitet auf das *Zertifikat Deutsch* und auf den Übergang in die Mittelstufe vor.

Passwort Deutsch integriert kommunikative, interkulturelle und handlungsorientierte Sprachvermittlungsmethoden. Ein ausgewogenes Fertigkeitentraining ist in diesem Zusammenhang genauso wichtig wie eine konsequente Wortschatz- und Grammatikarbeit.

Passwort Deutsch ist leicht zugänglich, effizient und motivierend. Mit dem kombinierten Kurs- und Übungsbuch, einem umfassenden Internet-Angebot sowie weiteren attraktiven Lehrwerkkomponenten stehen Ihnen viele Materialien und Medien zur Verfügung.

Was bietet Passwort Deutsch?

Kursbuch: Sechs gleichmäßig aufgebaute Lektionen à 12 Seiten • Alles für die gemeinsame Arbeit im Kurs • Vermittlung von Wortschatz und Grammatik • Aufbau der sprachlichen Fertigkeiten • Rubrik *Im Deutschkurs* für die Kurskommunikation • Grammatikübersicht am Ende jeder Lektion

Übungsbuch: Zu jeder Kursbuchlektion eine Übungsbuchlektion à 16 Seiten • Vielfältiges Angebot zur Festigung und Erweiterung des im Kurs Erlernten • Binnendifferenzierung im Unterricht • Hausaufgaben • Selbstständiges Wiederholen

Anhang: Übersichten zum Nachschlagen • Unterstützung bei der Vor- und Nachbereitung des Unterrichts • Lösungen zum Übungsbuch • Systematische Grammatik • Verbliste • Alphabetische Wortliste

Viel Erfolg und viel Spaß in der Praxis wünschen Ihnen

Autoren und Verlag

Inhaltsverzeichnis

Inhaltsverzeichnis

Arbeiten mit Passwort Deutsch

Kursbuch

Alles, was Sie für das Kursgeschehen brauchen.
Vorschläge für den Ablauf und dafür, welche Sozial- und Arbeitsformen sich für die einzelnen Aufgaben eignen, finden Sie im Lehrerhandbuch.

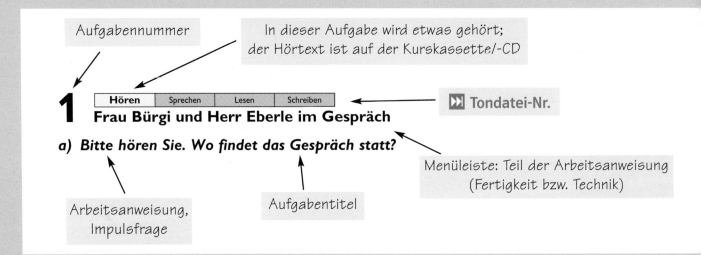

Aufgabennummer

In dieser Aufgabe wird etwas gehört; der Hörtext ist auf der Kurskassette/-CD

1 | Hören | Sprechen | Lesen | Schreiben |
Frau Bürgi und Herr Eberle im Gespräch

a) *Bitte hören Sie. Wo findet das Gespräch statt?*

▶▶ Tondatei-Nr.

Menüleiste: Teil der Arbeitsanweisung (Fertigkeit bzw. Technik)

Arbeitsanweisung, Impulsfrage

Aufgabentitel

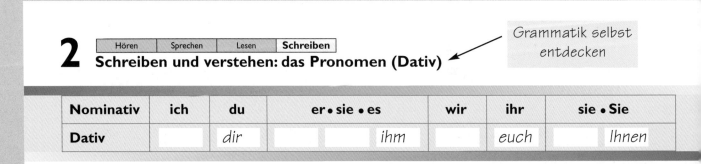

Grammatik selbst entdecken

2 | Hören | Sprechen | Lesen | **Schreiben** |
Schreiben und verstehen: das Pronomen (Dativ)

Nominativ	ich	du	er • sie • • es		wir	ihr	sie • Sie
Dativ		*dir*		*ihm*		*euch*	*Ihnen*

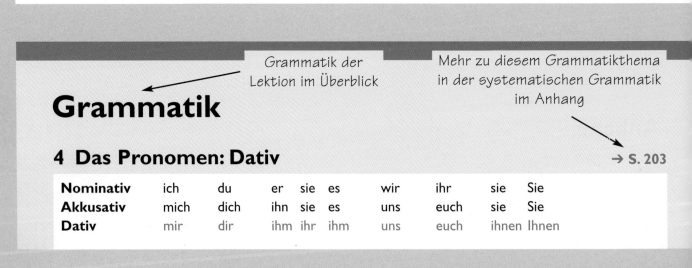

Grammatik der Lektion im Überblick

Mehr zu diesem Grammatikthema in der systematischen Grammatik im Anhang

Grammatik

4 Das Pronomen: Dativ

→ S. 203

Nominativ	ich	du	er	sie	es	wir	ihr	sie	Sie
Akkusativ	mich	dich	ihn	sie	es	uns	euch	sie	Sie
Dativ	mir	dir	ihm	ihr	ihm	uns	euch	ihnen	Ihnen

5 Pronomen

→ L9

Die Pronomen nennen Sprecher und Hörer oder ersetzen Namen und bekannte Nomen.

ich, wir: Sprecher   du, ihr, Sie: Hörer
er, sie, es, sie: über diese Personen und Dinge spricht man

Tipp es kann sich auch auf eine ganze Aussage beziehen:
„Wann kommt der Zug an?" – „Ich weiß es nicht."

Die systematische Grammatik fasst die grammatischen Themen des Kursbuchs in Kapiteln zusammen.

	Singular					**Plural**			
Nominativ	ich	du	er	sie	es	wir	ihr	sie	Sie
Akkusativ	mich	dich	ihn	sie	es	uns	euch	sie	Sie
Dativ	mir	dir	ihm	ihr	ihm	uns	euch	ihnen	Ihnen

---

4 | Hören | Sprechen | Lesen | Schreiben | ▶▶ 38
Hören und sprechen: sch, st, sp

Hören Sie und markieren Sie. Wo hören Sie den Laut sch nicht?

In den Lektionsablauf integrierte Aussprache-übungen; der Hörtext ist auf der Kurskassette/-CD

Übungsbuch

Alles, was Sie zur Wiederholung, Erweiterung und Differenzierung des im Kurs Erlernten verwenden können. Alle Übungen sind auch für Hausaufgaben oder zum selbstständigen Lernen geeignet; der Lösungsschlüssel im Anhang erlaubt auch die Selbstkontrolle.

Seite 30	**Aufgabe 1–3**

Verweis auf die Seite bzw. die Aufgaben im Kursbuch, zu denen die Übungen passen

---

Lernthema, Arbeitsanweisung

Beispiel: Wie funktioniert die Übung?

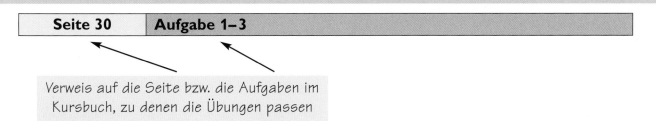

2 **Frau Bürgi zeigt Fotos von ihren Kollegen. Ergänzen Sie *ihm, ihr* oder *ihnen*.**

1. Das sind meine Kollegen. Mit *ihnen* arbeite ich zusammen.
2. Das ist Herr Nöll aus Deutschland. Zu _____ habe ich wenig Kontakt.

Lektion 7

Ein Hotel in Salzburg

1 | Hören | **Sprechen** | **Lesen** | Schreiben |

Das Hotel Amadeus

Lesen Sie den Hotelprospekt.

das Einzelzimmer	das Doppelzimmer	der Frühstücksraum	die Dusche
das WC	das Schwimmbad	die Garage	der Biergarten
die Bar	der Fernseher	das Telefon	das Bad

Ein Einzelzimmer kostet …

Die Zimmer haben …

Es gibt ein …

Genießen Sie Ihren Aufenthalt in der Mozartstadt in einem typischen Salzburger Altstadthaus aus dem 15. Jahrhundert.

Zentral, nur wenige Gehminuten von den meisten Sehenswürdigkeiten und Festspielhäusern entfernt in der Fußgängerzone gelegen, ist das Hotel Amadeus der ideale Ausgangspunkt für Ihren Salzburg-Aufenthalt.

Hotel Amadeus, Linzer Gasse 43-45, 5020 Salzburg, Österreich
www.hotelamadeus.at, Tel. +43-662-87 14 01, Fax 87 14 017
E-Mail salzburg@hotelamadeus.at

Der Tag beginnt mit einem reichhaltigen Frühstücksbuffet im Frühstücksraum – natürlich all inclusive!

Sie wohnen in gemütlich eingerichteten Zimmern mit Fernseher, Telefon und Dusche oder Bad/WC.

Günstige Parkgarage ums Eck.

			Hochsaison
Zimmerpreise:	*Einzelzimmer:*	*53 €*	*68 €*
	Doppelzimmer:	*87 €*	*130 €*
	Dreibettzimmer:	*109 €*	*145 €*
	Appartement:	*130 €*	*174 €*

2 Hotelberufe

| Hören | Sprechen | Lesen | **Schreiben** |

Wer arbeitet im Hotel Amadeus?

| **Empfangschefin** | **Zimmermädchen** | **Koch** | **Musiker** | **Hotelier** | **Ober** |

1. Judit Kovács empfängt die Gäste. Sie ist _Empfangschefin_____.
2. Valentina Ponte und Barbara Nováková räumen die Zimmer auf. Sie sind _Zimmermädchen_____.
3. Toni Walketseder macht das Essen für die Gäste. Er ist _Koch_____.
4. Max Hinterleitner macht Zithermusik. Er ist _Musiker_____.
5. Herr und Frau Walketseder sind die Hotelbesitzer. Herr Walketseder ist _Hotelier_____.
6. Jan Mikulski serviert das Essen und bringt die Getränke. Er ist _Ober_____.

3 Der Hotelchef informiert

| Hören | Sprechen | Lesen | Schreiben | ▷▷ 1 |

Richtig ⓡ *oder falsch* ⓕ*? Was sagt Herr Walketseder?*

1. Das Hotel Amadeus liegt ruhig und zentral. _____ ⓡ ⓕ
2. Man kann fast alles zu Fuß erreichen. _____ ⓡ ⓕ
3. In Salzburg gibt es keine Biergärten. _____ ⓡ ⓕ
4. Die Hotelrezeption organisiert Stadtführungen für die Gäste. _____ ⓡ ⓕ
5. Die Hotelrezeption verkauft auch Konzertkarten. _____ ⓡ ⓕ
6. Nicht alle Gäste sind im Hotel Amadeus willkommen. _____ ⓡ ⓕ

Frühstücksraum

Zimmer

Terrasse

Arbeit und Freizeit

1 | Hören | Sprechen | **Lesen** | Schreiben |
Der Tag von Barbara und Valentina

a) Bitte lesen Sie.

Die Zimmermädchen Barbara und Valentina sind müde. Heute hat der Tag früh angefangen. Um 6 Uhr sind sie aufgestanden. Hotelgäste sind abgefahren, Hotelgäste sind angekommen. Barbara und Valentina haben die Zimmer aufgeräumt. Sie haben Betten gemacht und Handtücher ausgewechselt, sie haben die Fenster aufgemacht und die Zimmer geputzt. Jetzt trinken sie Kaffee. Valentina hat Brezeln mitgebracht.

b) Was machen Valentina und Barbara jetzt gerade?

☐ Sie arbeiten.   ☐ Sie machen Pause.

c) Lesen Sie noch einmal und nummerieren Sie dann die Bilder.

2 | Hören | Sprechen | Lesen | **Schreiben** |
haben mitgebracht – mitbringen. Wie heißen die Infinitive?

1. gebracht   _bringen_   mitgebracht   _mitbringen_
2. gemacht   _____   aufgemacht   _____
3. gekommen   _____   angekommen   _____
4. gefahren   _____   abgefahren   _____

3 | Hören | Sprechen | Lesen | **Schreiben** |
Schreiben und verstehen: das Partizip Perfekt – trennbare Verben

Infinitiv	Partizip Perfekt	Infinitiv	Partizip Perfekt
aufmachen	*aufgemacht*	ankommen	*angekommen*
aufräumen	*aufgeräumt*	aufstehen	*aufges*
auswechseln	*ausgewechselt*	anfangen	

4 | Hören | Sprechen | Lesen | **Schreiben**
Der Traum von Valentina

Im Traum hat sie alles falsch gemacht.

1. Ich habe die Zimmer ~~aufgemacht.~~ _aufgeräumt_
2. Ich habe die Fenster ausgewechselt. _____
3. Ich habe die Betten aufgeräumt. _____
4. Ich habe die Brezeln geputzt. _____
5. Ich habe die Handtücher gemacht. _____
6. Ich habe die Zimmer mitgebracht. _____

5 | Hören | **Sprechen** | Lesen | Schreiben
Der Tag von Akiko

Akiko aus Japan schläft noch. Was hat sie gestern gemacht?

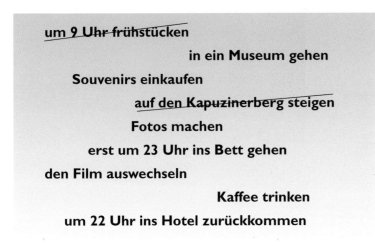

um 9 Uhr ~~frühstücken~~

      in ein Museum gehen

Souvenirs einkaufen

    ~~auf den Kapuzinerberg steigen~~

Fotos machen

erst um 23 Uhr ins Bett gehen

den Film auswechseln

    Kaffee trinken

um 22 Uhr ins Hotel zurückkommen

▶ Akiko hat um 9 Uhr gefrühstückt. Dann ist sie auf den Kapuzinerberg gestiegen.

6 | Hören | **Sprechen** | Lesen | Schreiben
Und Sie?

Sprechen Sie im Kurs.

ferngesehen	eingekauft	gefeiert	geschlafen	gearbeitet
getroffen	vorbereitet	geheiratet	gewaschen	krank geworden
	Urlaub gemacht	angerufen		

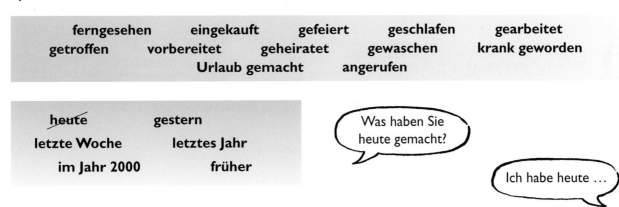

~~heute~~   gestern
letzte Woche   letztes Jahr
im Jahr 2000   früher

Was haben Sie heute gemacht?

Ich habe heute …

7

Unterwegs nach Salzburg

(on the go)
(in transit)

1 | Hören | Sprechen | **Lesen** | Schreiben | ▶▶ 2
Wie ist das Wetter in Salzburg?

a) Lesen Sie den Wetterbericht.

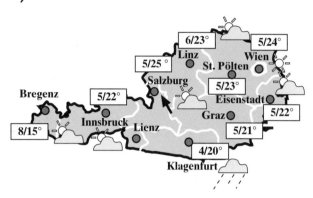

**b) Hören Sie den Wetterbericht
und kreuzen Sie an.**

	heute	morgen
1. Es regnet.	☐	☐
2. Es wird bis 25° warm.	☐	☐
3. Es bleibt windig.	☐	☐
4. Die Temperatur beträgt 18°.	☐	☐
5. Es ist bewölkt.	☐	☐
6. Die Sonne scheint.	☐	☐

2 | Hören | Sprechen | Lesen | **Schreiben** |
Wie heißt das Wort?

1. der Regen   *regnerisch*
2. der Wind   _____
3. die Sonne   _____
4. die Wolke   _____

3 | Hören | **Sprechen** | Lesen | Schreiben |
Wie ist das Wetter bei Ihnen?

Die Sonne …

Morgen wird es …

4

| Hören | Sprechen | **Lesen** | Schreiben |

Familie Kajewski fährt nach Salzburg

Familie Kajewski aus Schwerin möchte Urlaub in Österreich machen. Heute stehen alle früh auf, die Reise beginnt um 5 Uhr. 10 Stunden dauert die Autofahrt. Bei Leipzig und Nürnberg machen sie Pause. Die Eltern bestellen viel Kaffee.

Bei München hören sie den Wetterbericht für Salzburg: Schnürl-Regen, eine Salzburger Spezialität. Und Frau Kajewski hat ihren Regenschirm zu Hause vergessen.

Endlich kommen sie in Salzburg an. Aber jetzt findet Familie Kajewski das Hotel Amadeus nicht: Herr Kajewski hat den Stadtplan verloren. Sie fragen einen Salzburger. Er erklärt den Weg ins Hotel, aber sie verstehen ihn schlecht: Die Österreicher sprechen nicht wie die Deutschen!

Endlich entdeckt Jonas, der Sohn von Kajewskis, das Hotel.

5

| Hören | **Sprechen** | Lesen | Schreiben |

Wie war die Reise von Familie Kajewski?

Bitte erzählen Sie im Perfekt.

| entdeckt | ~~begonnen~~ | verstanden | vergessen | erklärt | bestellt | verloren |

> Familie Kajewski ist früh aufgestanden.

> Die Reise hat um 5 Uhr begonnen.

6

| Hören | Sprechen | Lesen | **Schreiben** |

Schreiben und verstehen: das Partizip Perfekt – untrennbare Verben

Infinitiv	Partizip Perfekt	Infinitiv	Partizip Perfekt
beginnen	*begonnen*	**er**klären	*erklärt*
bestellen	*bestelt*	**ver**stehen	*verstanden*
vergessen	*vergessen*	**ent**decken	*entdecken*

7

| Hören | Sprechen | Lesen | **Schreiben** | ▷▷ 3

Hören und sprechen: trennbare und untrennbare Verben

Wo ist der Akzent? Markieren Sie und sprechen Sie nach.

		trennbar	untrennbar
1.	auf – steh – en _____	X	
2.	be – ginn – en _____		X
3.	an – komm – en _____		
4.	ent – deck – en _____		
5.	auf – räum – en _____		
6.	er – klär – en _____		
7.	ver – steh – en _____		
8.	ab – fahr – en _____		

An der Rezeption

1 Herr Kajewski hat reserviert

| Hören | Sprechen | Lesen | Schreiben | ▶▶ 4 |

Hören Sie den Dialog. Nummerieren Sie die Sätze.

5 Danke schön.

3 Ja, ich habe im Mai mit Frau Walketseder telefoniert.

1 Guten Tag. Mein Name ist Kajewski.

4 Ah ja, stimmt. Die Chefin hat mich schon informiert.
Sie haben Zimmer 17. Bitte sehr, Ihr Schlüssel.
Viel Spaß in Salzburg!

2 Grüß Gott, Herr Kajewski. Haben Sie reserviert?

2 Schreiben und verstehen: das Partizip Perfekt – Verben auf -ieren

| Hören | Sprechen | Lesen | **Schreiben** |

Infinitiv	Partizip Perfekt	
reservieren	reserviert	
telefonieren	telefoniert	
informieren	informiert	

3 Die Reise nach Salzburg

| Hören | Sprechen | Lesen | **Schreiben** |

Jonas spricht mit Valentina. Ergänzen Sie.

entdecken
~~aufstehen~~   spielen
schlafen   steigen   vergessen
abfahren   gehen
telefonieren   finden   warten
verlieren   regnen

1. Wir sind ganz früh *aufgestanden* und ins Auto _____, nur Papa nicht.
2. Er hat mit Onkel Hans _____. Onkel Hans hat nämlich unseren Hund.
3. Und dann sind wir endlich _____.
4. Wir Kinder haben _____ und Karten _____, aber die Reise war so langweilig!
5. Einmal ist Mama aufs Klo _____, da haben wir ganz lange _____.
6. Zuerst haben wir unser Hotel in Salzburg nicht _____.
7. Papa hat den Stadtplan _____ und Mama war sauer.
8. Es hat _____ und Mama hat ihren Regenschirm _____.
9. Dann habe ich aber das Hotel _____.

4

Marlene Steinmann hat nicht reserviert

Bitte kreuzen Sie den richtigen Satz an.

1. a) ☐ Marlene hat reserviert.
   b) ☒ Marlene sucht ein Zimmer für zwei Nächte.
2. a) ☒ Sie braucht ein Einzelzimmer.
   b) ☐ Sie braucht ein Doppelzimmer.
3. a) ☐ Sie möchte ein Zimmer ohne Bad und WC.
   b) ☒ Sie möchte ein Zimmer mit Bad und WC.
4. a) ☒ Das Zimmer ist mit Blick auf die Straße.
   b) ☐ Das Zimmer ist mit Blick auf den Hof.
5. a) ☒ Marlene bucht zwei Übernachtungen mit Halbpension.
   b) ☐ Marlene bucht zwei Übernachtungen mit Frühstück.
6. a) ☐ Sie hat viel Gepäck.
   b) ☒ Sie braucht keine Hilfe. Sie hat nur einen Koffer und eine Tasche.

5

| Hören | **Sprechen** | Lesen | **Schreiben** |

Die Zimmersuche

a) Schreiben Sie einen Dialog.

> Nein, leider mit Blick auf die Straße. Aber es ist ruhig.
> Nein, nur mit Frühstück.   Guten Tag, haben Sie noch ein Zimmer für eine Nacht frei?
> Bitte schön. Hier ist Ihr Schlüssel, Zimmer 5.   Möchten Sie die Übernachtung mit Halbpension?
> Gut. Das nehme ich.   ~~Grüß Gott, bitte sehr?~~   Nein, ein Doppelzimmer, bitte.   Danke.
> Mit Bad und WC. Ist das Zimmer mit Blick auf den Garten?
> Ja, brauchen Sie ein Einzelzimmer?   Mit oder ohne Bad und WC?

Empfangschef: Grüß Gott, bitte sehr? _____

Tourist: Guten Tag, ... _____

_____

b) Spielen Sie Dialoge im Kurs.

Guten Tag, ich suche ein Zimmer.

Grüß Gott ...

Im Speisesaal

1

Hören	Sprechen	Lesen	Schreiben

⏩ 6–9

Im Speisesaal

Hören Sie und schreiben Sie die Tischnummer auf.

1. Tisch Nr. _____   3. Tisch Nr. _____

2. Tisch Nr. _____   4. Tisch Nr. _____

2

Hören	Sprechen	Lesen	Schreiben

Wer sitzt wo?

Suchen Sie die Personen auf dem Bild.

1. Der Mann mit dem Musikinstrument sitzt an Tisch _2_____.

2. Die Touristinnen mit den Fotoapparaten sitzen an Tisch _1_____.

3. Die Frau mit dem Hut sitzt an Tisch _4_____.

4. Die Frau mit dem Handy und der Sonnenbrille sitzt an Tisch _5_____.

5. Das Paar mit dem Hund sitzt an Tisch _4_____.

6. Die Familie mit den Kindern sitzt an Tisch _3_____.

3

| Hören | Sprechen | Lesen | **Schreiben** |

Schreiben und verstehen: *mit + Dativ*

m	mit	*dem*	Hut	mit	*einem*	Hut
f	mit		Sonnenbrille	mit	*eine___*	Sonnenbrille
n	mit		Handy	mit		Handy
Pl	mit		Kinder**n**	mit	*Kinder___*	

4

| Hören | Sprechen | Lesen | **Schreiben** |

Wer ist im Speisesaal?

Ergänzen Sie bitte.

1. Ein Mann mit _einem Musikinstrument_ .
2. Ein Mann und eine Frau mit _einem Hund_ .
3. Eine Familie mit zwei _einer Sonnenbrille_ .
4. Marlene Steinmann mit _____
   und mit _____ .
5. Zwei Touristinnen mit _Fotoapparaten_

5

| Hören | **Sprechen** | Lesen | Schreiben |

In den Urlaub fahren

a) Womit?

	das Fahrrad	
der Zug		der Bus
	das Schiff	
das Flugzeug		das Auto

in den Urlaub	nach Australien
in die Sprachschule	ins Büro
in die Schweiz	nach Deutschland

▶ Womit fahren Sie in den Urlaub?   ◁ Ich fliege mit dem Flugzeug.

b) Mit wem?

mit meinem Bruder	mit meiner Freundin
mit unserem Kind	mit unseren Eltern
mit unseren Freunden	mit meinen Kindern
mit meiner Schwester	mit unserem Freund

Ich fahre mit meiner Freundin in Urlaub.

Wir fahren mit …

Wolfgang Amadeus Mozart

1
Hören | Sprechen | **Lesen** | Schreiben
W. A. Mozart

a) Ein Lexikonartikel. Was können Sie schon verstehen?

Mozart, Wolfgang Amadeus, *1756 Salzburg, †1791 Wien. Österreichischer Komponist. Sein Vater Leopold Mozart, selbst ein Musiker, unterrichtet seinen Sohn musikalisch. Mozart ist ein Wunderkind. Schon mit 6 Jahren macht er mit seinem Vater und mit seiner Schwester Nannerl Konzertreisen durch Europa. 1769 wird Mozart Konzertmeister beim Erzbischof von Salzburg. 1780 zieht er nach Wien um. Er ist dort freier Künstler und hat oft finanzielle Probleme. 1782 heiratet er Constanze Weber. Mit seiner Oper „Don Giovanni" hat er 1787 endlich großen Erfolg und wird kaiserlicher Komponist. Mozart ist aber oft krank und immer noch arm. Mit 35 Jahren stirbt er einsam und unglücklich in Wien. Mozart hat Opern, Sinfonien, Konzerte und noch viel mehr komponiert. Er ist einer der wichtigsten Komponisten der Musikwelt. Vieles ist heute nach Mozart benannt. Es gibt sogar eine Süßigkeit: Mozartkugeln.

b) Bitte ergänzen Sie den Lebenslauf von Mozart.

1. 17 ____ geboren in _____
2. Musiklehrer von Wolfgang Amadeus Mozart: _____
3. Seit 17 ____ Konzertreisen
4. 17 ____ Heirat mit _____
5. 1791 Tod in _____
6. Kompositionen: _____

2
Hören | Sprechen | Lesen | Schreiben   ⏭ 10
Ein Lied von Mozart (1788)

Singen Sie den Kanon!

Bona nox
Kanon zu 4 Stimmen

Text und Melodie
Wolfgang Amadeus Mozart

Bo — na nox bist a rech — ter Ochs, buo — na not — te, lie — be Lot — te; bonne nuit, pfui, pfui, good night, good

night, heut' müss' ma no weit, gu-te Nacht, gu-te Nacht, 's wird höchs-te Zeit, gu-te Nacht, schlaf fei g'sund und bleib recht ku—gel—rund!

Grammatik

1 Das Partizip Perfekt
→ S. 197, 170

Trennbare Verben

Regelmäßige Verben

Infinitiv	Partizip Perfekt		
aufmachen	auf	-ge-	mach	-t
aufräumen	auf	-ge-	räum	-t
auswechseln	aus	-ge-	wechsel	-t

Unregelmäßige Verben

Infinitiv	Partizip Perfekt		
ankommen	an	-ge-	komm	-en
aufstehen	auf	-ge-	stand	-en
mitbringen	mit	-ge-	brach	-t

Regel: Beim Partizip Perfekt von trennbaren Verben steht erst das Präfix (z. B. *auf-*) und dann *-ge-*.

Untrennbare Verben

Regelmäßige Verben

Infinitiv	Partizip Perfekt	
bestellen	bestell	-t
erklären	erklär	-t
entdecken	entdeck	-t

Unregelmäßige Verben

Infinitiv	Partizip Perfekt	
vergessen	vergess	-en
beginnen	begonn	-en
empfangen	empfang	-en

Regel: Verben mit *be-*, *ent-/emp-*, *er-*, *ver-* und *ge-*, *miss-* und *zer-* bilden das Partizip Perfekt ohne ge-.

Verben auf -ieren

Infinitiv	Partizip Perfekt	
reservieren	reservier	-t
telefonieren	telefonier	-t

Regel: Verben auf *-ieren* bilden das Partizip Perfekt ohne *ge-* und immer auf *-t*.

2 Die Satzklammer: das Perfekt
→ S. 196

	Verb (Hilfsverb *haben / sein*)	Satzmitte	Satzende (Partizip Perfekt)
Barbara	ist	um 6 Uhr	aufgestanden.
Frau Kajewski	hat	ihren Regenschirm	vergessen.
Herr Kajewski	hat	mit dem Hotel	telefoniert.

Satzklammer

3 Präpositionen: *mit* + Dativ
→ S. 206

m	f	n	Pl
mit dem Hut	mit der Sonnenbrille	mit dem Handy	mit den Kindern
mit einem Hut	mit einer Sonnenbrille	mit einem Handy	mit Kindern
mit meinem Hut	mit meiner Sonnenbrille	mit meinem Handy	mit meinen Kindern

Regel: *mit* immer mit Dativ.

Lektion 8 — Projekt: Nürnberg – unsere Stadt

1 | Hören | Sprechen | **Lesen** | Schreiben |

Ein Deutschkurs in der Volkshochschule Nürnberg

a) Bitte lesen Sie.

Die Kursteilnehmer möchten Nürnberg kennen lernen, deshalb hat die Kursleiterin ein Projekt über Nürnberg geplant: Die Kursteilnehmer gehen in die Stadt, sammeln Informationen und machen Interviews. Später stellen sie ihre Ergebnisse im Kurs vor.

b) Ein Projekt über Nürnberg machen heißt:

☐ Die Kursleiterin spricht über Nürnberg.

☐ Die Kursteilnehmer sammeln Informationen über Nürnberg.

☐ Die Kursteilnehmer interviewen die Kursleiterin.

c) So können Sie ein Projekt machen. Lesen Sie das Arbeitsblatt.

Projekt: Nürnberg – unsere Stadt

1. Was gibt es in Nürnberg? Sammeln Sie Ihre Ideen.

2. Wählen Sie ein Projektthema und arbeiten Sie in Gruppen.

3. Sammeln Sie Informationen (sprechen Sie mit Leuten, bringen Sie Prospekte mit ...).

4. Schreiben Sie Texte zu Ihrem Thema, machen Sie eine Collage oder eine Wandzeitung.

5. Stellen Sie Ihre Arbeit im Kurs vor.

| Hören | Sprechen | **Lesen** | Schreiben | ▶▶ 11–14 |

Was ist typisch für Nürnberg?

a) Die Kursteilnehmer sammeln Ideen. Bitte ordnen Sie Texte und Bilder.

A Albrecht Dürer (1471–1528), deutscher Maler und Zeichner. Er hat in Nürnberg gelebt. ⌐5⌐

B Sie sind ganz klein und schmecken ganz groß: Nürnberger Bratwürste. Wie viele Würstchen können Sie essen? 6, 12 oder 18? Probieren Sie mal!

C Dunkle Vergangenheit: Zur Zeit Hitlers finden von 1933 bis 1938 in Nürnberg die Reichsparteitage der nationalsozialistischen Partei NSDAP statt.

D Nürnberg ist eine sehr alte Stadt. In der Burg haben einige deutsche Kaiser gelebt, z. B. Friedrich Barbarossa (1152–1190) und Karl IV. (1347–1378). Der „Schöne Brunnen" auf dem Hauptmarkt ist 600 Jahre alt.

E Das Handwerk hat in Nürnberg eine lange Tradition. Ein Beispiel für eine moderne Schneiderei ist das „Atelier für Mode und Design".

F Kommen Sie im Dezember auf den Christkindlesmarkt. Hier finden Sie alles für Weihnachten: Dekoration, Spielzeug, Süßigkeiten … Besonders berühmt sind die Nürnberger Lebkuchen.

b) 6 Themen, 4 Dialoge. Was hören Sie wo? Notieren Sie die Dialognummer.

1. Albrecht Dürer: Dialog _____

2. Nürnberger Bratwürste: Dialog _____

3. die dunkle Vergangenheit: Dialog _____

4. die Nürnberger Burg: Dialog _____

5. das Handwerk: Dialog _____

6. der Christkindlesmarkt: Dialog _____

Straßen und Plätze in Nürnberg

1 | Hören | **Sprechen** | Lesen | Schreiben |

Projektgruppe 1: Alik, Sonya und Shijun beobachten Straßen und Plätze

Beschreiben Sie das Foto. Was können Alik, Sonya und Shijun auf dem Hauptmarkt sehen? Was glauben Sie: Was kann man hier alles machen?

Es gibt einen Brunnen, eine Bushaltestelle, …

Die Leute hier gehen spazieren, …

Man kann etwas essen, …

2 | Hören | Sprechen | **Lesen** | Schreiben |

Auf dem Hauptmarkt in Nürnberg

Was machen Alik, Sonya und Shijun wo genau?

① Sie machen Interviews   **A** an der Haltestelle.   1 | C
② Sie sitzen   **B** an den Marktständen.   3 |
③ Sie essen Bratwürste   **C** am Brunnen.   4 |
④ Sie warten   **D** an einem Bratwurststand.   6 |
⑤ Sie trinken Limo   **E** auf einer Bank.   5 |
⑥ Sie fragen die Leute   **F** im Café.   2 |

3

| Hören | Sprechen | Lesen | **Schreiben** |

Schreiben und verstehen: die Präpositionen *auf, an, in* + Dativ

Wo? (?)		bestimmter Artikel			unbestimmter Artikel	
	m	an	*dem*	= ____ Brunnen	an	____ Brunnen
	f	auf	____	Bank	auf	____ Bank
	n	in	*dem*	= ____ Café	in	*einem* Café
	Pl	an	____	Marktstände**n**	an Marktstände**n**	

4

| Hören | Sprechen | Lesen | **Schreiben** |

Wo macht man das?

der Markt	die Großstadt	die Fabrik	die Haltestelle	das Geschäft
das Dorf	der Bratwurststand	das Restaurant	der Bahnhof
die Wohnung	der Brunnen	das Büro	der Laden	das Café

1. essen: *im Café, im Restaurant, ...* _____

2. warten: _____

3. einkaufen: _____

4. arbeiten: _____

5. wohnen: _____

5

| Hören | **Sprechen** | Lesen | Schreiben | ▶▶ 15–20

Wo sind die Leute?

a) Bitte hören Sie.

| das Restaurant | der Marktplatz | ein Bus | ein Geschäft |
| die Touristen-Information | | eine Haltestelle |

1. *auf dem Marktplatz*   3. _____   5. _____
2. _____   4. _____   6. _____

b) Sprechen Sie jetzt noch einmal über das Bild.

Ein Bus wartet an der Haltestelle.

Auf dem Markt ...

Am Brunnen ...

6 Andere Orte in der Stadt

a) Wohin wollen die Leute? Bitte schreiben Sie die Dialognummer auf.

☐ die Fahrschule   ☐ der Kindergarten
☐ der Friseur   ☐ das Behindertenzentrum
☐ der Flohmarkt   ☐ das Fitness-Studio

b) Was ist wo? Bitte verbinden Sie.

1 Der Friseur ist

2 Der Kindergarten ist

3 Das Behindertenzentrum ist

4 Die Fahrschule ist

5 Das Fitness-Studio ist

6 Der Flohmarkt ist

A geradeaus, an der zweiten Kreuzung links.

B rechts, an der zweiten Kreuzung links, dann die dritte Straße rechts.

C rechts, an der zweiten Kreuzung rechts, dann links auf der rechten Seite.

D rechts, an der ersten Kreuzung links.

E rechts, an der zweiten Kreuzung rechts, dann an der Ampel rechts.

F links, geradeaus, an der Ecke rechts.

1	C
2	
3	
4	
5	
6	

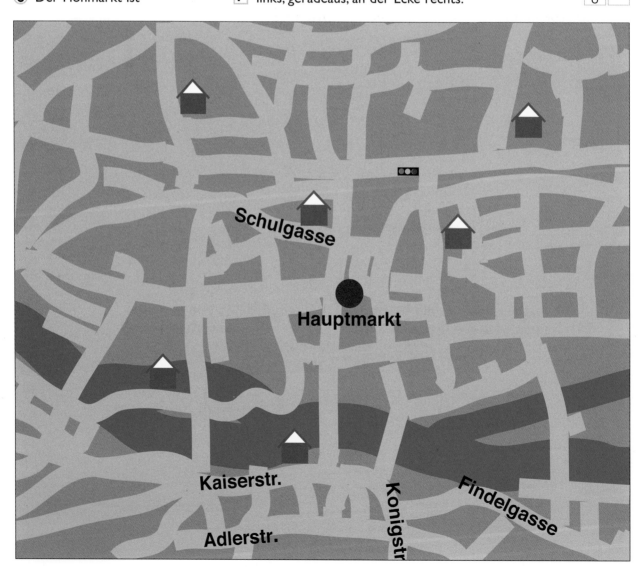

7 Wege in die Stadt

| Hören | **Sprechen** | Lesen | Schreiben |

Sprechen Sie im Kurs.

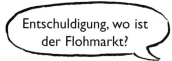

Entschuldigung, wo ist der Flohmarkt?

Der Flohmarkt? Gehen Sie geradeaus …

8 Hören und sprechen: m oder n?

| Hören | Sprechen | Lesen | **Schreiben** | ▶▶ 27

Hören Sie genau und kreuzen Sie an.

1. ☐ am Bratwurststand   ☐ an den Bratwurststand
2. ☐ im Garten   ☐ in den Garten
3. ☐ auf dem Marktplatz   ☐ auf den Marktplatz
4. ☐ im Schreibwarenladen   ☐ in den Schreibwarenladen
5. ☐ auf dem Flohmarkt   ☐ auf den Flohmarkt
6. ☐ im Supermarkt   ☐ in den Supermarkt

9 Wo und wohin

| **Hören** | **Sprechen** | Lesen | Schreiben | ▶▶ 28–31

a) Hören Sie bitte die Handygespräche und notieren Sie.

> **das Büro**   **das Restaurant**   **die Fahrschule**   **der Supermarkt**
> **der Flohmarkt**   **das Schwimmbad**   **der Sportplatz**   **der Kindergarten**
> **das Kino**   **das Arbeitsamt**   **der Bus**   **das Kaufhaus**

Wo sind die Leute?   Wohin gehen die Leute?
1. Sie ist _____.   Sie geht _____.
2. Er ist _____.   Er geht _____.
3. Sie ist _____.   Sie geht _____.
4. Er ist _____.   Sie gehen _____.

b) Wohin gehen Sie?

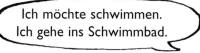

Ich möchte schwimmen. Ich gehe ins Schwimmbad.

Ich möchte einen Salat kaufen. Ich gehe …

c) Wo sind Sie? Was machen Sie gerade?

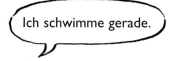

Ich schwimme gerade.

Du bist im Schwimmbad. Ich lerne gerade Deutsch.

Du bist …

Im Atelier für Mode und Design

1 Projektgruppe 2: Julia und Iffy machen ein Interview im Atelier

Hören | Sprechen | Lesen | Schreiben

a) Lesen Sie das Interview mit Frau Sommer.

Ja, der Anfang ist nicht leicht gewesen. Ich habe 1998 allein begonnen. Niemand hat mich gekannt, nur wenige Leute haben meinen Laden besucht und nur sehr wenige haben etwas bestellt oder gekauft. Aber meine Kunden sind immer zufrieden gewesen und haben Werbung für mich gemacht. So sind es immer mehr Kunden geworden. Deshalb sind wir jetzt zu zweit. Seit Herbst 2001 arbeitet Frau Güncel als Schneiderin hier im Atelier.

Unsere Kunden sind oft Frauen, so 30–40 Jahre alt, aber auch immer mehr Männer. Wir nähen Jacken, Mäntel, Hosen, Röcke, Blusen und Hemden ... Aber wir verkaufen auch Pullover, T-Shirts und sogar Schuhe.

Na ja, unsere Kleidung ist schon teuer. Aber das Design ist individuell, die Kleidungsstücke sind schick und passen genau. Deshalb verkaufen wir wirklich gut.

advertise (Werbung)
even (sogar)

b) Julia und Iffy haben viele Fragen vorbereitet. Welche Antworten finden Sie im Interview? Markieren Sie.

1. Wie lange gibt es das Atelier schon? [X]
2. Wie viele Stunden arbeiten Sie am Tag? [ ]
3. Ist Ihre Arbeit anstrengend? [ ]

4. Wer sind Ihre Kunden? [ ]
5. Was produzieren Sie? [ ]
6. Warum kaufen die Kunden hier? [ ]

c) Einige Skizzen von Frau Sommer: Welche Kleidungsstücke kennen Sie?

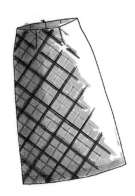

2

| Hören | Sprechen | Lesen | Schreiben | ▶▶ 32 |

Iffy und Julia probieren gern Kleider an

Bitte hören Sie den Dialog und nummerieren Sie.

5 Größe 38. Ich gehe mal in die Umkleidekabine. – Es passt genau!

1 Iffy, wie findest du das Kleid?

8 150 Euro.

6 Schau mal, hier gibt es das Kleid auch in Gelb.

9 Oh je! Das ist viel zu teuer für mich.

7 Gelb finde ich nicht so toll. Was kostet das
Kleid überhaupt?

4 Ist es nicht zu klein? Welche Größe hast du?

2 Super.

3 Ich probiere es gleich an.

hellblau
dunkelblau
weiß
schwarz
gelb
rot
braun
grau
grün

Internationale Größentabelle:

	XS	S	M	L	XL	XXL
Frauen:	32/34	36/38	40/42	44/46	48/50	52/54
Männer:	40/42	44/46	48/50	52/54	56/58	60/62

3

| Hören | Sprechen | Lesen | **Schreiben** |

Schreiben und verstehen: *welcher, welche, welches, welche*

	m	f	n	Pl
Nominativ	Welcher Mantel?	Welche Größe?	Welches Kleid?	Welche Schuhe?
Akkusativ	Welchen Mantel?	Welche Größe?	Welches Kleid?	Welche Schuhe?

4

| Hören | **Sprechen** | Lesen | **Schreiben** |

Im Bekleidungsgeschäft

a) Wer sagt was? Bitte ordnen Sie.

Welche Farbe?   Umtauschen geht nur mit Kassenbon.   Ich suche einen Pullover.

Was kostet der Pullover?   Welche Größe haben Sie?   Wo kann ich den Pullover anprobieren?

Bitte bezahlen Sie an der Kasse.   Möchten Sie den Pullover anprobieren?

Kann ich helfen?   Ich hätte gern einen Pullover.   Kann ich den Pullover auch umtauschen?

1.

Verkäufer/Verkäuferin:

2.

Kunde/Kundin:

b) Bitte spielen Sie Einkaufsdialoge.    Kann ich helfen?   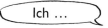 Ich …

Im Lebkuchenhaus

1 | Was möchte Projektgruppe 3 machen?

Hören | **Sprechen** | **Lesen** | Schreiben

Lesen Sie den Notizzettel von Tamaki, Olaf und Sanjita und erzählen Sie.

> wann: Dienstag, 15.00 Uhr
> wo: im historischen Lebkuchenhaus
>   am Hauptmarkt
> was: Interview mit dem Bäcker
>   Wie backt man Lebkuchen?
>   (Rezept!)
>   Fotos

> Projektgruppe 3 möchte ins Lebkuchenhaus gehen. Sie …

2 | Interview mit dem Lebkuchenbäcker

Hören | Sprechen | Lesen | Schreiben

a) Was hören Sie? Bitte markieren Sie. ⏩ 33

1. Lebkuchen sind typisch ☐ für den Winter ☐ für Geburtstage.
2. Die Qualität von Nürnberger Lebkuchen ist ☐ besonders gut ☐ nicht sehr gut.
3. Für Lebkuchen braucht man ☐ Marmelade, Zucker, Butter ☐ Honig, Butter, Gewürze.
4. Die Projektgruppe kann das Rezept ☐ aufschreiben ☐ nicht aufschreiben.
5. In dem Prospekt stehen ☐ Rezepte ☐ Informationen über Lebkuchen.
6. Das Lebkuchenhaus hat ☐ eine Internet-Adresse ☐ keine Internet-Adresse.

b) Was wollen und was dürfen Tamaki, Olaf und Sanjita machen?

1. Olaf und Sanjita wollen ein Interview machen. _____ r f
2. Sie dürfen Fragen stellen. _____ r f
3. Sie wollen das Rezept aufschreiben. _____ r f
4. Der Bäcker darf das genaue Rezept sagen. _____ r f
5. Tamaki will Fotos machen. _____ r f
6. Tamaki darf nicht fotografieren. _____ r f

3 | Was darf man im Lebkuchenhaus (nicht) machen?

Hören | **Sprechen** | Lesen | Schreiben

> ~~rauchen~~ telefonieren Eis essen
>
> Gitarre spielen alle Rezepte notieren

> mit Kunden sprechen fotografieren
> ~~Lebkuchen probieren~~
>   ein Interview machen

▶ Man darf nicht rauchen.
◁ Man darf kein …

▶ Man darf Lebkuchen probieren.
◁ Man …

4

Hören	**Sprechen**	Lesen	Schreiben

Tamaki, Olaf und Sanjita wollen noch mehr von Nürnberg kennen lernen

Was wollen sie machen?

Olaf:

**Leute in Nürnberg kennen lernen
mit Freunden ausgehen
in Nürnberg arbeiten
eine Wohnung suchen**

Tamaki und Sanjita:

**das Albrecht-Dürer-Haus besichtigen
Fotos machen
Nürnberger Würste essen
im Zentrum spazieren gehen**

▶ Olaf will in Nürnberg arbeiten.
◁ Tamaki und Sanjita wollen das Albrecht-Dürer-Haus besichtigen.

5

Hören	Sprechen	Lesen	**Schreiben**

Schreiben und verstehen: *wollen, dürfen*

	wollen	**dürfen**
ich	will	darf
du	willst	darfst
er • sie • es	will	darf
wir	wollen	dürfen
ihr	wollt	dürft
sie • Sie	wollen	dürfen

6

Hören	**Sprechen**	Lesen	Schreiben

wollen* und *dürfen

a) Bitte bilden Sie Sätze.

ich	du	er • sie • es
man	wir	ihr
die Kursteilnehmer		

Sport machen   zu spät zur Arbeit kommen
im Haushalt arbeiten   alles essen und trinken
schnell Auto fahren   mit dem Handy telefonieren
Städte besichtigen   ein Projekt im Kurs machen

> Er darf keinen Sport machen.

> Wir wollen …

b) Was wollen Sie (nicht)? Was dürfen Sie (nicht)?

> Ich darf leider nicht schnell Auto fahren.

> Viele Männer wollen nicht im Haushalt arbeiten.

Projekte präsentieren

1

Hören	Sprechen	Lesen	Schreiben

Die Projektergebnisse

a) Lesen Sie.

Die Arbeitsgruppen stellen ihre Projekte im Kurs vor: Tamaki, Olaf und Sanjita haben Lebkuchen für alle gebacken. Sie haben ein Lebkuchenrezept aus dem Internet für die anderen Gruppen fotokopiert. Julia und Iffy haben einen Artikel über das Atelier von Frau Sommer für eine Wandzeitung geschrieben. Alik, Sonya und Shijun haben eine Collage gemacht und Gedichte über Nürnberg geschrieben.

Elfchen

Laut.
Viele Menschen
auf dem Platz.
Ich höre die Stimmen.
Markttag.

Sonya

Traumplatz

schön und toll,
leer und voll,
neu und alt,
warm und kalt,
groß und klein,
so muss unser
Platz sein.

Alik

Elfchen

kalt
der Winter
auf dem Platz
man riecht den Glühwein
Wärme

Shijun

b) Schreiben Sie selbst Gedichte.

Sammeln Sie auf einem Papier alle Wörter zu einem Thema (z. B. „Stadt"). Wählen Sie dann elf Wörter und schreiben Sie selbst ein Elfchen.

> Das „Elfchen" ist ein kurzer Text aus nur elf Wörtern in fünf Zeilen:
> Zeile 1: wie (Adjektiv)? oder was (Nomen)? = 1 Wort
> Zeile 2 : was ist so? oder was ist das? = 2 Wörter
> Zeile 3: wo ist es oder was tut es? = 3 Wörter
> Zeile 4: etwas über sich selbst oder über das Nomen erzählen = 4 Wörter
> Zeile 5: ein Schlusswort = 1 Wort

2

Hören	Sprechen	Lesen	Schreiben

Machen Sie selbst ein Projekt

a) Bitte sammeln Sie im Kurs Ideen und wählen Sie ein Thema für Ihr Projekt.

1. Beschreiben Sie einen Platz an Ihrem Kursort.
2. Stellen Sie eine Person oder eine Firma aus Ihrem Kursort vor.
3. Machen Sie Interviews an Ihrem Kursort: Was ist interessant in …? Was ist typisch hier?

b) Lesen Sie noch einmal das Arbeitsblatt in Aufgabe 1 c auf Seite 20 und planen Sie dann Ihr Projekt.

Grammatik

1 Präpositionen

→ S. 201, 204

an, auf, in – mit Dativ oder Akkusativ

	m	f	n	Pl
wo?	an dem = am Brunnen auf dem Platz in dem = im Bus	an der Kreuzung auf der Bank in der S-Bahn	an dem = am Haus auf dem Fahrrad in dem = im Café	an den Marktständen auf den Straßen in den Zügen

*Regel: Wo? → **an, auf, in** mit Dativ.*

wohin?	an den Brunnen auf den Platz in den Bus	an die Kreuzung auf die Bank in die S-Bahn	an das = ans Haus auf das Fahrrad in das = ins Café	an die Marktstände auf die Straßen in die Züge

*Regel: Wohin? → **an, auf, in** mit Akkusativ.*

2 W-Wörter: *welcher, welche, welches, welche*

→ S. 195, 203

	m	f	n	Pl
Nominativ	welcher Rock	welche Farbe	welches Kleid	welche Schuhe
Akkusativ	welchen Rock	welche Farbe	welches Kleid	welche Schuhe
Dativ	welchem Rock	welcher Farbe	welchem Kleid	welchen Schuhen

*Regel: Das Fragewort **welch-** und der bestimmte Artikel haben die gleichen Endungen.*

3 Die Verbposition: *welch-*

	Position 2	
Welche Schuhe	sind	teuer?
Welche Farbe	hat	das Kleid?
Welche Größe	haben	Sie?

Regel: Das Verb steht auf Position 2.

4 Modalverben

→ S. 199, 200

	dürfen	wollen
ich	darf	will
du	darfst	willst
er • sie • es	darf	will
wir	dürfen	wollen
ihr	dürft	wollt
sie • Sie	dürfen	wollen

5 Die Satzklammer: die Modalverben

→ S. 195, 199

	Verb (Modalverb)	Satzmitte	Satzende (Infinitiv)
Ich	will	das Lebkuchenhaus	sehen.
Hier	darf	man nicht	fotografieren.
Was	wollen	Sie	wissen?
	Dürfen	wir ein Interview	machen?

Satzklammer

Lektion 9   Eine Stadt im Dreiländereck: Basel

1 | Hören | Sprechen | **Lesen** | **Schreiben** |

Das Dreiländereck

In der Schweiz, in Deutschland oder in Frankreich? Lesen Sie die Landkarte.

1. Das Elsass ist eine Region in _____ .
2. Der Schwarzwald ist ein Gebirge in _____ .
3. Basel-Land ist ein Kanton in _____ .
4. Mulhouse ist eine Stadt in _____ :
5. Basel liegt in _____ .
6. Lörrach ist eine Kleinstadt in _____ .

Was hören Sie? Notieren Sie die Dialognummer.

☐ Schweizerdeutsch   ☐ Deutsch   ☐ Französisch

3
| Hören | Sprechen | **Lesen** | **Schreiben** |

Die Schweiz und Basel – einige Informationen

a) Ergänzen Sie.

| Kultur und Geschichte | produzieren | Stadt | ~~mehrsprachig~~ | Dreiländereck |
| Grenzgänger | liegt am | Chemie-Industrie | nach | Euro |

1. Die Schweiz besteht aus 26 Kantonen wie z. B. dem Kanton Basel-Stadt und dem Kanton Basel-Land. Das Land ist _mehrsprachig_ : Man spricht Deutsch, Französisch, Italienisch und Rätoromanisch.
2. Die Stadt Basel _liegt am_ Rheinknie direkt an der Grenze zu Deutschland und zu Frankreich. Basel liegt also in einem _Dreiländereck_ . In Deutschland und Frankreich bezahlt man mit _Euro_ , in der Schweiz mit Schweizer Franken.
3. Aus der ganzen Welt kommen Menschen _nach_ Basel und arbeiten z. B. in den internationalen Firmen. Besonders wichtig für die Stadt ist die _Chemie-Industrie_ . Mehrere große Pharmakonzerne _Produzieren_ Medikamente für den weltweiten Export.
4. Täglich pendeln viele Leute vom Land in die _Stadt_ zur Arbeit. Das bedeutet natürlich viel Verkehr und Staus auf den Straßen von Basel. Die Pendler aus Deutschland und Frankreich heißen übrigens _Grenzgänger_ .
5. Interessieren Sie sich vielleicht für _Kultur und Geschichte_ Dann sind Sie in Basel richtig: Hier gibt es jede Menge interessante Gebäude, Museen, Theater, Konzerte und andere Veranstaltungen.

b) Für welche Textabschnitte gibt es ein Foto?

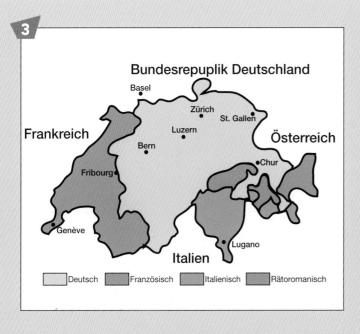

Stadt und Land

Urs Tschäni:
verheiratet, 1 Kind,
Elektriker, Hobby:
wandern

Reto Stämpfli:
verheiratet, 2 Kinder,
Polizist, Hobby:
Akkordeon spielen,
singen

Emil Maurer:
ledig, Chauffeur bei der
Post, Hobby: joggen,
Filme sehen

Beat Leuenberger:
geschieden, 1 Kind,
Programmierer, Hobby:
Velo fahren

1 Auf dem Land oder in der Stadt leben?

| Hören | Sprechen | **Lesen** | Schreiben |

a) Sortieren Sie die Argumente für das Leben in der Stadt und gegen das Leben in der Stadt.

Urs Tschäni, Reto Stämpfli, Emil Maurer und Beat Leuenberger leben in Kilchberg im Kanton Basel-Land. Das ist ein Ort ungefähr 30 Kilometer südlich von Basel. Die meisten Kilchberger arbeiten in Basel, auch die Freunde Beat, Urs, Reto und Emil. Was ist besser? Auf dem Land leben und in der Stadt arbeiten? Oder in der Stadt wohnen und arbeiten? Beat, Urs, Reto und Emil diskutieren am Stammtisch. Hier sind einige Argumente aus ihrer Diskussion.

	für die Stadt	gegen die Stadt
1. Die Mieten in Basel sind viel höher als hier.	☐	X
2. In Basel ist alles teurer als in Kilchberg.	☐	☐
3. Aber in Basel ist mehr los. Da ist das Kulturangebot größer.	☐	☐
4. Hier in Kilchberg kann ich bei meinen Eltern wohnen. Das ist billiger.	☐	☐
5. Das Leben in Basel ist einfach interessanter als das Landleben.	☐	☐
6. Hier in Kilchberg leben wir gesünder.	☐	☐
7. Die Luft hier ist besser und sauberer.	☐	☐
8. Ich möchte lieber in Basel wohnen. Da kann ich morgens länger schlafen.	☐	☐
9. Für unsere Kinder ist es hier besser als in Basel.	☐	☐

b) Basel-Stadt und Basel-Land. Ein Vergleich.

① In Basel ist alles
② Das Stadtleben ist
③ Die Luft in Kilchberg ist
④ Die Mieten in Basel sind
⑤ Die Leute in Basel schlafen
⑥ Wohnen in Kilchberg ist

A besser als in Basel.
B höher als auf dem Land.
C teurer als in Kilchberg.
D länger als die Pendler.
E interessanter als das Landleben.
F billiger als in Basel.

1	C
2	
3	
4	
5	
6	

2 | Hören | Sprechen | Lesen | **Schreiben**
Schreiben und verstehen: der Komparativ

Adjektiv	Komparativ	Adjektiv	Komparativ	Adjektiv	Komparativ
interessant	*interessant___*	hoch	*höher*	gut	
billig		lang		gern	*lieber*
teuer	*teur___*	groß		viel	*mehr*
sauber	*sauber___*	gesund			

3 | Hören | **Sprechen** | Lesen | Schreiben
In der Stadt oder auf dem Land leben? Beat, Urs, Reto und Emil diskutieren

Was denken Sie, wer sagt was? Lesen Sie noch einmal Aufgabe 1 a.

| Emil | Das Leben in Basel ist einfach interessanter als in Kilchberg. |
| Reto | Das Landleben ist … |

4 | Hören | **Sprechen** | Lesen | **Schreiben**
Und Ihre Meinung?

a) Was passt zusammen?

freundlich	groß	interessant	hoch	teuer
unfreundlich	klein	uninteressant	niedrig	billig

gut	ruhig	sauber	zufrieden
schlecht	laut	schmutzig	unzufrieden

1. Leute: *freundlich, ruhig, …* _____
2. Luft: _____
3. Straßen: _____
4. Einkaufsmöglichkeiten: _____
5. Mieten: _____
6. Kulturangebot: _____

b) Großstadt, Kleinstadt, Dorf – was finden Sie besser?

> Ich wohne in einer Kleinstadt. Da sind die Straßen sauberer als in der Großstadt.

> Aber in der Großstadt sind die Einkaufsmöglichkeiten …

> Auf dem Dorf sind die Mieten …

Pendeln – aber wie?

commuting

1

| Hören | Sprechen | **Lesen** | Schreiben |

Welches Verkehrsmittel passt am besten?

a) Lesen Sie bitte.

Morgens 30 Kilometer nach Basel fahren und abends 30 Kilometer zurück. Aber wie? Mit dem Auto? Mit dem Zug? Mit dem Bus? Was ist am besten?

Urs Tschäni Ich fahre nicht mit dem Auto. Ich nehme immer den Zug oder den Bus. Der Bus ist am bequemsten. Der fährt direkt zu meiner Firma und ich kann Zeitung lesen oder ein bisschen schlafen.

Reto Stämpfli Ich muss mit dem Auto fahren. Meine Arbeitszeiten sind sehr unregelmäßig. Für mich ist das Auto am besten. Das fährt auch noch um zwei Uhr nachts.

Emil Maurer Am schnellsten ist der Zug. Da gibt es keinen Stau. In Basel muss ich umsteigen in das Tram. Trotzdem bin ich mit Zug und Tram am schnellsten.

Beat Leuenberger Jetzt ist Sommer. Da fahre ich am liebsten mit dem Velo. Das ist zwar nicht am schnellsten, aber am billigsten und am sportlichsten. Und es macht Spaß.

b) Was ist am ...?

Urs: Der Bus ist am bequem_____.
Reto: Das _____ ist am _____.
Emil: Der _____ und das _____ sind _____ _____.
Beat: Das _____ ist _____ _____ und _____ _____.

2

| Hören | Sprechen | Lesen | **Schreiben** |

Schreiben und verstehen: der Superlativ

Adjektiv	Komparativ	Superlativ	
bequem	bequemer	*am*	*bequemsten*
schnell	schneller	*am*	*schnell_____*
sportlich	sportlicher		
gut	besser		
gern	lieber		

3 Verkehrsmittel

| Hören | **Sprechen** | Lesen | Schreiben |

Sprechen Sie im Superlativ.

der Bus	gut	schnell
das Tram	billig	
das Auto		sportlich
das Velo		
der Zug	bequem	
das Motorrad		langsam

> Ich nehme das Velo.
> Das ist am sportlichsten.

> Ich fahre mit dem Tram.
> Das ist am ...

4 Anders gesagt: *so ... wie ...*

| Hören | Sprechen | **Lesen** | **Schreiben** |

Lesen Sie Aufgabe 1 a noch einmal und ergänzen Sie bitte.

1. Das Auto ist _so_ schnell _wie_ der Zug und der Bus.
2. Das Auto ist _nicht so_ bequem _wie_ der Zug und der Bus.
3. Der Zug ist fast _____ bequem _____ der Bus.
4. Für Reto Stämpfli sind der Zug und der Bus _____ _____ gut wie das Auto.
5. Mit dem Auto ist Emil Maurer nicht _____ _____ _____ mit dem Zug und dem Tram.
6. Das Fahrrad ist _____ _____ schnell _____ das Auto oder der Zug.
7. Aber Pendeln mit Auto oder Zug ist _____ _____ sportlich _____ mit dem Fahrrad.
8. Außerdem ist das Fahrrad _____ _____ teuer _____ das Auto.

5 Verkehrsmittel und ihre Vor- und Nachteile

| Hören | **Sprechen** | Lesen | Schreiben |

a) Vergleichen Sie.

der Zug	die Straßenbahn	das Flugzeug	das Fahrrad
das Motorrad	das Auto	der Bus	...
praktisch .. _unpraktisch_	langsam – _schnell_	umweltfreundlich _nicht umweltfreundlich_	sportlich _unsportlich_
teuer _billig_	leise _laut_	gefährlich _dangerous_ _ungefährlich_	...

▶ Das Fahrrad ist umweltfreundlicher als das Auto.
◁ Der Bus ist nicht so bequem wie die Straßenbahn.
▶ Das Motorrad ist am gefährlichsten.

b) Diskutieren Sie.

> Ich nehme lieber das Fahrrad.
> Das ist sportlicher.

> Ich fahre am liebsten mit dem Zug. Das ist am umweltfreundlichsten.

Arbeiten in Basel

1 Frau Bürgi und Herr Eberle im Gespräch

| Hören | Sprechen | Lesen | Schreiben | ▶▶ 37 |

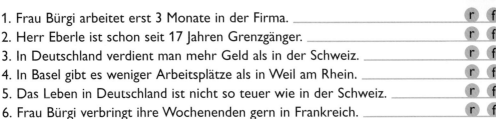

a) Bitte hören Sie. Wo findet das Gespräch statt?

☐ in der Kantine   ☐ im Büro

b) Hören Sie noch einmal. Richtig (r) oder falsch (f)?

1. Frau Bürgi arbeitet erst 3 Monate in der Firma. _____   (r) (f)
2. Herr Eberle ist schon seit 17 Jahren Grenzgänger. _____   (r) (f)
3. In Deutschland verdient man mehr Geld als in der Schweiz. _____   (r) (f)
4. In Basel gibt es weniger Arbeitsplätze als in Weil am Rhein. _____   (r) (f)
5. Das Leben in Deutschland ist nicht so teuer wie in der Schweiz. _____   (r) (f)
6. Frau Bürgi verbringt ihre Wochenenden gern in Frankreich. _____   (r) (f)

2 Wer arbeitet in Basel?

| Hören | Sprechen | **Lesen** | Schreiben |

a) Lesen Sie bitte.

Basel hat ungefähr 200 000 Einwohner, aber rund 160 000 Menschen haben einen Arbeitsplatz in Basel. Das heißt: Viele Menschen kommen täglich zur Arbeit nach Basel, aber sie wohnen nicht in der Stadt. Aus dem Umland von Basel pendeln jeden Tag ungefähr 50 000 Menschen nach Basel. Aus Frankreich kommen 18 000 Grenzgänger zur Arbeit in die Schweiz, aus Deutschland sind es rund 10 000 täglich. Herr Eberle z. B., Pendler und Grenzgänger, wohnt in Weil am Rhein in Deutschland und arbeitet in der Schweiz. Jeden Tag fährt er von zu Hause über die Grenze nach Basel. Die meisten Grenzgänger finden bei den Basler Pharmakonzernen Arbeit. Bei Banken, beim Zoll, in Kaufhäusern und in der Chemie-Industrie gibt es ebenfalls viele Arbeitsplätze. Auch Herr Eberle arbeitet bei einem Pharmakonzern. Er ist Chemielaborant.

b) Eine Statistik. Ergänzen Sie die Zahlen.

1. Arbeitsplätze in Basel gesamt: ~~total~~ _160000_
2. Pendler aus der Schweiz: _~~10~~ 50 000_
3. Grenzgänger aus Deutschland und Frankreich: _28 000_
4. Pendler und Grenzgänger gesamt: _78 000_

3 Was kann man sagen?

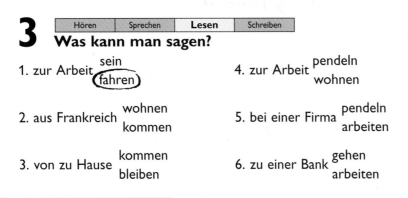

1. zur Arbeit   sein / (fahren)

2. aus Frankreich   wohnen / kommen

3. von zu Hause   kommen / bleiben

4. zur Arbeit   pendeln / wohnen

5. bei einer Firma   pendeln / arbeiten

6. zu einer Bank   gehen / arbeiten

4
Schreiben und verstehen: die Präpositionen *aus, bei, von, zu* + Dativ

	Woher? ?⟶		Wo? (!)		Wohin? ⟶?	
m	aus *dem* Pharmakonzern		bei *dem*	= beim Zoll	zu *dem*	= zum Zoll
f	aus *der* Stadt		bei *der*	Arbeit	zu *der*	= zur Arbeit
n	aus ___ Umland		bei *dem*	= beim Kaufhaus	zu *dem*	= zum Kaufhaus
Pl	aus *den* Pharmakonzernen		bei ___	Pharmakonzernen	zu ___	Pharmakonzernen
m	von ___ = *vom* Zoll					
f	von ___ Arbeit					
n	von *dem* = ___ Land					
Pl	von ___ Pharmakonzernen					

5
Grenzgänger Herr Eberle

Ergänzen Sie bitte Präpositionen und Endungen.

Herr Eberle pendelt täglich _von_ sein_em_ Haus in Weil am Rhein _zur___ Arbeit nach Basel. Er arbeitet _in___ ein_em_ Pharmakonzern. Seine Kollegen kommen fast alle _aus___ Frankreich, Deutschland oder _aus d_em_ Umland von Basel. Meistens fährt Herr Eberle mit dem Auto und morgens geht das auch ganz gut. Aber _von___ sein_er_ Firma nach Hause _zu___ sein_er_ Familie dauert die Fahrt länger. Abends ist immer viel Verkehr.

6
Woher? Wo? Wohin?

Bilden Sie Sätze.

steigen		Eltern
warten	bei	Brunnen
gehen		Schwimmbad
fahren	von	
sein	zu	Marktstände
arbeiten		Post
wohnen	aus	Grenze
kommen		Zug Zoll

▶ Wo wartest du?　　　◁ Ich warte beim Brunnen.
▶ Wohin fährt er?　　　◁ Er fährt zu …
▶ Woher kommen Sie?　◁ Ich komme aus Frankreich.

Basel international

1

| Hören | Sprechen | **Lesen** | Schreiben |

Frau Bürgi über ihre Kollegen

a) Was sagt Frau Bürgi? Lesen Sie bitte.

Ich arbeite erst seit 3 Monaten in der Firma, aber ich finde den Job gut. Bei uns arbeiten Leute aus vielen Ländern. Natürlich habe ich nicht zu allen Kontakt, ich kenne eigentlich nur die Kollegen aus der Exportabteilung. Ich arbeite gern mit ihnen zusammen. Mit einer Kollegin bin ich besonders befreundet. Sie ist schon lange in der Firma und ich lerne viel von ihr. Sie kommt aus Indien und spricht nur Englisch mit mir. Ein Kollege kommt aus dem Libanon. Er arbeitet bei mir im Büro und spricht besser Französisch als Deutsch. Mein Chef ist Schweizer. Er ist in Ordnung, ich habe keine Probleme mit ihm. Er ist sehr freundlich zu uns. Übrigens kommt er aus dem Tessin. Seine Muttersprache ist Italienisch.

b) Bitte ergänzen Sie.

1. Die Kollegin von Frau Bürgi ist _Inderin_____. Sie kommt aus _____.
2. Sie spricht _____ mit Frau Bürgi.
3. Der libanesische Kollege spricht _____ und _____.
4. Der Chef ist _____ aus dem Tessin. Seine Muttersprache ist _____.

2

| Hören | Sprechen | Lesen | **Schreiben** |

Schreiben und verstehen: das Pronomen (Dativ)

Nominativ	ich	du	er • sie • es		wir	ihr	sie • Sie	
Dativ		*dir*		*ihm*		*euch*		*Ihnen*

3

| Hören | **Sprechen** | Lesen | Schreiben |

Mit wem sprechen Sie oft, gern oder nicht gern?

| **Chef** | **Freunde** | **Eltern** | **Kollegen** | **Bruder** | **Kolleginnen** | **Schwester** |

▶ Mein Chef? Ich spreche oft mit ihm. ◁ Meine Freunde? Ich spreche gern mit …

4

| **Hören** | **Sprechen** | Lesen | Schreiben | ▶▶ 38 |

Hören und sprechen: sch, st, sp

Hören Sie und markieren Sie. Wo hören Sie den Laut sch nicht?

1. sprechen – Schweiz – Stadt – (erst) – schreiben
2. Muttersprache – Arbeitsplatz – Regenschirm – Großstadt – mitspielen
3. verschieden – Broschüre – Dienstag – Gespräch – verstehen
4. Deutsch – selbst – Französischkurs – Fisch – Mensch
5. Beispiel – Marktstand – am teuersten – Schuhe – bestellen

5

Internationale Kollegen

Woher kommen die Leute? Welche Sprache sprechen sie?

Land	Person ▽ m	Person ▽ f	Adjektiv
1. _____	der Inder	die *Inderin*	indisch
2. Italien	der Italiener	die _____	_____
3. Südafrika	der _____	die Südafrikanerin	_____
4. die Schweiz	der _____	die Schweizerin	schweizerisch
5. die Niederlande (Pl.)	der Niederländer	die _____	_____
6. der Libanon	der Libanese	die Libanesin	_____
7. die Türkei	der _____	die Türkin	
8. _____	der Russe	die _____	
9. _____	der _____	die _____	chinesisch
10. Tschechien	der Tscheche	die _____	
11. _____	der Franzose	die Französin	_____
12. _____	der Deutsche	die Deutsche	_____

6

Nationalitäten und Sprachen bei Ihnen

Sprechen Sie im Kurs.

Woher kommen Sie?

Welche Nationalität haben Sie?

Ich bin Inderin.

Ich spreche …

Welche Sprachen sprechen Sie?

Welche Nationalitäten sind in Ihrem Deutschkurs?

In meinem Deutschkurs sind vier Italiener, …

…?

…

Ich komme aus …

Aus der Basler Zeitung

1 | Hören | Sprechen | **Lesen** | Schreiben |

Zeitungstext und Überschrift – was passt zusammen?

Bitte schreiben Sie den passenden Buchstaben auf.

1. ☐ Moderne Kunst für Kinder
2. ☐ Laufen Sie mit!
3. ☐ Basler Jazzsommer
4. ☐ Englisch und Deutsch die wichtigsten Fremdsprachen in der Schweiz
5. ☐ Wieder Masken auf Basels Straßen

A

17. Februar
Nächsten Montag um 4 Uhr früh beginnt die Basler Fasnacht mit dem Morgenstraich. In allen Straßen gehen die Lichter aus und es erklingt Pfeifen- und Trommelmusik. Die Musiker tragen alte traditionelle Masken und haben darauf eine kleine „Kopflaterne" montiert. Die Gaststätten servieren den hungrigen Gästen schon am frühen Morgen Fasnachtsspezialitäten: Mehlsuppe und Zwiebelwähe. Aber Vorsicht! Der restliche Montag ist ein ganz normaler Arbeitstag.

B

10. August
Es ist wieder so weit. Wie jedes Jahr am zweiten Freitag im August findet das beliebte Jazzfestival in der Basler Altstadt statt. Internationale Jazzbands spielen in Basels Innenhöfen, auf dem Marktplatz, am Spalenberg und in oder vor den Restaurants. Wie immer gilt auch dieses Mal: Wer zuerst kommt, bekommt die besten Plätze.

C

3. März
Laut Bundesamt für Statistik ist Mehrsprachigkeit im Schweizer Berufsleben weit verbreitet, in der Deutschschweiz und im rätoromanischen Sprachgebiet deutlich mehr als in der französischen und italienischen Schweiz. Interessanterweise ist in der französischen Schweiz Englisch und nicht Deutsch die Fremdsprache Nummer eins. Hingegen liegt in der Deutschschweiz Französisch als Fremdsprache vor Englisch. In den italienischen und rätoromanischen Sprachgebieten lernt man lieber Deutsch als Französisch oder Englisch.

D

12. November
Ein Tipp für Familien: In speziellen Führungen möchte das **Museum Jean Tinguely** auch Kindern die Kunst des 20. Jahrhunderts näherbringen. Was ist da besser geeignet als die heiteren und fantasievollen Maschinenskulpturen des berühmten Schweizer Künstlers Jean Tinguely? (Ab 7 Jahre, Führungstermine siehe Tagespresse)

E

2. November
Wie jedes Jahr veranstaltet die Basler Zeitung am 24. November einen Stadtlauf durch Basel. Sie können in verschiedenen Kategorien starten. Die Strecke beträgt je nach Kategorie zwischen einem und zehn Kilometer. Der Start ist am Münsterplatz um 17.20 Uhr, das Ziel am Marktplatz. Schriftliche Anmeldungen sind noch möglich bis 17. November bei Basler Stadtlauf, Postfach 40 02, Basel, oder unter www.stadtlauf.ch.

Grammatik

1 Die Komparation

> S. 206

Adjektiv	Komparativ	Superlativ	Adjektiv	Komparativ	Superlativ
schnell	schneller	am schnellsten	hoch	höher	am höchsten
praktisch	praktischer	am praktischsten	groß	größer	am größten
sportlich	sportlicher	am sportlichsten	alt	älter	am ältesten
teuer	teurer	am teuersten	gut	besser	am besten
interessant	interessanter	am interessantesten	gern	lieber	am liebsten
			viel	mehr	am meisten

2 Der Vergleich

→ S. 196, 207

Der Vergleich mit als

Die Bahn ist schneller als das Fahrrad.
Das Fahrrad ist nicht schneller als das Auto.

Der Vergleich mit so ... wie

Die Bahn ist so schnell wie der Bus.
Das Fahrrad ist nicht so schnell wie das Auto.

3 Die Präpositionen aus, bei, von, zu

→ S. 204

m	aus dem	Zug	bei dem = beim	Zoll
f	aus der	Stadt	bei der	Bank
n	aus dem	Umland	bei dem = beim	Kaufhaus
Pl	aus den	Kaufhäusern	bei den	Banken
m	von dem = vom	Arbeitsplatz	zu dem = zum	Zoll
f	von der	Firma	zu der = zur	Arbeit
n	von dem = vom	Haus	zu dem = zum	Kaufhaus
Pl	von den	Freunden	zu den	Arbeitsplätzen

Regel: *aus*, *bei von* und *zu* immer mit Dativ.

4 Das Pronomen: Dativ

→ S. 203

Nominativ	ich	du	er	sie	es	wir	ihr	sie	Sie
Akkusativ	mich	dich	ihn	sie	es	uns	euch	sie	Sie
Dativ	mir	dir	ihm	ihr	ihm	uns	euch	ihnen	Ihnen

Lektion 10 Glückaufstraße 14, Bochum

1

Das Haus in der Glückaufstraße 14 und seine Wohnungen

Bitte tragen Sie die richtigen Wörter ein.

6 Erdgeschoss, Laden, Hof, Garage,
 4-Zimmer-Wohnung (Wohnzimmer,
 Esszimmer, Schlafzimmer, Kinderzimmer,
 Küche, Bad)

3 erster Stock, 4-Zimmer-Wohnung, Balkon

1 zweiter Stock, 2-Zimmer-Wohnung
 (Wohnzimmer, Schlafzimmer, Küche, Bad), Balkon

4 dritter Stock: 2-Zimmer-Wohnung, Balkon

2 Dachgeschoss, 1-Zimmer-Appartement
 (Zimmer mit Küchenzeile, Bad)

5 die Treppe im Treppenhaus

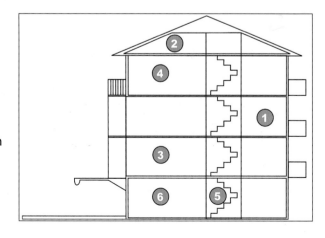

2

Was passt? Wer sagt was?

1. Kerstin Schmittke: Satz Nr. 3

2. Otto Grabowski: Satz Nr. _____

3. Frau Alak: Satz Nr. _____

4. Tao Gui: Satz Nr. _____

5. Jochen Krause: Satz Nr. _____

6. Federica Petrera: Satz Nr. _____

1 Darf es etwas mehr sein?

2 Zurzeit bin ich Hausmann, das macht mir großen Spaß!

3 Pro Woche mache ich mindestens 10 Überstunden.

4 Meine Eltern kommen aus Italien, aber ich bin in Deutschland geboren.

5 Ich war Bergmann von Beruf, heute bin ich Frührentner.

6 Bei uns müssen die Studenten mehr Prüfungen machen als in Deutschland.

Otto Grabowski (62), Frührentner und nebenbei Hausmeister, verheiratet mit Thekla Grabowski (59), Floristin, zwei erwachsene Kinder

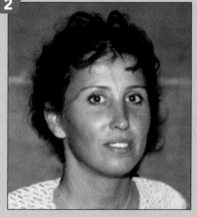

Birgül Alak (42), Ladenbesitzerin, verheiratet mit Ergin Alak (46); drei Kinder: Tarkan (17), Emre (15), Sevgi (12)

Tao Gui (21), an der Fachhochschule Bochum als Austausch-Student aus Singapur (Elektrotechnik)

Federica Petrera (25), Telekom-Angestellte, Wohngemeinschaft mit Kerstin Schmittke (27), Marketingassistentin

Jochen Krause (32), Zahntechniker, verheiratet mit Silke Lipski-Krause (31), Bankangestellte, zwei Kinder: Anna-Lena (4) und Benjamin (11 Monate)

Die Zeche Helene

1 Eine Zeche im Ruhrgebiet

a) Welche Bildunterschrift gehört zu welchem Foto?

1

2

1. Die Zeche Helene heute. Hier kann man seine Freizeit aktiv verbringen: Sport machen, in die Sauna gehen, Freunde treffen, im Café sitzen …

   Foto Nr. _2_

2. Die Zeche Helene 1958. Hier hat man fast 100 Jahre lang Kohle abgebaut, die Bergleute haben dort hart gearbeitet.

   Foto Nr. _1_

b) Welche Sätze passen zu welchem Bild?

1. Von 1870 bis 1958 war die Zeche Helene ein Bergwerk.

   Foto Nr. _1_

2. Hier musste man hart arbeiten: Ein Bergmann konnte oft eine ganze Woche lang kein Tageslicht sehen.

   Foto Nr. _1_

3. Heute muss man hier nicht mehr arbeiten. Die Zeche Helene ist seit 1997 ein Sport- und Freizeitzentrum.

   Foto Nr. _2_

4. Man kann hier Sport machen und es gibt außerdem eine Sauna, ein Solarium und im Sommer einen Biergarten.

   Foto Nr. _2_

5. Frauen durften nicht in der Zeche arbeiten. Die Arbeit war körperlich zu anstrengend und gefährlich.

   Foto Nr. _1_

6. Kinder dürfen dienstags und donnerstags mitkommen: Von 16 bis 18 Uhr bietet das Zentrum ein Programm für Kinder an.

   Foto Nr. _2_

2 Die Zeche Helene früher und heute

Was können Sie jetzt über die Fotos 1 und 2 sagen?

> Die Zeche Helene war früher …

> Heute kann man in der Zeche Helene …

3

| Hören | Sprechen | Lesen | Schreiben | ▷▷ 39 |

Kerstin Schmittke und Otto Grabowski in der Zeche Helene

Hören Sie und nummerieren Sie.

☐ Möchten Sie etwas trinken?
☐ Prost, Herr Grabowski.
☐ Ich komme zwei- bis dreimal pro Woche ins Fitness-Studio.
☐ Was machen Sie denn hier?
☐ Ich treffe meine Kollegen von früher.
1 Was für eine Überraschung!
☐ Ich arbeite in Essen.
☐ Also, zum Wohl, Frau Schmittke!

4

| Hören | **Sprechen** | Lesen | **Schreiben** |

Was machen Sie denn hier?

a) Arbeiten Sie zu zweit. Wählen Sie eine Situation und schreiben Sie einen Dialog.

1. Sie treffen jemanden aus Ihrem Sprachkurs zufällig auf dem Markt.
2. Sie treffen eine Kollegin oder einen Kollegen von früher zufällig in einer Kneipe.
3. Sie treffen eine Freundin oder einen Freund zufällig auf einer Party.

Was für eine Überraschung!

So ein Zufall!

Ich habe Sie ja schon ewig nicht mehr gesehen!

Wie geht es dir denn so?

Was hast du denn in letzter Zeit so gemacht?

Erzählen Sie doch mal!

Arbeitest du immer noch bei ...?

Wohnen Sie immer noch in ...?

Wie geht es Ihrer Familie?

...

So ein Zufall! _____

_____

_____

b) Spielen Sie den Dialog im Kurs vor.

Zeche **helene**.
Zentrum für Sport und Freizeit

Sport Treff NORD

Programm I. Halbjahr

Neu im Angebot

Di. + Do. Kinderbetreuung
von 16.00 - 18.00 Uhr

Neue Trends im ersten Halbjahr

im Sport- und Gesundheitszentrum **helene**.
Neu
⇨ Attack your body
⇨ Aerobic surprise
⇨ Body Feeling
⇨ Trend Dance
⇨ Working Woman
und vieles mehr.
Kommen Sie vorbei, oder rufen Sie uns an.

Fit-club
der Fitness-Treff
für jedermann/frau

Layout + Medien Werkstatt, Essen
Grafik Franz Wrenger

Twentmannstr. 125 (Altenessen-Süd/Stoppenberg)
45326 Essen

Tel. 83 225 50
Fax 83 225 99

Öffnungszeiten: Mo. - Fr. 9.00 - 12.00 h
NEU 15.00 - 20.00 h

Zwei Biografien

1 Die Arbeit von Otto Grabowski in der Zeche

| Hören | Sprechen | Lesen | Schreiben | ▶▶ 10 |

Richtig (r) oder falsch (f)?

1. Otto Grabowski hat 1917 mit der Arbeit in der Zeche angefangen. _____ (r) (f)
2. Er musste früher jeden Samstag arbeiten. _____ (r) (f)
3. Er musste nie Nachtschicht machen. _____ (r) (f)
4. Der Chef in der Zeche durfte nie zu spät kommen. _____ (r) (f)
5. Die Kollegen von Otto Grabowski waren sympathisch. _____ (r) (f)
6. Er konnte früher ein bisschen Türkisch sprechen. _____ (r) (f)

2 Kerstin Schmittke erzählt

| Hören | Sprechen | **Lesen** | **Schreiben** |

a) Lesen Sie den Text. Lösen Sie dann Aufgabe b).

Kerstin Schmittke Ich arbeite in einer Internetfirma als Marketingassistentin. Eigentlich finde
(1) _ich_ die Arbeit gut, aber ich muss so viele Überstunden machen:
pro Woche mindestens 10!

Otto Grabowski Oh, das ist ja furchtbar!

Kerstin Schmittke Wissen Sie, eigentlich wollte ich früher etwas ganz anderes machen. Ich wollte
Stewardess werden. Fliegen **(2)** _ist_ super! Aber meine Eltern wollten
das nicht.

Otto Grabowski Warum denn nicht?

Kerstin Schmittke Ach, mein Vater hat gesagt: Das ist zu **(3)** _gefährlich_.

Otto Grabowski Da **(4)** _hatte_ er Recht!

Kerstin Schmittke Na ja. Aber mein Vater hat immer alles für uns bestimmt, wir durften nichts selbst
entscheiden. Meine Schwester wollte Schreinerin werden. Da hat er gesagt: Das ist
(5) _kein_ Beruf für Mädchen! Sie musste dann Friseurin werden und bei
meiner Mutter im Friseursalon arbeiten.

Otto Grabowski Ihr Vater wollte doch sicher nur das Beste für Sie. Kommen Sie, trinken wir noch
(6) _etwas_ !

b) Welches Wort passt in die Lücke?

1. a) ☐ mich   b) ☒ ich
2. a) ☒ ist   b) ☐ bin
3. a) ☐ gefährlicher b) ☒ gefährlich
4. a) ☐ hattest   b) ☒ hatte
5. a) ☒ kein   b) ☐ keine
6. a) ☐ nichts   b) ☒ etwas

3

| Hören | Sprechen | Lesen | **Schreiben** |

Schreiben und verstehen: Modalverben im Präteritum

	müssen	können	dürfen	wollen
ich	musste	konnte	durfte	
du	musstest	konntest	durftest	wolltest
er • sie • es				
wir		konnten		wollten
ihr	musstet	konntet	durftet	wolltet
sie • Sie	mussten	konnten	durften	

4

| Hören | **Sprechen** | Lesen | **Schreiben** |

Zwei Biografien

a) Bitte notieren Sie. Was wissen Sie über die Personen?

Otto Grabowski

früher: _war Bergmann_

heute: _ist Frührentner_

Kerstin Schmittke

früher: _wollte Stewardess werden_

heute: _geht zwei- bis dreimal pro Woche ins Fitness-Studio_

b) Und jetzt erzählen Sie.

> Otto Grabowski war früher …

> Kerstin Schmittke wollte …

5

| Hören | **Sprechen** | Lesen | Schreiben |

Wie war Ihre Kindheit?

Ich wollte, konnte, durfte, musste …

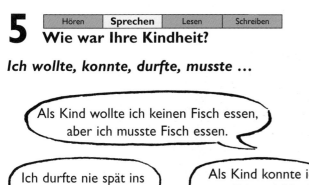

> Als Kind wollte ich keinen Fisch essen, aber ich musste Fisch essen.

> Ich durfte nie spät ins Bett gehen.

> Als Kind konnte ich gut Fahrrad fahren.

nie
oft
immer
manchmal
gern
nicht gut

spät ins Bett gehen
ein Instrument spielen
Fahrrad fahren
Jeanshosen tragen
Fisch essen
die Küche aufräumen
Coca-Cola trinken
Fußball spielen

Lebensmittel Alak

1

Hören | Sprechen | Lesen | Schreiben

Eine Anzeige von Lebensmittel Alak

LEBENSMITTEL ALAK

Frisch und günstig - Sonderangebote

Obst und	Span. Kopfsalat, Stück	€ –,55
Gemüse	Bananen, 1 kg	€ 1,19
	Dtsch. Bodenseeäpfel, 1 kg	€ –,99
	türk. Tomaten, 1 kg	€ 1,55
	Orangen, 1 kg	€ –,99
	Sieglinde-Kartoffeln, 10 kg	€ 2,99
Lebensmittel	Jacobs-Krönung-Kaffee, 500 g	€ 3,99
	Oliven in Dosen, ½ kg	€ 1,49
	Himalaya-Reis, 5-kg-Packung	€ 4,45
	Mehl, 1-kg-Paket	€ 0,40
	Merci-Pralinen, Schachtel	€ 1,49
Fleisch- und	Putenschnitzel, 100 g	€ –,69
Wurstwaren	Lamm-Hackfleisch, 1 kg	€ 6,99
Molkerei-	Schafskäse, 500 g	€ 4,99
produkte	H-Milch, 3,5 % Fett, 1-l-Tüte	€ –,49
	Natur-Joghurt, 500-g-Glas	€ 1,90
	Qualitätsbutter, ½ Pfd.	€ 1,05
Getränke	Traubensaft, Kasten (12 Fl.), m. Pfand	€ 12,99
	Franz. Natur-Wasser, 1,5-l-Fl.	€ –,79

Jeden Dienstag frischen Fisch!

Glückaufstraße 14, 44793 Bochum. P beim Haus

a) 5 Zeichnungen. Bitte nummerieren Sie.

- [ ] die Packung
- [1] der Kasten
- [ ] die Schachtel
- [ ] die Dose
- [ ] das Glas

b) Was bedeuten die Abkürzungen?

das Pfund	der Deziliter	das Gramm	~~das Dekagramm~~	der Liter	das Kilogramm

1. 10 dag (= *1 Dekagramm/10 Gramm*)
2. 1 l (= _____)
3. 4 kg (= _____)
4. 3 Pfd. (= _____)
5. 100 g (= _____)
6. 1 dl (= _____)

2

Hören | Sprechen | Lesen | Schreiben

Eine Werbeanzeige

a) Lesen Sie die Anzeige. Fragen Sie.

▶ Wie viel kostet 1 Kilo Bananen?

◁ 1 Kilo Bananen kostet 1,19 €.

▶ Wie viel kosten …?

◁ … kosten … €.

b) Sie kaufen ein. Was sagen Sie?

> 100 Gramm Käse, bitte.

> Ich möchte bitte ein Kilo Tomaten.

> Ich hätte gern ein …

3 Herr Krause kauft ein

Hören | Sprechen | Lesen | **Schreiben** | ▶▶ 41

Hören Sie den Dialog und ergänzen Sie.

> Darf es etwas mehr sein?　　　Kann ich bitte eine Tüte haben?　　　~~Darf es sonst noch etwas sein?~~
> Geschnitten oder am Stück?　　　Haben Sie sonst noch einen Wunsch?

Frau Alak	Guten Tag, Herr Krause! Was bekommen Sie?
Herr Krause	Guten Tag, Frau Alak. Ich hätte gern ein Kilo Birnen. Sind sie denn auch reif?
Frau Alak	Ja, und süß! *Darf es sonst noch etwas sein?*
Herr Krause	Bitte noch 100 Gramm Appenzeller Käse.
Frau Alak	*Geschnitten oder am Stück*
Herr Krause	Am Stück, bitte.
Frau Alak	Ah, jetzt sind es 135 Gramm. *Haben Sie sonst noch einen Wunsch?*
Herr Krause	Ja, gern.
Frau Alak	
Herr Krause	Danke, das ist alles.
Frau Alak	3,49 €, bitte.
Herr Krause	
Frau Alak	Natürlich, macht 10 Cent. Also, auf Wiedersehen und schönen Abend noch!
Herr Krause	Danke, gleichfalls! Tschüs!

4 Eine neue Kundin bei Lebensmittel Alak

Hören | Sprechen | Lesen | **Schreiben** | ▶▶ 42

Was hören Sie wirklich? Bitte korrigieren Sie.

1. Kann man bei Ihnen ~~Fisch~~ *Leergut* _____ abgeben?
2. Haben Sie heute beim Gemüse etwas im ~~Leergut~~ _____?
3. ~~Putenschnitzel~~ _____ brauche ich noch.
4. Haben Sie frischen ~~Nachtisch~~ _____?
5. Dann nehme ich zwei ~~Zwiebeln~~ _____, mager bitte!
6. Ich suche noch etwas zum ~~Sonderangebot~~ _____.

5 Sie organisieren ein Fest

Hören | **Sprechen** | Lesen | Schreiben

a) Wählen Sie eine Situation und diskutieren Sie.

1. Es ist Sommer. Sie machen am Nachmittag mit Ihrer Großfamilie ein Picknick.
2. Sie laden 20 Personen zu Ihrer Geburtstagsparty am Abend ein.
3. Sie feiern mit 12 Kollegen im Büro Ihre Beförderung.

b) Und jetzt gehen Sie einkaufen. Spielen Sie Dialoge im Kurs.

Meinungen über das Ruhrgebiet

1

| Hören | Sprechen | **Lesen** | **Schreiben** |

Eine Umfrage in der Zeitung „Ruhr Nachrichten"

a) Bitte lesen Sie. ⌐Survey/Questionaire

**Stefanie Fritsch (19),
Auszubildende, Herne**
Also, ich denke, dass die
Verkehrsverbindungen im
Ruhrgebiet sehr gut sind.
Die Entfernungen zwischen
den Städten sind nicht groß
und man kommt mit der
S-Bahn in jede Stadt.
Ich zum Beispiel wohne
in Herne und mache in Gelsenkirchen meine
Ausbildung.

**Federica Petrera (25),
Telekom-Angestellte, Bochum**
Ich finde es gut, dass es im
Ruhrgebiet so viele Freizeitmöglichkeiten gibt. Bloß in
meiner Wohnung gefällt es mir
nicht mehr. Ich wohne in einer
Wohngemeinschaft. Zu zweit in
einer 2-Zimmer-Wohnung,
das ist einfach viel zu eng! Ich suche gerade eine
Wohnung, weil ich endlich allein wohnen möchte.

**Renate Pokanski,
Kauffrau (59), Essen**
Unsere Industriegeschichte
ist über 150 Jahre alt. Kohle
und Stahl aus dem Ruhrgebiet
waren für Deutschland sehr
wichtig. Viele Industrie-
gebäude sind heute Museen
geworden – das ist gut so.
Ich meine, dass man hier sehr viel über die Vergangenheit lernen kann.

**Friedrich Bertsch (52),
Stahlarbeiter, Oberhausen**
Früher war das Ruhrgebiet
für uns Arbeiter da, heute
will man uns nicht mehr.
Überall braucht man nur
noch Kopfarbeiter. Ich bin
arbeitslos geworden, weil
man die Stahlfabrik in Duisburg geschlossen hat. Ich
finde es nicht gut, dass Leute wie ich nur noch
schwer eine Arbeit finden können.

José Manuel Rodrigues (36), Mechaniker, Gelsenkirchen
Na ja, es ist natürlich nicht so schön wie in Portugal, aber ich bin in Portugal und im
Ruhrgebiet zu Hause. Mir gefällt es hier sehr gut, weil im Ruhrgebiet Menschen aus
vielen Ländern leben. Links von mir wohnen Türken, rechts Kroaten, oben Polen und
unten Deutsche. Und wir sind alle zusammen für den gleichen Fußballverein: Schalke 04.

[handwritten margin note: Ich denke / Ich glaube]

b) Eine Überschrift passt zu der Umfrage. Welche? Kreuzen Sie an.

1. ☐ Kohle und Stahl aus dem Ruhrgebiet für den Export in die ganze Welt
2. ☒ Die meisten Menschen im Ruhrgebiet sind mit ihrem Wohnort zufrieden
3. ☐ Das Ruhrgebiet – keine internationale Region

c) Was meinen die Leute?

1. Stefanie sagt, dass *die Entfernungen zwischen den Städten nicht groß sind.*
2. Renate Pokanski sagt, dass _____.
3. José Manuel Rodrigues gefällt es hier, weil _____.
4. Federica Petrera findet es gut, dass _____.
   Sie sucht eine Wohnung, weil *sie* _____.
5. Friedrich Bertsch ist arbeitslos geworden, weil _____.
   Er findet es nicht gut, dass *Leute wie er* _____.

2 | Hören · Sprechen · Lesen · **Schreiben**
Schreiben und verstehen: Nebensätze

dass-Sätze:

| Ich denke, | *dass* | die Verkehrsverbindungen gut | . |
| Frau Pokanski sagt, | | man hier viel | . |

weil-Sätze:

| Ich suche eine andere Wohnung, | | mir meine Wohnung nicht mehr | *gefällt* . |
| Warum? | | ich allein | wohnen möchte. |

3 | Hören · **Sprechen** · Lesen · Schreiben
Wo wohnen Sie?

a) Gefällt Ihnen Ihr Wohnort?

Sport- und Freizeitmöglichkeiten   **Arbeitsplätze**   **Einkaufsmöglichkeiten**
Kulturangebot   **Schule für die Kinder**   **Mieten**   **Leute**   **Verkehrsverbindungen**

ruhig / laut   **billig / teuer**   **gut / schlecht**   **freundlich / unfreundlich**
hell / dunkel   **interessant / uninteressant**   **hoch / niedrig**   **viel / wenig**

Mein Wohnort gefällt mir, weil die Einkaufsmöglichkeiten gut sind.

Ich finde es nicht gut, dass es keine Schule für die Kinder gibt.

b) Und Ihre Wohnung?

Ich wohne nicht gern in meiner Wohnung, weil sie zu laut ist.

Ich finde es gut, dass meine Wohnung billig ist.

4 | Hören · Sprechen · Lesen · Schreiben ▶▶ 43
Hören und sprechen: die Intonation

Was hören Sie: Geht die Stimme so (→) oder so (↘)? Markieren Sie.

1. Federica Petrera sucht eine Wohnung (↘   ). Sie will endlich alleine leben (↘   ).
   Federica Petrera sucht eine Wohnung (→   ), weil sie endlich alleine leben will (↘   ).
2. José Manuel Rodrigues gefällt es im Ruhrgebiet (   ). Hier leben Menschen aus vielen Ländern (   ).
   José Manuel Rodrigues gefällt es im Ruhrgebiet (   ), weil hier Menschen aus vielen Ländern leben (   ).
3. Man kann in den Museen viel über die Vergangenheit lernen (   ). Renate Pokanski findet das gut (   ).
   Renate Pokanski findet gut (   ), dass man in den Museen viel über die Vergangenheit lernen kann (   ).
4. Friedrich Bertsch ist unzufrieden (   ). Er kann keine Arbeit mehr finden (   ).
   Friedrich Bertsch ist unzufrieden (   ), weil er keine Arbeit mehr finden kann (   ).

Wohnungssuche im Ruhrgebiet

1

| **Hören** | Sprechen | Lesen | Schreiben | ▶▶ 44

Federica Petrera sucht eine Wohnung

a) Wie möchte Federica gern wohnen? Hören Sie und kreuzen Sie an.

1. Federica sucht eine ☐ 1-Zimmer-Wohnung ☐ 1,5-Zimmer-Wohnung ☐ 2-Zimmer-Wohnung.
2. Die Wohnung darf nicht mehr als ☐ 200 € ☐ 350 € ☐ 400 € kosten.
3. Sie möchte ☐ einen Garten ☐ einen Balkon oder eine Terrasse ☐ keinen Balkon haben.

b) Welche Wohnung passt zu Federica?

> **Neubau, 2½-Zi.-Whg.** mit Südbalkon,
> Keller und Tiefgarage, zentrumsnah.
> Keine Haustiere. KM 380,– € + NK + Kt.
> **Wittmann IMMOBILIEN Essen**
> **02 01/87 46 02-0**
>
> **1**

> **2**
>
> **Ruhige 1,5-Zi-Whg.,**
> 52 m², im Umland von Bochum,
> großer Garten (Gartenarbeit!), bald-
> möglichst zu vermieten.
> KM 270,– € + NK. Tel. 0 23 27/1 05 67

> **Zum 1. 5.: 2-Zi.-Whg., 56 m², 4. OG,**
> Aufzug, Gasheizung, Hausmeisterservice.
> Tel. 01 79/7 94 46 24 (ab Montag)
>
> **3**

> **2-Zi.-Whg. im Zentrum**
> von Bochum, EG,
> kl. Terrasse,
> Miete 270,– € kalt + NK,
> auf Wunsch Stellplatz.
> **4** Chiffre XO 3458

> **Von privat:**
> 2-Zi.-Whg., 45 m², ruhig, in
> Mehrfamilienhaus, Dachterrasse,
> frei ab sofort, in Herne.
> KM 280,– € + NK 120,– €
> Tel. 0 23 23/89 96 58
>
> **5**

2

| Hören | Sprechen | **Lesen** | **Schreiben** |

Wohnungsanzeigen in der Zeitung

a) Was bedeuten die Abkürzungen?

die Kaltmiete	die 2-Zimmer-Wohnung	die Kaution	das Obergeschoss
Nebenkosten (Pl.)	das Erdgeschoss	die Warmmiete	der Quadratmeter

1. 2-Zi.-Whg. = *die 2-Zimmer-Wohnung*   5. Kt. = _____
2. OG = _____   6. KM = _____
3. EG = _____   7. NK = _____
4. m² = _____   8. WM = _____

b) Lesen Sie noch einmal die Anzeigen in Aufgabe 1. Was wissen Sie?

	Wie groß?	Wie teuer?	Welcher Stock?	Balkon, Terrasse?
Wohnung Nr. 1	2½ Zimmer			
Wohnung Nr. 2				
Wohnung Nr. 3				
Wohnung Nr. 4				
Wohnung Nr. 5				

c) Bitte sprechen Sie über die Wohnungen:

> Wohnung 3 ist ... m² groß.
> Sie kostet ... pro Monat.

> Die Nebenkosten betragen ... .
> Die Wohnung ist im ... Stock.

Grammatik

1 Das Präteritum: die Modalverben *müssen, können, dürfen, wollen*

→ S. 199, 200

	müssen	können	dürfen	wollen
ich	musste	konnte	durfte	wollte
du	musstest	konntest	durftest	wolltest
er • sie • es	musste	konnte	durfte	wollte
wir	mussten	konnten	durften	wollten
ihr	musstet	konntet	durftet	wolltet
sie • Sie	mussten	konnten	durften	wollten

2 Die Satzklammer: die Modalverben

→ S. 195, 199

	Verb (Modalverb)		Satzende (Infinitiv)
Früher	musste	Otto Grabowski am Samstag	arbeiten.
Als Kind	wollte	Kerstin etwas ganz anderes	machen.
Warum	durfte	Kerstin nicht Stewardess	werden?
	Konnte	Otto Grabowski früher Türkisch	sprechen?

Satzklammer

3 Nebensätze

→ S. 196

Der Hauptsatz

	Verb		Satzende (Verb)
Die Verkehrsverbindungen	sind	gut.	
Federica	möchte	allein	wohnen.
Friedrich Bertsch	ist	arbeitslos	geworden.

Satzklammer

Der Nebensatz

Hauptsatz	Subjunktion		Satzende (Verb)
Stefanie sagt,	dass	die Verkehrsverbindungen gut	sind.
Federica sucht eine Wohnung,	weil	sie allein	wohnen möchte.
Herr Grabowski ist Frührentner,	weil	er sehr hart	arbeiten musste.

Nebensatz

Regel: Der Nebensatz beginnt mit einer Subjunktion (Signalwort) und endet mit dem konjugierten Verb.

Lektion 11 Frankfurt an der Oder

1 | Hören | **Sprechen** | **Lesen** | Schreiben |

Bilder aus Frankfurt

a) Lesen Sie bitte. Welcher Text passt zu welchem Bild?

1. Europa-Universität Viadrina: Im Herzen Europas studieren für das Europa von morgen.   Bild _B_

2. Frankfurter Freizeit- und Campingpark Helene-See: klares Wasser und feiner Sandstrand.   Bild _E_

3. Die Oder-Brücke zwischen Frankfurt und Słubice: Grenzbrücke zwischen Polen und Deutschland.   Bild _C_

4. Das Rathaus aus Backstein, Wahrzeichen der alten Hanse- und Handelsstadt: Hier regiert der Stadtrat.   Bild _A_

5. Der Oder-Turm: Bürohochhaus, Einkaufszentrum und Treffpunkt für Jung und Alt.   Bild _D_

b) Sprechen Sie im Kurs. Wo gibt es was und was kann man da machen?

> Im Helene-See kann man schwimmen.

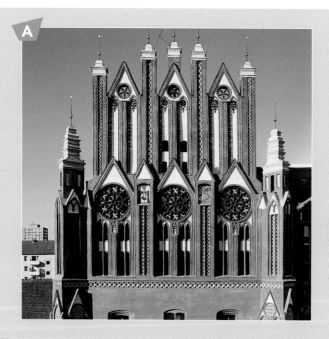

2

| Hören | Sprechen | **Lesen** | **Schreiben** |

Was ist „Słubfurt"?

Rekonstruieren Sie die Erklärung.

| -barstadt einkaufen, mit ihrer Wäh- | -schaft zwischen Polen und Deutschland. | -ten dann alle Polen und alle Deutschen in ihrer Nach- |

| -chen. Ein Beitrag zur Freund- | -nische Verkäufer Deutsch gelernt. An zwei Tagen konn- | -ben arbeitslose deutsche Verkäufer Polnisch und pol- |

| ~~Bei dem Projekt „Słubfurt" ha-~~ | -rung bezahlen und ihre Muttersprache spre- |

Bei dem Projekt „Słubfurt" ha- _____

_____

3

| **Hören** | Sprechen | Lesen | Schreiben | ▶▶ 45–46 |

Menschen in Frankfurt

a) Was hören Sie: Wie viele Mitglieder hat Familie Wirschow?

_____ Personen

b) Sabine und Magda, Studentinnen in Frankfurt. Was ist richtig?

1. Magda wohnt ☐ in Deutschland ☐ in Polen.
2. Sabine kommt ☐ aus Deutschland ☐ aus Polen.
3. Magda und Sabine suchen ☐ zusammen eine Wohnung ☐ zwei Wohnungen.

Die Europa-Universität

1 Die Viadrina in Frankfurt (Oder)

| Hören | Sprechen | **Lesen** | Schreiben |

a) Lesen Sie den Informationstext der Universität.

Die Universität Viadrina in Frankfurt an der Oder hat eine lange Geschichte. Seit 1991 ist sie Europa-Universität. Damit stellt sie sich in besonderem Maße den Herausforderungen Europas und schlägt eine Brücke zwischen Ost- und Westeuropa. *(challange)*

Eine internationale Orientierung und Verständigung zwischen den Völkern und den Kulturen sind Ziele der Europa-Universität. Schon jetzt ist die Hochschule eine Begegnungsuniversität für junge Menschen aus allen Teilen der Welt geworden. Ihre Studenten und Mitarbeiter studieren und leben in Frankfurt (Oder) und Słubice; sie kommen aus mehr als 40 Ländern und ein Drittel von ihnen sind Polen.

In den Fakultäten an der Viadrina – Jura, Wirtschaftswissenschaften und Kulturwissenschaften – nehmen deshalb europäische und internationale Aspekte von Recht, Wirtschaft und Kultur eine besondere Rolle ein. Seit die Grenzen in Europa durchlässiger werden, hat auch das Lernen von Sprachen eine völlig neue Dimension erhalten. Neben Sprachkenntnissen ist Sensibilität für andere Kulturen und Denkweisen gefragt.

b) Der Text hat drei Abschnitte. Welche Zusammenfassung passt zu welchem Abschnitt?

A	internationale Begegnungen fördern	Abschnitt _____
B	Studienfächer an der Europa-Universität	Abschnitt _____
C	Verbindungen zwischen West- und Osteuropa suchen	Abschnitt _____

2 Eindrücke von Studenten und Mitarbeitern der Europa-Universität

| Hören | Sprechen | **Lesen** | **Schreiben** |

a) Lesen Sie bitte.

Fritz N., Unimitarbeiter
Mein Lehrer am Gymnasium hat mir ein Studium an der Viadrina empfohlen, weil mich die polnische Kultur interessiert hat. Er hat mir damals von dieser neuen Europa-Universität erzählt. Inzwischen habe ich mein Studium längst beendet und habe eine Stelle an der Uni.

advised / told

Suse P., Studentin aus Dessau
Ich habe ein Stipendium für die Viadrina und bin ganz begeistert darüber. Auch meine Freunde haben mir gratuliert, weil ich dieses Stipendium bekommen habe. Ich wollte nämlich unbedingt ein Studium mit europäischem Schwerpunkt anfangen.

grant Scholarship

Suzanne L. und Michel S., Studentenpärchen aus Frankreich
Wir können jetzt sogar schon ein bisschen Polnisch. Das hilft uns, wenn wir in Słubice einkaufen gehen. Die Eltern von Michel haben uns auch schon hier besucht, und da haben wir Bigos, eine polnische Spezialität, für sie gekocht. Das hat ihnen sehr gut geschmeckt.

Tomek und Robert, Studenten aus Polen
Unsere Verwandten in Polen wollten uns nicht glauben, dass wir wirklich in Deutschland studieren wollten. Wir studieren jetzt schon zwei Semester hier und sind sehr zufrieden mit unserer Wahl.

Dorothee J., Professorin
Mir gefällt es, dass die Uni nicht so überfüllt ist wie viele westdeutsche Universitäten. Zum Beispiel habe ich hier mehr Zeit für die Studienberatung. Allerdings fehlt mir in Frankfurt die Großstadtatmosphäre, die Stadt ist doch recht klein.

advice   *not there*

b) Was meinen die Leute? Ergänzen Sie.

1. Die polnische Kultur hat den Unimitarbeiter interessiert, deshalb hat ihm sein Lehrer ein Studium an der Viadrina _empfohlen_. Er hat ihm von der neuen Europa-Universität _erzählt_.
2. Der Studentin Suse P. haben ihre Freunde _gratuliert_, weil sie ein Stipendium für die Viadrina bekommen hat.
3. Das Pärchen aus Frankreich findet, dass ihm die Polnischkenntnisse beim Einkaufen in Słubice _helfen/geholfen_. Und das polnische Nationalgericht Bigos hat den Eltern gut _geschmeckt_
4. Die Studenten Tomek und Robert aus Polen sagen, ihre Verwandten wollten ihnen nicht _glauben_, dass sie wirklich in Deutschland studieren wollten.
5. Der Professorin _gefehlt_ es, dass die Viadrina nicht so überfüllt ist wie viele westdeutsche Universitäten. Allerdings _fehlt_ ihr in Frankfurt die Großstadtatmosphäre.

3 | Hören | Sprechen | Lesen | **Schreiben**
Schreiben und verstehen: Verben mit Dativ-Objekt

	Subjekt: Nominativ	Verb	Objekt: Dativ		Objekt: Akkusativ	Satzende (Verb)
m	Der Lehrer	hat		Unimitarbeiter	die Viadrina	empfohlen.
f	Die Viadrina	gefällt		Professorin.		
n	Die Sprachkenntnisse	helfen	den	Pärchen.		
Pl	Das Essen	hat	den	Eltern		geschmeckt.

4 | Hören | **Sprechen** | Lesen | Schreiben
Ihr Kursort

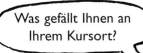

Machen Sie eine Umfrage im Kurs.

1. Was gefällt Ihnen an Ihrem Kursort oder Ihrem Wohnort? Was gefällt Ihnen nicht?

> Was gefällt Ihnen an Ihrem Kursort?

> Es gefällt mir, dass ich mit vielen Leuten Deutsch sprechen kann.

2. Was fehlt Ihnen?

> Was fehlt Ihnen?

> Mir fehlt die Sonne. Hier ist es zu kalt!

3. Was schmeckt Ihnen besonders gut?

> Was schmeckt dir hier besonders gut?

> Mir schmecken die Torten und Kuchen besonders gut.

Die Wohnung von Sabine und Magda

1

Hören | Sprechen | Lesen | Schreiben

Möbel und Einrichtungsgegenstände

a) Was heißt wie? Bitte nummerieren Sie.

Die Küche

der Herd: Nr. _3_, der Kühlschrank: Nr. ___, die Spüle: Nr. ___, der Mülleimer: Nr. ___

das Zimmer von Sabine

die Lampe: Nr. ___, der Stuhl: Nr. ___, das Regal: Nr. ___, das Sofa: Nr. ___

das Bad

das Waschbecken: Nr. ___, die Badewanne: Nr. ___, der Spiegel: Nr. ___

das Zimmer von Magda

der Teppich: Nr. ___, der Staubsauger: Nr. ___, der Schrank: Nr. ___, der Schreibtisch: Nr. ___

b) Was ist wo?

> Die Badewanne ist im Badezimmer.

> Im Zimmer von Magda steht ein ...

c) Was brauchen Sabine und Magda noch?

> Sabine braucht noch ein ...

> Magda und Sabine brauchen noch Kochtöpfe, Handtücher ...

2

Hören | Sprechen | Lesen | Schreiben

Welche Möbel oder Geräte brauchen Sie unbedingt?

Sprechen Sie im Kurs.

die Waschmaschine	der Schreibtisch
der Herd	die Lampe	das Bett
die Dusche	die Spülmaschine	das Sofa

schlafen	ausruhen	spülen
waschen	arbeiten
kochen	lesen	duschen

> Ohne Sofa kann ich nicht ausruhen.

> Ohne ... will ich nicht ...

3

| Hören | Sprechen | **Lesen** | **Schreiben** |

Magda und Sabine wollen eine Waschmaschine kaufen

a) Welche Anzeige passt?

Magda und Sabine wollen eine gebrauchte Waschmaschine kaufen. Die Maschine muss vorn aufgehen und darf höchstens 100 € kosten. Deshalb passt die Anzeige Nr. _____.

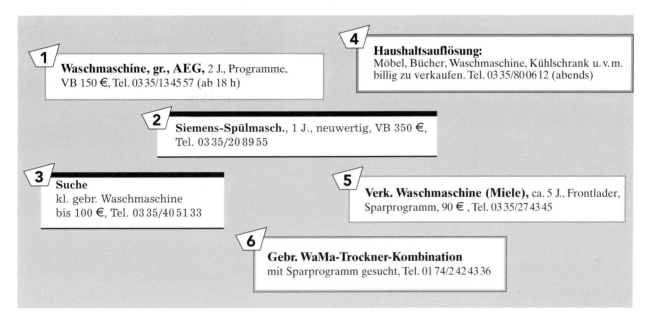

1 **Waschmaschine, gr., AEG,** 2 J., Programme, VB 150 €, Tel. 03 35/13 45 57 (ab 18 h)

4 **Haushaltsauflösung:** Möbel, Bücher, Waschmaschine, Kühlschrank u. v. m. billig zu verkaufen. Tel. 03 35/80 06 12 (abends)

2 **Siemens-Spülmasch.**, 1 J., neuwertig, VB 350 €, Tel. 03 35/20 89 55

3 **Suche** kl. gebr. Waschmaschine bis 100 €, Tel. 03 35/40 51 33

5 **Verk. Waschmaschine (Miele),** ca. 5 J., Frontlader, Sparprogramm, 90 €, Tel. 03 35/27 43 45

6 **Gebr. WaMa-Trockner-Kombination** mit Sparprogramm gesucht, Tel. 01 74/2 42 43 36

b) Was bedeuten die Abkürzungen in den Anzeigen?

| verkaufe | Jahre | Verhandlungsbasis | und vieles mehr | gebraucht | ~~circa~~ |

1. ca.   *circa* _____
2. VB _____
3. u. v. m. _____

4. gebr. _____
5. verk. _____
6. J. _____

4

| Hören | Sprechen | Lesen | **Schreiben** |

Geben Sie eine Anzeige auf!

Suchen Sie etwas oder verkaufen Sie etwas? Hier haben Sie ein Anzeigenformular aus dem Internet.

Anzeigen aufgeben für SperrMüll

	Bitte wählen Sie eine Anzeigenart aus		
Anzeigenarten	**Zusatzdienste >>**	Chiffre(C)	XL + 250 Zeichen
private Kleinanzeige	⦿ kostenlos	○ € 5,–	○ € 5,–
Blickfanganzeige	○ € 5,–	○ € 10,–	○ € 10,–
Poweranzeige	○ € 5,–	○ € 10,–	○ € 10,–

Bitte wählen Sie einen Bereich aus:

Möbel, Haushalt

| Waschmaschinen ▼ |

○ **Angebot**
⦿ **Gesuch**

Bitte beachten Sie, dass Sie 3 Anzeigen je Ausgabe mit jeweils maximal 250 Zeichen für Anzeigentext, Telefon-/Fax-Nr. und E-Mail-Adresse (Buchstaben, Leerzeichen, Kommata etc. eingeschlossen) aufgeben können.

Der Campingplatz am Helene-See

1 Dauercamper

Hören | **Sprechen** | **Lesen** | Schreiben

a) Lesen Sie bitte.

Die Wirschows sind Dauercamper. Was ist das?
Viele Familien in Deutschland haben einen großen
Wohnwagen mit Vorzelt. Er steht das ganze Jahr
auf einem Campingplatz. So kann die Familie ihre
Ferien und Wochenenden auf dem Land im
Grünen verbringen und braucht kein Hotel. Oft
haben Dauerwohnwagen auch einen kleinen Garten.

b) Was passt nicht zu Dauercamping? Streichen Sie durch.

1. der Wohnwagen
2. im Grünen sein
3. der Campingplatz
4. das Zelt
5. der Garten
6. das Hotel
7. das Wochenende
8. auf dem Land sein

c) Wie verbringen Sie Ihre Wochenenden?

Ich gehe am Wochenende gern wandern.

Ich bleibe zu Hause und …

2 Das Wochenende beginnt!

Hören | Sprechen | Lesen | Schreiben ▸▸ 47

Was machen die Wirschows? Was hören Sie?

1. Es ist Freitagabend. Familie Wirschow kommt auf dem Campingplatz an. _____ r f
2. Familie Wirschow bereitet ihren Wohnwagenplatz für das Wochenende vor. _____ r f
3. Nadine liegt nicht gern in der Sonne. _____ r f
4. Familie Wirschow möchte mit Familie Borchert grillen. _____ r f
5. Frau Wirschow stellt das Zelt vor den Wohnwagen. _____ r f
6. Maik und Nadine stellen den Gartentisch auf. _____ r f

3 Mit wem sprechen die Eltern?

Hören | Sprechen | **Lesen** | Schreiben

	mit Maik	mit Maik und Nadine
1. Legt mal das Gepäck in den Wohnwagen.		X
2. Mach doch mal den Sonnenschirm auf.	X	
3. Gieß mal die Blumen.	X	X
4. Stellt bitte die Liegestühle auf.		X
5. Seid bitte nicht so laut.		X
6. Hol bitte den Grill raus.	X	
7. Lies nicht schon wieder Comic-Hefte.	X	
8. Hängt doch die Regenjacken ins Vorzelt.		X

4

| Hören | Sprechen | Lesen | **Schreiben** |

Schreiben und verstehen: der Imperativ mit *du* und *ihr*

Infinitiv	du-Form	du-Imperativ	ihr-Form	ihr-Imperativ
legen	~~du~~ legst	leg	~~ihr~~ legt	*legt*
aufmachen	~~du~~ machst auf	*mach auf*	~~ihr~~ macht auf	macht auf
lesen	~~du~~ liest	*lies*	~~ihr~~ lest	lest
gießen *(Wasser)*	~~du~~ gießt	*gieß*	~~ihr~~ gießt	gießt
sein	~~du~~ bist	sei	~~ihr~~ seid	*seid*

5

| Hören | Sprechen | Lesen | **Schreiben** |

Herr und Frau Wirschow haben viele Bitten

a) So klingt der Imperativ freundlich.

1. Die Blumen haben kein Wasser mehr. Kinder, *gießt doch bitte mal die Blumen* .
2. Wir müssen den Gartentisch aufstellen. Maik, *stell doch mal den Garten auf* .
3. Wer holt die Regenjacken aus dem Auto? Kinder, *holt doch bitte die Regenjacken aus dem Auto* .
4. Der Sonnenschirm ist noch zu. Nadine, _____ .
5. Wo sind denn die Liegestühle? Kinder, _____ .
6. Und wo bleibt der Grill? Kinder, _____ .

b) Nadine und Maik tun nichts. Die Eltern werden ärgerlich.

1. *Kinder, gießt die Blumen!* _____
2. *Maik,* _____
3. _____
4. _____
5. _____
6. _____

6

| Hören | **Sprechen** | Lesen | Schreiben | ▶▶ 48–49 |

Hören und sprechen: der Satzakzent

a) Hören Sie den Akzent. Die Wörter in Klammern helfen Ihnen.

1. Viele Familien in Deutschland haben einen großen Wohnwagen.
2. Viele Familien in Deutschland haben einen großen Wohnwagen. (keine Ehepaare)
3. Viele Familien in Deutschland haben einen großen Wohnwagen. (nicht in Italien oder Frankreich)
4. Viele Familien in Deutschland haben einen großen Wohnwagen. (keinen kleinen)

b) Wo muss der Akzent sein? Markieren Sie und hören Sie die Sätze zur Kontrolle.

1. Familie Wirschow verbringt <u>jedes</u> Wochenende im Grünen. (nicht nur ein Wochenende oder zwei)
2. Die Kinder finden das langweilig. (nicht die Eltern)
3. Außerdem haben die Eltern immer viele Aufgaben für sie. (nicht wenige)
4. „Tut doch endlich was!" (liegt nicht nur in den Liegestühlen)
5. „Hier müssen alle helfen!" (nicht nur die Eltern)

Das Grillfest

1

| Hören | Sprechen | **Lesen** | Schreiben |

Ein lustiger Abend geht zu Ende

a) Es ist 23 Uhr. Bitte lesen Sie.

Die Familien Wirschow und Borchert
haben Würstchen und Schnitzel gegrillt
und Kartoffelsalat dazu gegessen. Die
Erwachsenen haben Bier getrunken und
Karten gespielt; jetzt unterhalten sie sich
noch. Der Kassettenrekorder läuft auch
schon den ganzen Abend lang. Die Kinder
von Wirschows und Borcherts spielen immer
noch Verstecken auf dem Campingplatz. Ilse
Borchert geht eine Strickjacke holen. Da
kommt Erich Mielitz, der Platzwart …

b) Was sagt der Platzwart? Hören Sie bitte. ▶▶ 50

1. Dietrich, mach den Grill ☐ an ☐ aus.
2. Räumt bitte ☐ den Müll ☐ das Bier weg.
3. Günther, mach ☐ die Musik ☐ den Kassettenrekorder leiser.
4. ☐ Seid ☐ Schreit nicht so laut.
5. Warum geht ihr nicht endlich ☐ ins Bett ☐ schlafen, Kinder?

2

| Hören | Sprechen | Lesen | **Schreiben** |

Ilse Borchert kommt zurück

Günther Borchert erzählt seiner Frau, was der Platzwart Erich gesagt hat.
Ergänzen Sie.

1. Dietrich <u>soll</u> den Grill <u>ausmachen</u>.
2. Wir <u>sollen</u> _____ _____.
3. Ich <u>soll</u> _____ leiser _____.
4. Wir _____ nicht so laut _____.
5. Die Kinder <u>sollen</u> _____ _____.

3

Schreiben und verstehen: das Modalverb *sollen*

	Verb (Modalverb)	Satzmitte	Satzende (Infinitiv)
Ich		die Musik leiser	machen.
Du	*sollst*	die Flaschen	wegbringen.
Er		den Grill	ausmachen.
Wir		den Müll	wegräumen.
Ihr	*sollt*	leise	sein.
Sie			schlafen gehen.

4

Der Deutschkurs organisiert ein Grillfest

Wer?	Was?
Abdoulaye, Ljuba	Getränke kaufen
Iwan, Annika	den Grill anmachen
Hoscha	den Kassettenrekorder mitbringen
alle	Essen mitbringen
Melek	Fotos machen
alle	feiern und lustig sein

1. Abdoulaye und Ljuba sollen Getränke kaufen. _____

2. Iwan und Annika _____

3. _____

5

Was soll man da machen?

Sprechen Sie im Kurs.

> **Arzt / Ärztin   Chef / Chefin**
> **Kollege / Kollegin**
> **Frau / Mann   Eltern   Freundin / Freund**

> früher ins Bett gehen
> weniger Kaffee trinken
> nicht so viel rauchen   öfter Sport machen
> mehr / weniger arbeiten
> länger schlafen   mehr lernen
> nicht so lang am Computer sitzen
> Blumen mitbringen
> pünktlich zur Arbeit kommen

> Meine Ärztin meint, ich soll
> weniger Kaffee trinken.

> Unser Chef sagt,
> wir sollen …

Bilder aus dem Studentenleben

Damenschlittenfahrt der Franz. Studenten.

1 Studentenleben früher

| Hören | **Sprechen** | **Lesen** | Schreiben |

a) Lesen Sie die beiden Bildbeschreibungen.

Bild 1: Es zeigt eine Szene aus dem Studentenleben um 1805. Die Studenten tragen Uniform und reiten auf Pferden. Hier begleiten sie wohl eine Dame. Sie trägt einen schwarzen Mantel und sitzt in einem Pferdeschlitten. Die Szene spielt also im Winter. Die Gesellschaft auf diesem Bild wirkt heiter und fröhlich.

Bild 2: Hier ist ein Student in der Uniform einer Studentenverbindung oder Burschenschaft zu sehen. Er ist in der Mitte abgebildet und hält einen gefährlichen Degen in der Hand. Die Studenten damals waren immer Männer. Der junge Mann auf dem Bild sieht ernst und diszipliniert aus.

b) Welches der beiden Bilder gefällt Ihnen besser? Warum?

> Mir gefällt das Bild mit ... besser, weil ...

c) Wie sehen Studentinnen und Studenten heute aus? Wie verbringen sie ihre Zeit?

> Heute tragen Studentinnen und Studenten keine Uniform mehr.

> Bei uns gibt es eine Tradition: Die Studenten ...

2 Bildbeschreibungen

| Hören | **Sprechen** | Lesen | Schreiben |

Bringen Sie Bilder in den Unterricht mit und sprechen Sie darüber.

> Auf dem Bild ist ... abgebildet.

> Die Personen machen ...

> Hier ist ... zu sehen.

> Hier sieht man ...

> Die Szene spielt ...

> Das Bild zeigt ...

> Die Leute sehen ... aus.

> Das Bild wirkt ...

Grammatik

1 Verben mit Dativ-Objekt → S. 200, 202

		Verb	Objekt: Dativ		Satzende
m	Der Lehrer	hat	dem Schüler	die Viadrina	empfohlen.
	Er	hat	ihm	von der Uni	erzählt.
f	Die Viadrina	gefällt	der Professorin.		
	Aber die Großstadt	fehlt	ihr	manchmal.	
n	Die Sprachkenntnisse	helfen	dem Pärchen.		
	Die Sprachkenntnisse	helfen	ihm.		
Pl	Das Essen	hat	den Eltern		geschmeckt.
	Frankfurt	hat	ihnen	auch	gefallen.

Achtung: Dativ-Objekt *und* Akkusativ-Objekt in einem Satz → erst das Dativ-Objekt, dann das Akkusativ-Objekt.

Objekt: Dativ	Verb		Satzende
„Uns	gefällt	das Studium in Deutschland."	
Den Eltern	hat	die polnische Spezialität gut	geschmeckt.
„Mir	fehlt	in Frankfurt die Großstadtatmosphäre."	

Achtung: Dativ-Objekt auf Position 1 → besondere Betonung.

2 Der Imperativ mit *du* und *ihr* → S. 195

Infinitiv	du-Imperativ	ihr-Imperativ	Sie-Imperativ
legen	leg	legt	legen Sie
aufmachen	mach auf	macht auf	machen Sie auf
lesen	lies	lest	lesen Sie
gießen	gieß	gießt	gießen Sie
sein	sei	seid	seien Sie

3 Der Imperativ-Satz → S. 198

Position 1		Satzende
Seid	doch nicht so laut, Kinder.	
Mach	doch mal bitte das Fenster	auf.
Legen	Sie das Buch bitte auf den Tisch.	

4 Das Modalverb *sollen* → S. 195, 199, 200

	Präsens	Präteritum
ich	soll	sollte
du	sollst	solltest
er • sie • es	soll	sollte
wir	sollen	sollten
ihr	sollt	solltet
sie • Sie	sollen	sollten

Lektion 12 Eine Reise nach Berlin

1 | **Hören** | Sprechen | Lesen | Schreiben | ▶▶ 51

„Ich hab noch einen Koffer in Berlin"

a) Wie finden Sie das Lied?

☐ traurig   ☐ altmodisch   ☐ schön

☐ lustig   ☐ langweilig   ☐ romantisch

☐ modern   ☐ interessant   ☐ …

b) Zwei Sätze passen zu dem Lied. Welche?

1. ☐ Sie ist traurig, dass ihr Koffer in Berlin steht.
2. ☐ Sie ist froh, dass sie einen Koffer in Berlin hat.
3. ☐ Sie ist wütend, weil ihr Koffer in Berlin bleiben muss.
4. ☐ Sie ist glücklich, weil sie einen Grund für eine Reise nach Berlin hat.
5. ☐ Sie ist zufrieden, dass sie jetzt nach Rom fahren darf.
6. ☐ Sie ist unglücklich, weil sie Paris nicht schön findet.

2 | Hören | **Sprechen** | Lesen | Schreiben |

Berlin ist …

Was wissen Sie über Berlin? Sprechen Sie im Kurs.

Berlin ist …   In Berlin gibt es …   Ich glaube, …   Ich weiß, dass …

3 Berlin entdecken

a) Welcher Text passt zu welchem Rundgang?

Entdecken Sie Berlin mit Statt-Reisen e.V. Berlin!

1. **Grenzgänge – grenzenlos. Entlang des ehemaligen Mauerstreifens**   Text _____
   Termine: jeden Mittwoch um 11 Uhr
   Treffpunkt: im U-Bhf. Stadtmitte, Bahnsteig der U6

2. **Weltstadt Kreuzberg. Von Einwanderern zu Einheimischen**   Text _____
   Termine: jeden Dienstag um 11 Uhr
   Treffpunkt: Kottbusser Tor / Ecke Admiralstraße, vor der Isbank (U1, U8)

3. **„Mit solchen Straßen bin ich gut bekannt." Erich Kästner in Berlin**   Text _____
   Termine: jeden Dienstag um 19 Uhr
   Treffpunkt: Kronprinzenpalais, Unter den Linden (Eingang)

4. **Wege in das jüdische Berlin**   Text _____
   Termine: jeden Sonntag um 11 Uhr
   Treffpunkt: S-Bhf. Hackescher Markt, Ausgang Hackescher Markt vor „Coffeemamas"

5. **Dem deutschen Volke? Das neue Parlaments- und Regierungsviertel**   Text _____
   Termine: jeden Sonnabend um 11 Uhr
   Treffpunkt: im U-Bhf. Mohrenstraße (U2) auf dem Bahnsteig

A www.stattreisen.berlin.de
Aus vielen Berliner Orten hat der Schriftsteller Erich Kästner Literatur gemacht: Auf der Friedrichstraße, am Potsdamer Platz oder auf dem Kurfürstendamm gehen seine Romanhelden durch das großstädtische Leben der 20er Jahre. 1933 haben die Nazis seine Bücher auf dem Bebelplatz verbrannt. Dort beginnt unsere Reise mit U- und S-Bahn zu Schauplätzen seiner Werke.

B Hugenotten, Schlesier, Russen: Immer schon war Berlin eine Stadt der Einwanderer. In Kreuzberg, dem heute buntesten Stadtteil, leben türkische, polnische und schwäbische Berliner; dort stehen Kirchen und Moscheen und man isst Döner Kebab, Käsespätzle und Buletten. Ist das die multikulturelle Gesellschaft?

C Seit dem 17. Jahrhundert war die Spandauer Vorstadt das Zentrum der Berliner Juden — bis die Nazis es zerstörten. Wo war die erste Synagoge? Auf der Suche nach Tradition und Gegenwart entdecken wir jüdisches Leben in dieser Stadt: Centrum Judaicum, jüdische Schule, Kultureinrichtungen, Restaurants und Cafés.

D Zwischen Potsdamer Platz, Brandenburger Tor und dem neuen Zentralbahnhof gibt es jetzt eine Regierung und politische Debatten: der Bundestag im Reichstagsgebäude, das Kanzleramt, Ministerien und ausländische Botschaften in einem Stadtteil voller Geschichte.

E Wo war die Mauer? Diese Frage kann man so viele Jahre nach dem Mauerfall an manchen Stellen fast nicht mehr beantworten. Deshalb markiert man jetzt die ehemalige Grenze. Aber was hat die Teilung tatsächlich bedeutet? Was passiert mit der „Geschichtsmeile" zwischen Checkpoint Charlie und Potsdamer Platz?

b) Wer wählt wohl welchen Rundgang?

1. Das Ehepaar Franz will die frühere DDR-Grenze sehen.   Rundgang _____
2. Maya schreibt eine wissenschaftliche Arbeit über Berliner Literatur.   Rundgang _____
3. Yvonne findet das politische Berlin interessant.   Rundgang _____

c) Welchen Rundgang wählen Sie? Warum?

Ich finde Rundgang 1 interessant, weil …

Ich nehme Rundgang 2, weil …

Im Reichstagsgebäude

1 Unterwegs mit dem Aufzugführer

Hören | Sprechen | Lesen | Schreiben

a) Was bedeuten die Zahlen 8, 12, 56, 500 und 6000 für den Aufzugführer?

„Bis zu 500 Mal fahre ich in 8 Stunden nach oben und wieder nach unten. Täglich sehe ich etwa 6000 Menschen, aber nicht viel länger als 12 Sekunden. So lange dauert nämlich eine Fahrt vom Erdgeschoss zur Glaskuppel."

Harry Löber ist begeistert, wenn er von seiner Arbeit als „Liftboy" erzählt. Denn „ein Aufzugführer im Reichstagsgebäude muss mehr können als Knöpfe drücken". Die Besucher stellen viele Fragen, Hunderte von Fragen: zum Gebäude, zur Orientierung im Gebäude, zum Thema im Plenarsaal, zu Politikern. Aber Harry Löber bleibt ruhig und freundlich. Er gibt gern Auskunft und meint: „Wer so einen extravaganten Arbeitsplatz hat, muss auch alles darüber wissen."

Der 56-jährige Harry Löber war nach dem Ende der DDR lange Zeit arbeitslos. Dann hat er endlich die Stelle als Aufzugführer im Reichstag gefunden. Mit dem neuen Job ist er sehr zufrieden: „Wenn ich Pause habe, gehe ich oft nach oben in die Glaskuppel und genieße den Blick nach unten."

b) Was wissen Sie über Harry Löber?

Harry Löber ist 56 Jahre alt.

Er …

2 Die Besucher haben viele Fragen

Hören | Sprechen | Lesen | Schreiben ▶▶ 52

a) Welche Fragen hören Sie?

1. [X] Wie komme ich zum Restaurant?
2. [ ] Gibt es hier eine Post?
3. [ ] Wo arbeitet der Bundeskanzler?
4. [ ] Wo liegen denn die Büros für die Presse?
5. [ ] Entschuldigung, ich suche die Toiletten.
6. [ ] Gibt es hier im Haus eine Kunstausstellung?
7. [ ] Wie lange ist das Gebäude geöffnet?
8. [ ] In welchem Stock ist denn die Bibliothek?
9. [ ] Welcher Architekt hat das Gebäude geplant?
10. [ ] Wo sind denn die Aufzüge?

b) Hören Sie noch einmal: Was ist wo?

1 das Restaurant	**A** überall, im ganzen Haus	1	F
2 die Post	**B** im zweiten Stock hinten links	2	
3 die Pressebüros	**C** gleich hier rechts	3	
4 die Toiletten	**D** unten, im Erdgeschoss	4	
5 Bilder	**E** vorn, am Eingang	5	
6 die Bibliothek	**F** oben, auf der Dachterrasse	6	
7 die Aufzüge	**G** im ersten Stock	7	

c) Haben Sie noch andere Fragen an den Aufzugführer? Sprechen Sie im Kurs.

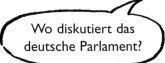

Wo diskutiert das deutsche Parlament?

Arbeitet die Regierung auch im Reichstagsgebäude?

3

Hören	Sprechen	Lesen	**Schreiben**

Schreiben und verstehen: Ortsangaben

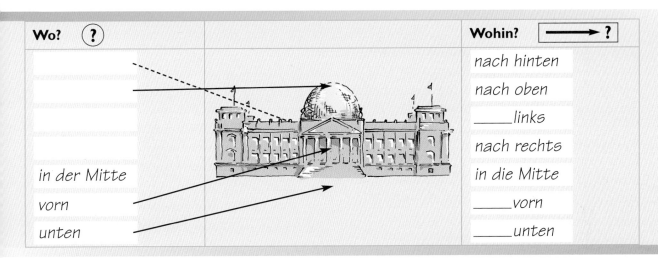

Wo? (?)		**Wohin?** ⟶ ?
		nach hinten
		nach oben
		_____ links
		nach rechts
in der Mitte		in die Mitte
vorn		_____ vorn
unten		_____ unten

4

Hören	**Sprechen**	Lesen	Schreiben

Beschreibung und Orientierung

a) Dialoge im Reichstagsgebäude

▶ Entschuldigung, wie komme ich zur Glaskuppel?   ▶ Wo ist denn das Restaurant?
◁ Da müssen Sie mit dem Aufzug nach oben fahren.   ◁ Das Restaurant ist oben, auf der Dachterrasse.

b) Bitte machen Sie eine Skizze von einem Gebäude: Ihre Wohnung, Ihr Arbeitsplatz, Ihre Sprachschule … und sprechen Sie im Kurs.

Wo ist …?

Gibt es …?

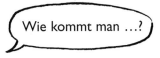

Wie kommt man …?

Linie 100

1 **Die Busfahrt von Heike Blütner**

a) Bitte lesen Sie.

Warum holt er mich nicht ab? Jetzt muss ich mit meinem schweren Gepäck in den Bus steigen. 7 Stunden Zugfahrt und jetzt noch das!

„Nimm den Bus Nummer 100", hat er gesagt. „Der fährt direkt vom Bahnhof Zoo bis zum Prenzlauer Berg. Da kommst du an allen wichtigen Gebäuden vorbei."

5 Nun sitze ich da: im Doppeldeckerbus der Linie 100, oben, ganz vorn, direkt über dem Fahrer, zwischen meinen Gepäckstücken. Und Berlin liegt vor mir: Tiergarten, Siegessäule, Reichstag, Brandenburger Tor, Alexanderplatz. Aber für Sehenswürdigkeiten bin ich jetzt zu müde. Morgen. Morgen will ich alles sehen. Heute möchte ich nur noch meine Augen schließen und schlafen. Moment! Was steht auf dem Schild da? „Sie verlassen den amerikanischen Sektor". Was ist denn das? Die Mauer? Aber die gibt es doch gar nicht

10 mehr. Und jetzt ist sie wieder da unten! Unten? Warum fliegt der Bus jetzt über die Stadt? Warum sind die Dächer von Berlin denn jetzt plötzlich unter mir? Was ist hier los?

Dort liegt ein Mann vor der Mauer. Ein Polizist steht hinter ihm, mit der Waffe in der Hand. „Halt! Halt!", rufe ich. Der Bus fliegt einfach weiter. Hilft denn niemand? Zurück zur Mauer! Jetzt stehen hier überall Leute: vor der Mauer, hinter der Mauer, auf der Mauer. Die Deutschlandflagge weht über dem

15 Brandenburger Tor. Alle jubeln. Was feiert ihr? Ein Mann ruft etwas. Lauter bitte, ich verstehe nicht! „Aufwachen", der Busfahrer steht neben mir. „Aufwachen! Endstation!"

b) Was ist richtig? Markieren Sie bitte.

Heike Blütner ☐ besichtigt Berlin ☐ sieht einen Film über Berlin ☐ träumt

c) Welche historischen Ereignisse sieht Heike Blütner?

1. ☐ Januar bis August 1961: 160 000 Menschen fliehen aus der DDR in den Westen.
2. ☐ 13. August 1961: Ost-Berlin beginnt mit dem Mauerbau.
3. ☐ 23. August 1961: West-Berliner dürfen nicht mehr nach Ost-Berlin.
4. ☐ 17. August 1962: Ost-Berliner Grenzpolizisten erschießen den 18-jährigen Peter Fechter bei einem Fluchtversuch.
5. ☐ 9. November 1989: Die DDR öffnet die Grenzen, die Mauer fällt.
6. ☐ 3. Oktober 1990: Deutschland ist wiedervereinigt.

2 Wie ist es richtig?

| Hören | Sprechen | Lesen | **Schreiben** |

Bitte markieren Sie.

1. Heike sitzt (über) / vor / an dem Busfahrer.
2. Sie sitzt in / an / zwischen ihren Gepäckstücken.
3. Die Sehenswürdigkeiten von Berlin liegen vor / in / hinter ihr.
4. Die Leute stehen vor / unter / über der Mauer.
5. Die Flagge weht neben / unter / über dem Brandenburger Tor.
6. Der Busfahrer steht zwischen / neben / auf ihr.

3 Schreiben und verstehen: Wo? Wohin? Präpositionen + Dativ und Akkusativ

| Hören | Sprechen | Lesen | **Schreiben** |

	Wo? Präposition + Dativ			**Wohin? Präposition + Akkusativ**	
m	in *dem*	= *im* Bus		in *den* Bus	
	unter *dem*	Bus		unter *den* Bus	
f	auf	Mauer		auf	Mauer
	neben	Mauer		neben	Mauer
	an	Mauer		an	Mauer
n	vor	Brandenburger Tor		vor	Brandenburger Tor
	hinter	Brandenburger Tor		hinter	Brandenburger Tor
Pl	über	Dächern		über	Dächer
	zwischen	Gepäckstücken		zwischen	Gepäckstücke

4 Wo? Wohin?

| Hören | **Sprechen** | Lesen | Schreiben |

Beschreiben Sie die Bilder auf Seite 72. Benutzen Sie die Präpositionen: an, auf, in, vor, hinter, neben, unter, über, zwischen.

5 Hören und sprechen: Vokal + r

| Hören | **Sprechen** | Lesen | Schreiben | ▶▶ 53

Wo hören Sie ein r? Markieren Sie.

1. zurück   vor   unter   historisch   rufen   verlassen   mir   erzählen   nur
2. über   fahren   ihr   Büro   träumen   Versuch   hier   warten   Vorteil
3. Tor – Tore   vor – voran   Besucher – Besucherin   Kultur – Kulturen   Tier – Tiere
4. für – Büro   mehr – Lehrerin   wir – direkt   nur – zurück   er – amerikanisch

Karneval der Kulturen

1 Rainer Leyenfels vom Deutschlandradio Berlin beim Karneval der Kulturen

| Hören | Sprechen | Lesen | Schreiben | ⏩ 54 |

1. Der Karneval der Kulturen findet auf der ganzen Welt statt. _____ r f
2. Bei dem Fest feiern Menschen aus 70 Ländern. _____ r f
3. Man feiert auf der Straße. _____ r f
4. Den Karneval der Kulturen gibt es seit 1986. _____ r f
5. Das Fest ist nur für Ausländer. _____ r f
6. Menschen ganz verschiedener Nationalitäten feiern zusammen. _____ (r) f

2 Multikulturelles Berlin

| Hören | Sprechen | **Lesen** | **Schreiben** |

a) Lesen Sie die 4 Interviews A–D. Welche Notiz (1–4) gehört zu welchem Interview?

Martin Miller ist mit seinem Kollegen Rainer Leyenfels beim Karneval der Kulturen. Hier spricht er mit Menschen aus vielen Ländern, aus verschiedenen Kulturen und Religionen. Er sammelt Informationen für seine Reportage „Berlin – eine multikulturelle Stadt". Lesen Sie seine Notizen und die Interviews.

snack bar

„In Berlin leben ungefähr 8000 Vietnamesen, das ist schon ein bisschen wie Heimat für mich. Und die Menschen hier sind ziemlich tolerant und offen. Deshalb wollte ich meinen Schnellimbiss auch in Berlin haben. Ja, im Moment bin ich wirklich zufrieden, es läuft ganz gut. Und wenn ein großes Fest wie heute stattfindet, verkaufe ich natürlich besonders viel."

A

„Die Familie ist sehr nett, die Kinder sind süß. Und Berlin ist eine fantastische Stadt, eine Stadt mit extremen Gegensätzen: alt neben neu, Tradition neben Avantgarde, normal neben verrückt. Vieles habe ich aber noch gar nicht gesehen. Schade, dass ich nicht noch ein Jahr hier bleiben kann. Wenn der Sommer vorbei ist, muss ich nämlich wieder zu Hause sein. Dann beginnt mein Studium in Kiew."

C

lawyer

„Wenn mein Vater in Rente geht, möchten meine Eltern zurück in die Türkei. Meine Heimat ist aber Berlin. Hier bin ich geboren, hier habe ich meine Kindheit und Jugend verbracht, hier habe ich studiert und eine interessante Arbeit als Rechtsanwältin gefunden."

B

„Berlin oder London oder New York! Ich muss in einer Großstadt leben. Hier kann ich immer im Kontakt mit Musik sein, auch wenn ich freihabe. Das kulturelle Angebot in Berlin finde ich einfach toll."

D

1. Özlem Arslan, 1973 in West-Berlin geboren. Eltern sind 1971 aus der Türkei nach Deutschland gekommen, weil Herr Arslan hier arbeiten wollte.

Interview: *B*

2. Duc Nguyen, 1988 als Arbeiter aus Vietnam nach Dresden gekommen. Hat damals in einer Textilfabrik gearbeitet. Nach dem Mauerfall wollte er in Berlin ein neues Leben beginnen; hat hier 1990 einen Schnellimbiss eröffnet.

Interview: *A*

3. Sam Salman, aus Israel, Musiker bei den Berliner Philharmonikern. Lebt seit 3 Jahren in Berlin.

Interview: *D*

4. Irina Ivanova, aus der Ukraine, seit 11 Monaten Au-pair-Mädchen bei einer deutschen Familie in Berlin-Zehlendorf.

Interview: *C*

b) Ergänzen Sie die Informationen.

Name	Arbeit	Seit wann in Berlin?	Warum in Berlin?
Özlem Arslan	Rechtsanwältin	seit 1973	Berlin ist ihre Heimat

3

Schreiben und verstehen: Nebensätze mit *wenn*

Özlems Vater möchte in seine Heimat zurück,	*wenn*	er in Rente	geht	.
Duc verkauft besonders viel,	*wenn*	*ein Große Fest*	*gibt*	.
Irina muss wieder zu Hause sein,	*wenn*			.

4

Özlem erklärt

Was passt: *wenn* oder *weil*?

„Berlin ist meine Heimat, *Weil* ich hier geboren bin, *Weil* ich hier lebe und arbeite. Natürlich freue ich mich immer, *Wenn* ich in die Türkei fahre und meine Verwandten besuche. Aber mein Leben ist nicht dort. Das weiß ich gleich, *Wenn* ich ankomme. Ich lebe eben anders als meine Eltern, aber sie akzeptieren das, *Weil* sie sehr tolerant sind. *Wenn* meine Eltern Urlaub haben, fahren sie immer in die Türkei. Und *Wenn* mein Vater nicht mehr arbeitet, gehen sie ganz zurück."

5

Andere Kulturen

Gibt es in Ihrem Land verschiedene Kulturen und Nationalitäten? Sprechen Sie im Kurs.

 In meinem Land …   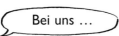 Bei uns …

Feste und Feiertage

1 Feste in den deutschsprachigen Ländern

a) Bitte lesen und ergänzen Sie.

| Silvester   Nationalfeiertag   Weihnachten (2x)   Ostern |
| Karneval (2x)   Heiligabend (2x)   Tag der Arbeit |

1. *Silvester*_____ feiert man am letzten Tag im Dezember, meistens mit Freunden. Um Mitternacht gibt es überall ein Feuerwerk, man trinkt Sekt und wünscht sich viel Glück für das neue Jahr.

2. Im Winter, nämlich an _____ und _____, feiern die Christen die Geburt von Jesus Christus. Für die meisten Leute ist es das wichtigste Fest im Jahr. In den Wohnzimmern stehen Weihnachtsbäume und man feiert mit der Familie: Am Abend, dem _____, gibt es Geschenke und an _____ gutes Essen.

3. _____ ist eine laute und fröhliche Zeit am Ende des Winters. Die Menschen tragen Masken und Kostüme, man tanzt, singt und spielt auf den Straßen und auf den Festen in diesen Tagen. _____ feiert man aber nicht in allen Regionen.

4. Eigentlich ist _____ der höchste christliche Feiertag, aber für Kinder bedeutet dieses Fest im Frühling noch etwas anderes: Am Morgen kommt der Osterhase und versteckt heimlich bunte Eier und Schokoladenhasen im Garten. Dann kommen die Kinder und dürfen diese Süßigkeiten suchen.

5. Der _____ ist eigentlich ein politischer Feiertag. Es gibt auch heute noch Demonstrationen, aber die meisten Menschen machen lieber eine Wanderung oder ein Picknick. Oder sie gehen in einen Biergarten.

6. Den deutschen _____ feiert man im Oktober. Das ist der Tag der Wiedervereinigung von Ostdeutschland (früher: DDR) und Westdeutschland (Bundesrepublik Deutschland).

b) Hören Sie bitte: Von welchen Feiertagen sprechen die Leute?

1. _____   3. _____   5. _____
2. _____   4. _____   6. _____

c) Was haben Sie gehört: Welcher Feiertag ist an welchem Datum?

1. Ostern ist ☐ vor dem einundzwanzigsten März
   ☐ am ersten Sonntag nach dem Frühlingsvollmond.
2. Karneval feiert man ☐ im Februar oder im März
   ☐ im Januar.
3. Der Tag der Arbeit ist ☐ am ersten Mai
   ☐ am ersten März.
4. Der deutsche Nationalfeiertag ist ☐ am dritten Oktober
   ☐ am neunzehnten Oktober.
5. Die Deutschen haben ihren Nationalfeiertag zum ersten Mal ☐ 1989
   ☐ 1990 gefeiert.

2 | Schreiben und verstehen: Wann?

Tag		Tageszeit		Monat, Jahreszeit	Jahr
(1. 10.)	*am ersten Oktober*	*am*	Morgen	Februar	1989
(2. 10.)	___ *zwei*ten _____		Mittag	März	1990
(3. 10.)	___ *dritten* _____		Nachmittag	Dezember	2000
(4. 10.)			Abend	Frühling	2003
(20. 10.)	*am* _____ *sten*	*in der*	Nacht	Winter	2012

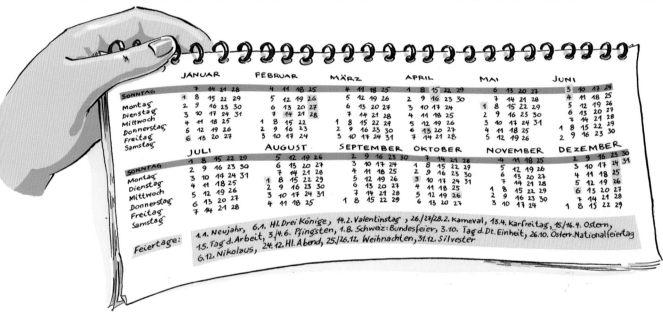

3 | Ein Jahreskalender

a) Jahreszeiten. Bitte ergänzen Sie die Monate.

Winter: *Dezember, Januar, Februar* _____ Sommer: _____

Frühling: _____ Herbst: _____

b) Terminfragen

1. Wann ist Pfingsten?
2. Wann ist in diesem Jahr Ostern?
3. Ist der 3. Oktober ein Sonntag?
4. Wie heißt der Feiertag am 6. Januar?
5. Welches Fest feiert man am 6. Dezember?

6. Wann beginnt der Winter?
7. Wann feiern die Schweizer und die Österreicher ihren Nationalfeiertag?
8. Wann haben Sie Geburtstag?
9. In welchem Jahr sind Sie geboren?

c) Was feiern Sie? Wann? Wie?

Ich habe am 15. 3. Geburtstag.
Dann feiere ich mit meinen Eltern, …

Unser Nationalfeiertag ist am …

Emil und die Detektive

1 Hören | **Sprechen** | **Lesen** | Schreiben
„Emil und die Detektive" von Erich Kästner (1899–1974)

a) Wer? Wo? Was? Lesen Sie den Text und antworten Sie.

1 Die Stadt war so groß. Und Emil war so klein. Und kein Mensch wollte wissen, warum er kein Geld hatte und warum er nicht wusste, wo er aussteigen sollte. Vier Millionen Menschen lebten in Berlin, und keiner interessierte sich für Emil Tischbein. Jeder hat mit seinen eigenen Sorgen und Freuden genug zu tun. Und jeder denkt: Mensch, lass mich bloß in Ruhe!

b) Was passiert auf dem Bild? Sprechen Sie im Kurs. Lesen Sie danach den Text.

2 Emil trifft Gustav, einen Berliner Jungen.

„Nein", sagte Emil, „ich beobachte einen Dieb."

„Was? Dieb?", meinte der andere Junge, „wen hat er denn beklaut?"

„Mich!", sagte Emil. „In der Eisenbahn. Während ich schlief. Hundertvierzig Mark. Die sollte ich meiner Großmutter hier in Berlin geben. Dann ist er in ein anderes Abteil gegangen und am Bahnhof Zoo ausgestiegen. Ich natürlich hinterher. Dann auf die Straßenbahn. Und jetzt sitzt er drüben im Café."

„Na, Mensch, das ist ja großartig!", rief der Junge, „das ist ja wie im Kino! Und was willst du nun?"

„Weiß ich nicht. Immer hinterher."

„Mensch, wenn du nichts dagegen hast, helfe ich dir."

c) Emil, der Junge Gustav, die Großmutter, der Dieb – was passt zu wem?

1. *Der Dieb* sitzt im Café.
2. _____ soll Geld bekommen.
3. _____ hat Geld gestohlen.

4. _____ braucht Hilfe.
5. _____ möchte helfen.
6. _____ verfolgt einen Dieb.

d) Wie geht Emils Geschichte weiter? Bitte ordnen Sie die Sätze.

A Chance. Er sieht nämlich nicht, dass die Kinder ihn wie Detektive verfolgen. Und weil

B gibt die Polizei Emil sein Geld wieder. Emil kann endlich zu

C wie der Dieb sind. Deshalb ruft er alle seine

D seiner Großmutter. Die Polizei ist sehr zufrieden: Emil und

E seine Freunde haben beste Detektiv- und Polizeiarbeit gemacht.

F Emil helfen. Er weiß aber, dass sie zu zweit nicht so stark

G haben einen Plan. Da hat der Dieb keine

H Gustav, der Berliner Junge, möchte

I ihr Plan gut funktioniert, ist der Dieb schnell in den Händen der Polizei. Jetzt

J Freunde zu Hilfe. Jetzt sind sie mehr als 20 Kinder und sie

(1) H (2) ___ (3) ___ (4) ___ (5) ___ (6) ___ (7) ___ (8) ___ (9) ___ (10) ___

Grammatik

1 Ortsangaben: *Wo? Wohin?*

→ S. 208

wo?		wohin?	
vorn	hinten	nach vorn	nach hinten
oben	unten	nach unten	nach oben
links	rechts	nach links	nach rechts
in der Mitte		in die Mitte	

2 Präpositionen

→ S. 201, 204

an, auf, in, hinter, neben, über, unter, vor, zwischen – mit Dativ oder Akkusativ

	Wo? Präposition + Dativ	**Wohin? Präposition + Akkusativ**
m	in dem = im Bus	in den Bus
	unter dem Bus	unter den Bus
f	auf der Mauer	auf die Mauer
	neben der Mauer	neben die Mauer
n	an dem = am Brandenburger Tor	an das Brandenburger Tor
	vor dem Brandenburger Tor	vor das Brandenburger Tor
	hinter dem Brandenburger Tor	hinter das Brandenburger Tor
Pl	über den Dächern	über die Dächer
	zwischen den Gepäckstücken	zwischen die Gepäckstücke

Regel: Wo? → an, auf, in, hinter, neben, über, unter, vor, zwischen mit Dativ.

Regel: Wohin? → an, auf, in, hinter, neben, über, unter, vor, zwischen mit Akkusativ.

3 Nebensätze

→ S. 196

Der Nebensatz mit wenn (temporal)

Hauptsatz	Subjunktion		Satzende (Verb)
Özlems Vater möchte in seine Heimat zurück,	wenn	er in Rente	geht.
Duc verkauft besonders viel,	wenn	ein großes Fest	stattfindet.

└──────── Nebensatz ────────┘

4 Zeitangaben: *Wann?*

→ S. 206

Tag	Tageszeit	Monat, Jahreszeit	Jahr
(1. 10.) am ersten Oktober	am Morgen	im Februar	1990
(2. 10.) am zweiten Oktober	am Mittag	im März	2000
(3. 10.) am dritten Oktober	am Nachmittag	im Dezember	2012
(4. 10.) am vierten zehnten	am Abend	im Frühling	
(20. 10.) am zwanzigsten	in der Nacht	im Sommer	**Achtung:** keine Präposition bei Jahreszahlen
(31. 10.) am einunddreißigsten		im Winter	

Übungsbuch

Zu jeder Kursbuchlektion finden Sie hier im Übungsbuch eine Lektion mit passenden Übungen.
Am besten benutzen Sie Kurs- und Übungsbuch parallel:
Nach jedem Abschnitt im Kursbuch können Sie den neuen Stoff im Übungsbuch üben.

Ein Verweis zeigt Ihnen, zu welchem Abschnitt im Kursbuch die Übungen gehören:

Seite 30	Aufgabe 1–3

Das bedeutet: Wenn Sie im Kursbuch auf Seite 30 die Aufgaben 1, 2 und 3 gelöst haben,
können Sie alle Übungen im Übungsbuch bis zum nächsten Verweis machen.

Übrigens können alle Übungen allein, z. B. zu Hause, gemacht werden:
Ein Beispiel zeigt, wie jede Übung funktioniert.
Und mit dem Lösungsschlüssel im Anhang kann man seine Antworten auch selbst kontrollieren.

Lektion 7

Ein Hotel in Salzburg

Seite 8/9	Aufgabe 1–3

1 Orte und Berufe im Hotel Amadeus. Bitte ordnen Sie zu.

das ~~Zimmermädchen~~	die ~~Bar~~	das Einzelzimmer	die Empfangschefin
das Schwimmbad	die Köchin	der Hotelier	der Frühstücksraum
die Sauna	der Kellner	das Bad	der Musiker

Orte

die Bar,

Berufe

das Zimmermädchen,

2 Im Hotel Reitinger Hof in Salzburg. Bitte ergänzen Sie.

~~Einzelzimmer~~	Empfangschefin		Doppelzimmer	Bad
Zithermusik	Gäste	Koch	Bar	Restaurant

Herr Reitinger und seine Mitarbeiter begrüßen Sie herzlich im Hotel Reitinger Hof. Unser Hotel hat Familienatmosphäre. Es ist klein; es hat vier *Einzelzimmer* und sechs *Doppelzimmer*. Alle Zimmer haben *Bad* und WC. Es gibt auch ein *Restaurand* für das Abendessen und eine kleine *Bar*. Antonia Reitinger empfängt die Gäste. Sie ist unsere *Empfangschefin*. Olga Smirnova und Beata Woschek machen die Betten und räumen die Zimmer auf. Unser *Koch* Franz Kuchler macht das Essen für die *Gäste*. Unser Kellner Karl Riedl bringt die Getränke. Abends macht Bruno Sonnleitner *Zithermusik*.

3 **Interviews für die Schülerzeitung**

„Cool" ist die Schülerzeitung einer Hauptschule in Salzburg.
Die Schülerinnen und Schüler möchten in ihrer Zeitung über
Hotelberufe schreiben. Deshalb interviewen sie die Leute
im Reitinger Hof.

1. ▶ Frau Reitinger, Sie sind die Empfangschefin. Sind Sie auch die Hotelbesitzerin?
   ◁ mein / Vater / Nein, / Hotelbesitzer / der / ist / . _Nein, mein Vater ist der Hotelbesitzer._

2. ▶ Herr Reitinger. Sie sind also der Hotelbesitzer. Begrüßen und empfangen Sie auch Ihre Gäste?
   ◁ meine / empfange / Gäste / Ja, / auch / ich / . _Ja, ich empfange auch meine Gäste_

3. ▶ Frau Smirnova und Frau Woschek. Sie arbeiten hier im Hotel als Zimmermädchen.
   Kochen Sie auch das Essen?
   ◁ wir / das / nicht / kochen / Nein, / Essen / . _Nein, wir kochen das Essen nicht_

4. ▶ Herr Kuchler. Sie sind der Hotelkoch. Servieren Sie auch das Essen?
   ◁ das / Herr / macht / Riedl / Nein, / Kellner / unser / . _Nein, Herr Riedl, macht das_ _unser Kellner_

5. ▶ Ach so. Herr Riedl, Sie sind der Kellner. Sie servieren das Essen. Bringen Sie auch die Getränke?
   ◁ die / serviere / Getränke / ich / auch / Natürlich / . _Natürlich, ich serviere die Getränke auch_

6. ▶ Herr Sonnleitner, Sie sind Musiker. Was machen Sie hier im Hotel?
   ◁ abends / Zither / spiele / im / Ich / Restaurant / . _Ich spiele Zither abends im Restaurant_
   Ich spiele abends im Rasaurants zither
   ▶ Vielen Dank für das Interview.

Arbeit und Freizeit

Seite 10/11	Aufgabe 1–6

 1 **Arbeit und Freizeit. Bitte sortieren Sie.**

joggen	Getränke verkaufen	Salzburger Nockerln essen
für die Gäste kochen	Hotelzimmer aufräumen	Fahrrad fahren
Freunde besuchen	Zeitung lesen	Hotelgäste empfangen
Sport machen	Fenster putzen	unterrichten

Getränke verkaufen

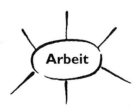

Arbeit

joggen

Freizeit

2 Was gehört zusammen? Bitte ordnen Sie zu.

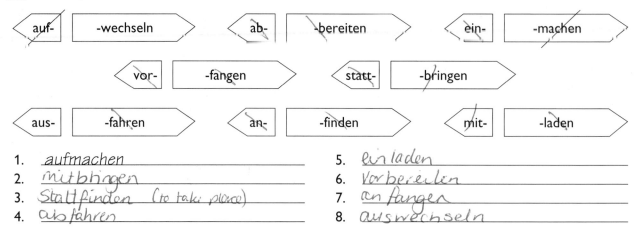

auf-	-wechseln	ab-	-bereiten	ein-	-machen

vor-	-fangen	statt-	-bringen

aus-	-fahren	an-	-finden	mit-	-laden

1. _aufmachen_
2. _mitbringen_
3. _Stattfinden_ (to take place)
4. _abfahren_

5. _einladen_
6. _Vorbereiten_
7. _anfangen_
8. _auswechseln_

3 Ein Arbeitstag im Hotel Amadeus. Ergänzen Sie und schreiben Sie den Infinitiv.

an	ab	auf	vor	statt	aus	mit	ein

1. Im Hotel Amadeus fängt der Tag früh _an_ . → _anfangen_
2. Die Gäste fahren am Morgen _ab_ . → _abfahren_
3. Die Zimmermädchen wechseln die Handtücher _aus_ . → _auswechseln_
4. Dann machen sie die Fenster _auf_ . → _aufmachen_
5. Die neuen Gäste bringen viele Koffer _mit_ . → _mitbringen_
6. Das Abendessen findet im Restaurant _statt_ . → _stattfinden_
7. Am Abend lädt Barbara Valentina in den Biergarten _ein_ . → _einladen_
8. Toni Walketseder bereitet das Frühstück _vor_ . → _Vorbereiten_
   (to prepare)

4 **Was machen Menschen im Hotel? Bitte schreiben Sie Sätze.**

Mitarbeiter:	Ponte	Novaková	Hinterleitner	Mikulski	Walketseder
Frühschicht					
6.00–8.00 h					Frühstück machen
8.00–10.00 h	Betten machen (Zimmer Nr. 1–5)				Mittagessen vorbereiten
Pause					
11.00–13.00 h	Handtücher auswechseln			Mittagessen servieren	
13.00–15.00 h	Doppelzimmer Nr. 7 u. 8 aufräumen				
Spätschicht					
15.00–17.00 h					Abendessen vorbereiten
17.00–19.00 h				Abendessen servieren	
Pause					
20.00–22.00 h			Zither spielen	Getränke bringen	
22.00–0.00 h					

1. Von 6.00 Uhr bis 8.00 Uhr *macht Herr Walketseder Frühstück.*
2. Von 8.00 Uhr bis 10.00 Uhr *machen Frau Ponte und Frau Novaková die Betten, bereitet Mittagessen vor*
3. Von 8.00 Uhr bis 10.00 Uhr *bereitet Herr Walketseder das Mittagessen vor*
4. Von 11.00 Uhr bis 13.00 Uhr *wechseln Frau Ponte die Handtücher aus*
5. Von 11.00 Uhr bis 13.00 Uhr *serviert Herr Mikulski das Mittagessen*
6. Von 13.00 Uhr bis 15.00 Uhr *räumen Frau Ponte und Frau Novaková die doppelzimmer N7 i 8 auf*
7. Von 15.00 Uhr bis 17.00 Uhr *bereitet Herr Walketseder das Abendessen vor*
8. Von 17.00 Uhr bis 19.00 Uhr *serviert Herr Mikulski das Abendessen*
9. Von 20.00 Uhr bis 22.00 Uhr *spielt Herr Hinterleitner Zither*
10. Von 20.00 Uhr bis 0.00 Uhr *bringt Herr Mikulski Getränke*

5 **Bitte schreiben Sie die richtigen Partizipien.**

1. aufmachen   Der Kellner hat das Fenster *aufgemacht*.
2. aufräumen   Barbara hat das Zimmer *aufgeräumt*.
3. aufstehen   Der Gast ist früh *aufgestanden*.
4. auswechseln   Die Zimmermädchen haben die Handtücher *ausgewechselt*.
5. ankommen   Die Gäste sind gestern *angekommen*.
6. mitbringen   Valentina hat Apfelkuchen *mitgebracht*.
7. abfahren   Bist du schon am Freitag *abgefahren*?

6 **Welches Verb ist richtig? Bitte bilden Sie das Partizip.**

1. ~~ankommen~~
   anfangen

   Die Gäste sind sehr spät _angekommen_____.

2. anfangen
   aufräumen

   Ihr habt das Zimmer noch nicht _____.

3. auswechseln
   aufmachen

   Simon hat das Fenster _____.

4. mitbringen
   mitfahren

   Wir haben viele Souvenirs aus Salzburg _____.

5. aufstehen
   aufmachen

   Toni ist heute ziemlich spät _____.

6. vorbereiten
   vorlesen

   Jan hat die Speisekarte _____.

7 **Tatjana Borissova hat heute ihre Arbeit als Zimmermädchen angefangen. Deshalb hat Valentina Ponte viele Fragen. Bitte schreiben Sie.**

1.   Zimmer aufräumen   _Hast du schon die Zimmer aufgeräumt?_____
2.   Betten machen   _____
3.   Fenster aufmachen   _____
4.   Handtücher auswechseln _____
5.   Gäste abfahren   _Sind die_____
6.   Gäste ankommen   _____
7.   Brezeln mitbringen   _____
8.   Kaffee kochen   _____

8 *Schon* **oder** *gerade*? **Bitte ergänzen Sie.**

1. ▶ Hast du _schon_____ Kaffee getrunken?
   ◁ Ich trinke _gerade_____ Kaffee, hier ist meine Tasse.
2. ▶ Kannst du mal schnell kommen?
   ◁ Nein, ich habe _____ keine Zeit.
3. ▶ Kommt der Bus noch?
   ◁ Nein, er ist _____ lange abgefahren.
4. ▶ Hast du mit Tante Heidi telefoniert?
   ◁ Jaja, ich habe sie _____ gestern angerufen.
5. ▶ Kennst du den Film „Casablanca"?
   ◁ Ja, ich habe den Film _____ dreimal gesehen!
6. ▶ Wo bleibst du denn?
   ◁ Ich lese _____ die Zeitung.

9 Das Jahr 2000 im Hotel Reitinger Hof. Ergänzen Sie die Verben im Perfekt.

1. (passieren) Im Jahr 2000 _ist_ im Hotel Reitinger Hof viel _passiert_.
2. (feiern) Herr Reitinger _hat_ seinen Geburtstag ~~geworden~~ _gefeiert_
   (werden) Er _ist_ 60 Jahre alt _geworden_. (stattfinden) Die Party
   hat im Hotel _stattgefunden_.
3. (treffen) Franz Kuchler _hat_ seine Traumfrau _getroffen_. Sie lebt
   in Frankreich. (machen) Deshalb _hat_ er zwei Monate Urlaub in Frankreich
   gemacht.
4. (heiraten) Olga Smirnova _hat_ im Hotel _geheiratet_. (kommen) Ihr
   Mann Sergej _ist_ aus Sibirien nach Österreich _gekommen_.
   (mitbringen) Er _hat_ auch seine Mutter _mitgebracht_.
5. (arbeiten, trinken) Karl Riedl _hat_ zu viel _gearbeitet_ und zu viel Kaffee
   getrunken. (sein) Deshalb _ist_ er lange krank _gewesen_.
6. (sein) Antonia Reitinger _ist_ Kandidatin bei einer Fernsehshow _gewesen_.
   (sprechen) Sie _hat_ dort über ihre Arbeit im Hotel _gesprochen_.

Unterwegs nach Salzburg

Seite 12/13	Aufgabe 1–7

 1 Das Wetter in Salzburg

a) Bitte schreiben Sie.

~~sonnig~~	bewölkt	regnerisch	windig

1. _Es ist sonnig._   2. _____   3. _____   4. _____

b) Bitte kombinieren Sie.

① Es ist sonnig.   **A** Es gibt Regen. | 1 | C |
② Es ist regnerisch.   **B** Es sind Wolken am Himmel. | 2 | |
③ Es ist bewölkt.   **C** Die Sonne scheint. | 3 | |
④ Es ist windig.   **D** Die Temperaturen steigen. | 4 | |
⑤ Es wird warm.   **E** Der Wind weht. | 5 | |

2 **Wie ist das Wetter in Österreich? Schreiben Sie einen Wetterbericht.**

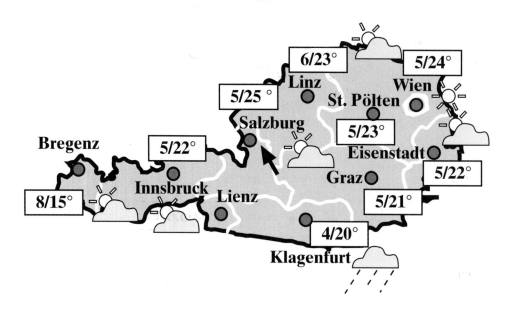

1. Salzburg
Es ist bewölkt.
Die Temperatur
beträgt 25 °C.
Es ist windig.

2. Klagenfurt

3. Innsbruck

4. Wien

3 **Ein Wort passt nicht. Bitte markieren Sie.**

1. fotografieren – ruhig – zentral – interessant
2. machen – empfangen – aufgestanden – auswechseln
3. Wind – Regenschirm – Wolken – Sonne
4. voll – groß – langsam – Sauna
5. Wetterbericht – Handtücher – Zimmer – Betten
6. erklären – bestellen – vergessen – anrufen

4 **Was für ein Freitag! Judit Kovács erzählt. Ergänzen Sie die Verben.**

bestellt	empfangen	verstanden	erklärt
begonnen	verloren		vergessen

1. Was für ein Freitag! Zuerst habe ich die neuen Gäste an der Rezeption nicht *empfangen* .
2. Dann habe ich den Gast aus Amerika nicht *verstanden* .
3. Danach habe ich den Stadtplan von Salzburg *verloren* .
4. Deshalb habe ich den japanischen Gästen den Weg zum Mozarthaus nicht *erklärt* .
5. Dann habe ich für den Rentner aus Deutschland kein Taxi *bestellt* .
6. Und dann habe ich einen Brief *begonnen* , aber ihn im Computer *vergessen*

to discover *explain* *to clarify*

5 Entdecken oder erklären? Bitte markieren Sie.

1. Kannst du mal die Spielregeln ☐ entdecken ☒ erklären?
2. Ich habe den Treffpunkt gleich ☒ entdeckt ☐ erklärt.
3. Die Lehrerin ☐ entdeckt ☒ erklärt die Grammatik noch einmal.
4. Kannst du die Aufgabe noch einmal ☐ entdecken ☒ erklären?
5. Jetzt habe ich den Kirchturm ☒ entdeckt ☐ erklärt.

6 Trennbar oder nicht?

a) Bitte markieren Sie.

	trennbar	untrennbar
1. Brezeln *mitbringen*	X	
2. den Text *vorlesen*	X	
3. die Hotelgäste *empfangen*		X
4. die Leute *beobachten* – observed		X
5. die Handtücher *auswechseln*	X	
6. aus Wien *zurückkommen*	X	
7. die Familie *besuchen*		X
8. die Getränke *bezahlen*		X
9. Gemüse *einkaufen*	X	
10. den Weg *erklären*		X
11. das Geld *vergessen*		X
12. *anfangen*	X	

b) Bilden Sie Sätze im Perfekt.

1. Valentina: *Sie hat Brezeln mitgebracht.*
2. Die Lehrerin: Sie hat den Text vorgelesen
3. Herr Walketseder: Er hat die Hotelgäste empfangen
4. Martin Miller: Er hat die Leute beobacht
5. Die Zimmermädchen: Sie haben die Handtücher ausgewechselt
6. Herr und Frau Schuschnigg: Sie sind aus Wien zurückgekommen
7. Clemens Opong: Er hat die Familie besucht
8. Die Gäste: Sie haben die Getränke bezahlt
9. Die Kundin: Sie hat die Gemüse eingekauft
10. Frau Kovács: Sie hat die Weg erklärt
11. Frau Mainka: Sie hat das Geld vergessen
12. Der Film, 20 Uhr: Er hat um 20 Uhr angefangen.

7 Trennbare und untrennbare Verben. Schreiben Sie die Sätze in die Tabelle.

1. müssen / Die / Hotel / Mitarbeiter / vom / anfangen / Amadeus / früh / .
2. Die / Salzburger / japanischen Touristinnen / Nockerln / haben / bestellt / .
3. ein / kauft / Koch / für / Abendessen / das / Der / Zutaten / alle / .
4. Der / Getränke / vergisst / Kellner / die / .
5. Salzburg / möchte / Fotos / von / machen / Marlene Steinmann / viele / .
6. Sind / Gäste / abgefahren / schon / die / ?
7. verloren / seine / Sonnenbrille / Jonas Kajewski / hat / .
8. auf / ihr / die / Doppelzimmer / Räumt / ?

	Position 1	Verb	Satzmitte	Satzende
1.	*Die Mitarbeiter vom Hotel Amadeus*	*müssen*	*früh*	*anfangen.*
2.				
3.				
4.				
5.				
6.				
7.				
8.				

8 Gerti Schaurecker ist Privatdetektivin. Jeden Tag schreibt sie einen Bericht.

1. 8.30 Uhr: ins Büro kommen, Kaffee kochen, E-Mails lesen
   Um 8.30 Uhr bin ich ins Büro gekommen, habe Kaffee gekocht und meine E-Mails gelesen.

2. Von 8.45 Uhr bis 9.30 Uhr: telefonieren, ein Fax schreiben
   Von 8.45 Uhr bis 9.30 Uhr habe ich telefoniert und ein Fax geschrieben

3. Dann: Informationen im Internet suchen, einen Plan machen
   Dann habe ich Informationen im Internet gesucht und einen Plan gemacht

4. 11.00 Uhr: eine Kundin besuchen
   Um 11.00 Uhr habe ich eine Kundin besucht

5. 12.30 Uhr: Mittagspause machen, zu Mittag essen
   Um 12.30 Uhr habe ich Mittagspause gemacht zu Mittag gegessen

6. Nachmittags: den Film auswechseln, Leute beobachten und fotografieren
   Nachmittags habe ich den Film ausgewechselt, Leute beobacht und fotografiert

7. 16.30 Uhr: ins Büro zurückgehen, aufräumen
   Um 16.30 Uhr ich ins Büro zurückgegangen und habe ich aufgeräumt

8. Ab 20.00 Uhr: Krimis im Fernsehen anschauen
   Ab 20.00 Uhr habe ich Krimis im Fernsehen angeschaut

An der Rezeption

 An der Rezeption

a) Lesen Sie bitte.

Frau Reich	Guten Tag. Ich brauche ein Zimmer für eine Nacht.
Empfangschefin	Haben Sie reserviert?
Frau Reich	Nein.
Empfangschefin	Möchten Sie ein Einzelzimmer?
Frau Reich	Ein Doppelzimmer, bitte.
Empfangschefin	Leider haben wir nur noch Einzelzimmer.
Frau Reich	Aber ich brauche ein Doppelzimmer. Ich habe sehr viel Gepäck und meinen Hund. Dann möchte ich zwei Einzelzimmer!
Empfangschefin	Also gut, zwei Einzelzimmer. Mit Halbpension oder nur Frühstück?
Frau Reich	Ich möchte hier nichts essen. Aber ein Frühstück für meinen Hund. Das ist wichtig.
Empfangschefin	Also nur Frühstück für Ihren Hund. Bitte, hier sind die Schlüssel für Zimmer 7 und 8. Einen schönen Tag.
Frau Reich	Danke.

b) Richtig **r** oder falsch **f**? Markieren Sie bitte.

1. Frau Reich hat nicht reserviert. _____ **r** f
2. Sie möchte ein Einzelzimmer. _____ r **f**
3. Im Hotel gibt es nur noch Doppelzimmer. _____ r **f**
4. Frau Reich hat Taschen und Koffer mitgebracht. _____ **r** f
5. Sie nimmt zwei Einzelzimmer. _____ **r** f
6. Sie möchte nicht im Hotel essen. _____ **r** f

 Gast oder Empfangschefin. Wer sagt was? Bitte markieren Sie.

	Gast	Empfangschefin
1. Haben Sie noch ein Zimmer für eine Nacht frei?	X	
2. Haben Sie reserviert?		
3. Möchten Sie Halbpension oder nur Frühstück?		
4. Ich habe ein Zimmer reserviert.		
5. Ich nehme Halbpension.		
6. Für zwei Nächte oder für drei Nächte?		
7. Wir möchten ein Zimmer mit Bad und WC.		
8. Wie lange möchten Sie bleiben?		

3 **An der Rezeption. Bitte kombinieren Sie.**

① Haben Sie noch ein Zimmer frei?

② Wie lange möchten Sie bleiben?

③ Ist das Zimmer mit Blick
  auf den Garten?

④ Haben Sie reserviert?

⑤ Möchten Sie Übernachtung
  mit Frühstück?

⑥ Mit oder ohne Bad und WC?

⑦ Brauchen Sie ein Einzelzimmer
  oder ein Doppelzimmer?

A Nein, ich nehme Halbpension.

B Ja. Es ist ruhig und mit Blick
  auf den Garten.

C Einzelzimmer oder Doppelzimmer?

D Mit Bad und WC bitte.

E Ein Doppelzimmer bitte.

F Ich bleibe bis Donnerstag.
  Zwei Nächte.

G Nein. Ich habe nicht reserviert.

1	C
2	
3	
4	
5	
6	
7	

4 **Ein Tourist in Heidelberg. Bitte schreiben Sie.**

Sie sind in Heidelberg im Urlaub. Sie suchen ein Einzelzimmer mit Bad und WC für zwei Nächte. Sie haben nicht reserviert und möchten Übernachtung, Frühstück und Abendessen. Sie haben nur einen Koffer.

1. ▶ Guten Tag.
   ◁ *Haben Sie noch ein Zimmer frei?*

2. ▶ Ja, wir haben noch ein Zimmer frei. Haben Sie reserviert?
   ◁ _____

3. ▶ Einzelzimmer oder Doppelzimmer?
   ◁ _____

4. ▶ Moment bitte. Ja. Wir haben noch ein Einzelzimmer mit Bad und WC, aber mit Blick auf die Straße. Wie lange möchten Sie bleiben?
   ◁ _____

5. ▶ Nur Übernachtung mit Frühstück?
   ◁ _____

6. ▶ Sehr gut. Hier ist der Schlüssel, Zimmer Nr. 103. Brauchen Sie Hilfe für das Gepäck?
   ◁ _____

   ▶ Viel Spaß in Heidelberg.

5 Suchen Sie acht Verben mit *-ieren*.

k	l	m	i	n	s	h	f	a	v	n	l	p	k	l	o	y	n	h
b	e	n	t	n	b	e	o	k	ö	l	n	i	e	r	e	e	n	f
v	e	r	k	b	m	s	t	u	d	i	e	r	e	n	r	r	e	d
t	e	n	k	b	v	l	o	k	l	j	m	e	n	b	t	l	l	j
f	o	g	e	l	m	n	g	j	h	m	l	o	n	ö	g	i	f	a
v	e	r	p	j	h	f	r	e	s	e	r	v	i	e	r	e	n	o
c	b	u	c	h	s	t	a	b	i	e	r	e	n	h	a	r	s	d
q	u	e	e	r	t	e	f	j	b	v	d	e	r	w	k	e	f	l
d	j	h	g	z	r	k	i	n	l	k	a	u	f	r	e	n	l	d
k	l	e	i	t	e	l	e	f	o	n	i	e	r	e	n	p	f	e
a	u	s	s	g	k	n	r	f	o	t	h	b	n	p	o	j	k	o
d	v	t	f	n	f	d	e	m	o	n	s	t	r	i	e	r	e	n
b	e	d	o	p	k	l	i	n	f	o	r	m	i	e	r	e	n	j	x
f	o	t	i	p	ö	e	r	d	i	e	r	e	n	k	l	p	v	j

1. _telefonieren_
2. _reservieren_
3. _demonstrieren_
4. _informieren_
5. _fotografieren_
6. _buchstabieren - to spell_
7. _studieren_
8. _verlieren_

6 Die Biografie von Elena Klimova. Bitte ergänzen Sie die Verben im Perfekt.

1. (sprechen) Ich bin 1963 in Russland geboren, aber meine Großeltern _haben_
   Deutsch _gesprochen_.
2. (besuchen, studieren) Ich _besucht habe_ die Universität _studiert besucht_
   und dort Medizin _studiert_.
3. (arbeiten) Dann _habe_ ich als Ärztin im Krankenhaus _gearbeitet_.
4. (treffen) 1993 _habe_ ich Dimitri _getroffen_.
5. (heiraten) Fünf Monate später _haben_ wir _geheiratet_.
6. (gehen) 1995 _sind_ wir nach Deutschland _gegangen_.
7. (mitbringen). Wir _haben_ nur wenig Gepäck _mitgebracht_.
8. (finden, sein) Hier in Deutschland _sind haben_ wir keine Wohnung
   gefunden und wir _sind_ sehr lange arbeitslos
   gewesen.
9. (machen) Dann _haben_ wir einen Deutschkurs _gemacht_.
10. (finden) Mein Mann _hat_ eine Arbeit in der Fabrik _gefunden_.
11. (bleiben, aufräumen, putzen) Aber ich _bin_ zu Hause _geblieben_
    und _habe_ die Wohnung _aufgeräumt_ und die Zimmer
    geputzt. Das war so langweilig.
12. (anfangen) Zum Glück _habe_ ich nun die Arbeit im Intercity-Hotel
    angefangen.

Im Speisesaal

Seite 16/17	Aufgabe 1–5

 Im Speisesaal

a)   Wer ist da? Bitte ergänzen Sie.

1. Da ist eine Dame mit _einem Hut_ (Hut).
2. Da ist ein Mann mit _einer_ (Zither).
3. Da sind Eltern mit _zwei Kindern_ (zwei Kinder).
4. Da sind japanische Touristinnen mit _Fotoapparaten_ (Fotoapparate).
5. Da ist eine Frau mit _einem_ (Handy).
6. Da ist ein Kellner mit _einem_ (Teller).

b)   Was machen die Leute? Bitte schreiben Sie.

| telefonieren   nervös sein   Salzburger Nockerln bestellen   Musik machen |
| ~~Kaffee trinken~~   Salzburger Nockerln servieren |

1. Die Dame mit _dem Hut trinkt Kaffee._
2. Der Mann mit _____
3. Die Eltern mit _____
4. Die japanischen Touristinnen mit _____
5. Die Frau mit _____
6. Der Kellner mit _____

2 Neue Gäste sind im Hotel Amadeus angekommen. Bitte ergänzen Sie.

Alle Koffer stehen an der Rezeption. Marlene Steinmann, Jonas Kajewski und Akiko Tashibo aus Japan suchen ihre Koffer.

die Banane	Filme	das Kinderbuch	das Wörterbuch	die Kamera
das Buch über Salzburg		die Visitenkarten (Plural)		die Zeitung
die Handtücher (Plural)		die Flöte	~~der Kalender~~	der Fußball

1. Der Koffer
mit dem Kalender,
mit _____
_____
_____
ist von _____.

2. Der Koffer
_____
_____
_____
ist von _____.

3. Der Koffer
_____
_____
_____
ist von _____.

3 Bitte kombinieren Sie.

① Mit wem telefoniert Herr Walketseder?
② Womit spielt Julia Kajewski?
③ Womit fliegt Martin Miller nach London?
④ Mit wem spricht Frau Kovács?
⑤ Womit fotografiert die japanische Touristin?
⑥ Mit wem arbeitet Valentina Ponte?

A	Mit einer Kamera.
B	Mit Barbara Nováková.
C	Mit seiner Schwester.
D	Mit ihrem Ball.
E	Mit dem Flugzeug.
F	Mit einer Touristin.

1	C
2	
3	
4	
5	
6	

4 *Mit wem oder womit? Bitte schreiben Sie.*

1. Valentina geht mit ihrer Freundin in ein Restaurant. – _Mit wem?_
2. Marlene Steinmann fährt mit dem Zug nach Wien. – _Womit_
3. Judit Kovács telefoniert mit einem Gast. – _Mit wem_
4. Jonas Kajewski spielt mit einem Computerspiel. – _Womit_
5. Barbara Nováková fährt mit dem Fahrrad ins Hotel. – _Womit_
6. Herr und Frau Kajewski fahren mit ihren Kindern nach Österreich. – _Mit wem_
7. Herr Hinterleitner besucht mit seiner Frau das Mozarthaus. – _Mit wem_
8. Herr Walketseder arbeitet mit dem Computer. – _Womit_

5 **Schreiben Sie Fragen.**

womit	für wen	wofür	ohne wen	ohne was	mit wem

1. Toni Walketseder kocht Salzburger Nockerln für die Gäste.
   Für wen kocht Toni Walketseder Nockerln?
2. Für Nockerln braucht man viele Eier.
   Wofür
3. Susanne geht immer mit ihrer Freundin joggen.
   Mit wem
4. Ohne seine Familie fährt Herr Kajewski nicht in den Urlaub.
   Ohne wen
5. Marlene Steinmann geht nie ohne Handy auf die Reise.
   Ohne was
6. In Österreich bezahlt man mit Euro.
   Womit

6 **Wer telefoniert mit wem? Bitte schreiben Sie.**

	Großvater	Freundin	Deutschlehrerin	Eltern	Freund
ihr			X		X
Laura	X	X			
wir	X			X	
ich		X		X	
Simon und David		X			X
du	X		X		

1. _Ihr telefoniert mit eurer Deutschlehrerin und dann mit eurem Freund._
2. _____
3. _____
4. _____
5. _____
6. _____

Wolfgang Amadeus Mozart

Seite 18	Aufgabe 1–2

 1 **W. A. Mozart. Ein Lexikonartikel.**

a) Lesen Sie noch einmal.

Mozart, Wolfgang Amadeus, *1756 Salzburg, †1791 Wien. Österreichischer Komponist. Sein Vater Leopold Mozart, selbst ein Musiker, unterrichtet seinen Sohn musikalisch. Mozart ist ein Wunderkind. Schon mit 6 Jahren macht er mit seinem Vater und mit seiner Schwester Nannerl Konzertreisen durch Europa. 1769 wird Mozart Konzertmeister beim Erzbischof von Salzburg. 1780 zieht er nach Wien um. Er ist dort freier Künstler und hat oft finanzielle Probleme. 1782 heiratet er Constanze Weber. Mit seiner Oper „Don Giovanni" hat er 1787 endlich großen Erfolg und wird kaiserlicher Komponist. Mozart ist aber oft krank und immer noch arm. Mit 35 Jahren stirbt er einsam und unglücklich in Wien. Mozart hat Opern, Sinfonien, Konzerte und noch viel mehr komponiert. Er ist einer der wichtigsten Komponisten der Musikwelt. Vieles ist heute nach Mozart benannt. Es gibt sogar eine Süßigkeit: Mozartkugeln.

b) Finden Sie acht Nomen aus der Musik.

1. _Komponist_
2. _____
3. _____
4. _____
5. _____
6. _____
7. _____
8. _____

 2 **Wer ist W. A. Mozart? Bitte schreiben Sie die Sätze.**

1. Komponist / österreichischer / ist / Mozart / ein / . _Mozart ist ein österreichischer_
   Komponist.
2. sein Vater / Musiker / Auch / von Beruf / war / . _____
3. Mit / Konzertreisen / macht / schon / 6 Jahren / er/ . _____
4. Er / nach / zieht / 1780 / um / Wien / . _____
5. Mozart / haben / Geld / Constanze / und / nicht / viel / . _____
6. „Don Giovanni" / 1787 / die / Mozart / Oper / komponiert / . _____
7. oft / krank / Er / ist / . _____
8. mit / stirbt / Jahren / 35 / Mozart / . _____

Lektion 8

Projekt: Nürnberg – unsere Stadt

| Seite 20/21 | Aufgabe 1–2 |

1 **Ein Projekt im Deutschkurs. Was passt?**

| Deutschkurs | Projektthema | Gruppen | Arbeit | Projekt | Wandzeitung |

1. _Der Deutschkurs_ findet in der VHS Nürnberg statt.
2. Die Kursleiterin plant ein _____ über die Stadt Nürnberg.
3. Die Kursteilnehmer wählen ein _____ aus.
4. Sie arbeiten in _____.
5. Jede Gruppe stellt ihre _____ im Kurs vor.
6. Eine Gruppe macht eine _____.

2 **Was passt zusammen?**

① Informationen   Ⓐ arbeiten | 1 | F |
② ein Projektthema Ⓑ machen | 2 | |
③ Prospekte   Ⓒ im Kurs vorstellen | 3 | |
④ das Projekt   Ⓓ auswählen | 4 | |
⑤ Interviews   Ⓔ mitbringen | 5 | |
⑥ in Kleingruppen Ⓕ sammeln | 6 | |

3 **Projektarbeit im Deutschkurs. Bitte schreiben Sie Sätze.**

1. „Nürnberg – unsere Stadt" / macht / Der Deutschkurs / ein Projekt / . _Der Deutschkurs_
   macht ein Projekt „Nürnberg – unsere Stadt".

2. Drei oder vier / in jeder Projektgruppe / Kursteilnehmer / arbeiten / . _____
   _____

3. Informationen über / sammelt / Jede Arbeitsgruppe / Nürnberg / . _____
   _____

4. gehen / Die Kursteilnehmer / in die Touristen-Information / bringen / Prospekte / und / mit / . _____

5. machen / Interviews / Die Projektgruppen / viele / . _____

6. eine Wandzeitung über / Der Deutschkurs / Nürnberg / macht / . _____
   _____

 4 **Suchen Sie die Wörter und ergänzen Sie die Antworten.**

1. Albrecht Dürer war ein deutscher Maler und _Zeichner_ .
2. Im Restaurant esse ich sehr gerne Nürnberger _____.
3. Der Deutschkurs macht ein _____ über Nürnberg.
4. Im Dezember findet in Nürnberg der _____ statt.
5. Auf dem Christkindlesmarkt gibt es Nürnberger _____.
6. Im _____ für Mode und Design kann man schöne Kleider kaufen.
7. Der Schöne _____ befindet sich auf dem Hauptmarkt.
8. In der _____ von Nürnberg hat Friedrich Barbarossa gelebt.

1	Z	E	I	C	H	N	E	R		
2									
			3					
4											
		5					
		6					
			7					
	8					

Lösungswort: N_____

5 **Was hat Jens (12 Jahre) eine Woche in Nürnberg gemacht?**
Bitte ergänzen Sie die Perfektformen.

Liebe Oma,

ich muss dir mal wieder einen Brief schreiben, _hat_ Mama _gesagt_
(sagen).
Also, am Montag _bin_ ich nach Nürnberg _gefahren_ (fahren) und
habe meinen Brieffreund Tim _getroffen_ (treffen). Ich _bin_
erst spät _angekommen_ (ankommen) und wir _haben_ lange _geschlafen_
(schlafen). Am Dienstag _haben_ wir erst mal _gefrühstückt_ (frühstücken),
dann _sind_ wir in die Stadt _gefahren_ (fahren) und _haben_ das
Zentrum _besichtigt_ (besichtigen). Das war anstrengend, deshalb _haben_ wir
ganz viele Bratwürste _gegessen_ (essen) und Limo _getrunken_ (trinken). Und
dann _haben_ wir noch Nürnberger Lebkuchen _gekauft_ (kaufen). Aber ich
haben sie leider im Bus _vergessen_ (vergessen). Am Donnerstag
haben wir noch im Spielzeugmuseum _gewesen_ (sein). Das war aber
sind
langweilig: keine Gameboys, keine Computerspiele, echt blöd.

Viele liebe Grüße

dein Jens

Straßen und Plätze in Nürnberg

| Seite 22–25 | Aufgabe 1–8 |

1 Wo sind Alik, Sonya, Shijun und Olaf?

a) Wer ist wo? Bitte ergänzen Sie den Dativ.

1. Das Museum ist neu.   Alik und Sonya sind in _dem_ Museum.
2. Das Kino ist voll.   Aber Olaf ist in _dem_ Kino.
3. Der Marktplatz ist groß. Shijun und Alik sitzen auf _dem_ Marktplatz.
4. Der Bus kommt.   Die Leute warten an _dem_ Haltestelle.
5. Das Café ist schön.   Sonya und ihre Freundin sitzen in _dem_ Café.
6. Der Turm ist hoch.   Alik ist auf _dem_ Turm.

b) *im* oder *am*? Bitte ergänzen Sie.

1. in dem Haus = _im_ Haus.
2. an dem Fluss = _am_ Fluss.
3. _in dem_ Museum = im Museum.
4. an dem Turm = _am_ Turm.
5. _in dem_ Kino = im Kino.
6. in dem Café = _im_ Café.
7. _an dem_ Brunnen = am Brunnen.
8. in dem Supermarkt = _im_ Supermarkt.

2 *in, an, auf* + Dativ. Was ist wo?

   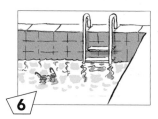

   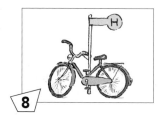

1. Der Fußball ist auf dem Fußballplatz.
3 2. Der Regenschirm ist in der Dusche
2 3. Das Gepäck ist auf dem Auto
4. Das Handy is auf dem Sofa
5. Das Kind ist im Bett
6. Die Brille is im Schwimmbad
7. Die Schlüssel sind an der Tasche
8. Das Fahrrad ist an der Haltstelle

3 *in, auf* + Dativ. Wer arbeitet wo?

der Supermarkt	die Bäckerei	das Restaurant	das Hotel	die Oper
der Christkindlesmarkt		das Krankenhaus		~~die Schule~~

1. Die Lehrerin arbeitet *in der Schule.*
2. Der Musiker arbeitet *in der Oper*
3. Die Ärztin arbeitet *im Krankenhaus*
4. Der Koch arbeitet *im Restaurant*
5. Die Marktfrau arbeitet *auf dem Christkindlesmarkt*
6. Das Zimmermädchen arbeitet *im Hotel*
7. Der Bäcker arbeitet *in der Bäckerei*
8. Der Verkäufer arbeitet *im Supermarkt*

4 Was machen Alik, Sonya und Shijun wo? Bitte ergänzen Sie.

1. Alik, Sonya und Shijun kaufen einen Stadtplan *in einem* Buchladen.
2. Sie interviewen Leute *in einem* Café.
3. Shijun fotografiert eine Reisegruppe *an einem* Brunnen. (*fountain*)
4. Alik beobachtet eine Familie *in einem* Supermarkt.
5. Sonya wartet *an einer* Haltestelle.
6. Dann essen Alik, Sonya und Shijun Bratwurst *an einem* Marktstand.

5 Hier ist ja alles falsch! Schreiben Sie bitte die Sätze richtig.

~~Der Hund sitzt~~	in einem Bett.
Die Freunde feiern	auf einem Spielplatz.
Die Kinder spielen	in einem Restaurant.
Die Gäste schlafen	an einer Haltestelle.
Die Köchin kocht	~~in einem Auto.~~
Ich warte	in einem Topf.

1. *Der Hund sitzt in einem Auto.*
2. _____
3. _____
4. _____
5. _____
6. _____

6 Was bedeutet *gehen* hier?

| nicht krank sein | funktionieren | in einem Restaurant essen |
| Bewegung haben | in einem anderen Land leben | ~~Lebensmittel kaufen~~ |

1. Marlene geht einkaufen. = *Lebensmittel kaufen.*
2. Herr Müller geht jeden Tag mit dem Hund spazieren. = _____
3. „Wie geht's, Frau Mainka?" – „Danke, es geht." = _____
4. Helga hat Geburtstag. Heute Abend geht sie essen. = _____
5. Meine Uhr geht nicht. = _____
6. Peter geht nach Afrika. = _____

| Seite 25 | Aufgabe 9 |

1 Wohin und wo? *in, an, auf* + Akkusativ oder Dativ.

a) Die Projektgruppe sammelt Informationen über Nürnberg. Wohin geht sie?

① Alik, Sonya und Shijun brauchen einen Stadtplan. Sie gehen ⌐ A ins Café am Markt.　1 F
② Sie möchten Albrecht Dürer kennen lernen. Sie gehen　　B an den Marktstand und　2 ☐
　　　　　　　　　　　　　　　　　　　　　　　essen Bratwürste.
③ Sie fotografieren den Schönen Brunnen. Sie gehen　　C auf den Hauptmarkt.　3 ☐
④ Sie interviewen viele Touristen. Sie gehen　　D ins Lebkuchenhaus.　4 ☐
⑤ Sie suchen Nürnberger Lebkuchen. Sie gehen　　E ins Albrecht-Dürer-　5 ☐
　　　　　　　　　　　　　　　　　　　　　　Museum.
⑥ Sie haben Hunger. Sie gehen　　└ F in den Buchladen.　6 ☐

b) Sonya hat den Fotoapparat nicht mehr. Wo suchen Alik, Sonya und Shijun?

① Sie fragen die Putzfrau　　A im Lebkuchenhaus.　1 D
② Sie fragen die Verkäuferin　　B im Café am Markt.　2 ☐
③ Alik fragt die Leute am Schönen Brunnen　　C im Buchladen.　3 ☐
④ Shijun fragt die Kellnerin　　D im Albrecht-Dürer-Haus.　4 ☐
⑤ Sonya fragt den Lebkuchenbäcker　　E am Marktstand.　5 ☐
⑥ Sie fragen die Marktfrau　　F auf dem Hauptmarkt.　6 ☐

Da ist ja der Fotoapparat!

2 Verben. Bitte ordnen Sie zu.

gehen	wohnen	fahren	bleiben	schauen	sitzen
	steigen	sein	schlafen	fliegen	

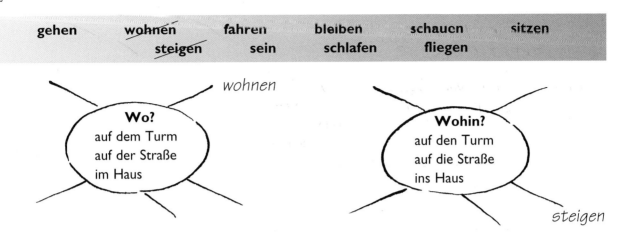

Wo?
auf dem Turm
auf der Straße
im Haus

wohnen

Wohin?
auf den Turm
auf die Straße
ins Haus

steigen

3 Bitte schreiben Sie Sätze.

schlafen	steigen
fahren	
wohnen	gehen
arbeiten	
sein	warten

an	
	am
auf	
	im
ins	in

Turm	Stadt
Dorf	Haltestelle
Haus	Bett
Kino	Krankenhaus

1. Ich _schlafe im Bett._ _____
2. Sonya und Alik _____
3. Olaf _____
4. Wir _____
5. Shijun _____
6. Ihr _____
7. Du _____
8. Sie _____

4 in + Akkusativ oder Dativ. Bitte ergänzen Sie auch den Artikel.

1. Ich wohne _in einem_ Haus in der Albrecht-Dürer-Straße.
2. Marlene fährt _in_ Stadt und fotografiert den Turm.
3. Die Kinder fahren _in den_ Kindergarten.
4. Der Arzt arbeitet _im_ Krankenhaus.
5. Mein Bruder und ich treffen unsere Oma _in der_ Kirche.
6. Gehst du mit mir _ins_ Kino?

5 **Was machen die Leute? Schreiben Sie die Fragen.**

1. _Wohnst du noch in der Korngasse?_   Ja, ich wohne noch in der Korngasse.
2. _Wo spielt das Kinder?_   Die Kinder spielen auf dem Fußballplatz.
3. _Wo arbeitet Hans?_   Hans arbeitet in einem Restaurant.
4. _Möchest du heute ins Theatre gehen_ Nein, ich möchte heute nicht ins Theater gehen.
5. _Wohin geht Marlene_   Marlene geht in die Volkshochschule.
6. _Wohin ist Tim gefahren_   Tim ist in die Stadt gefahren.

6 **Sonya sucht eine Bäckerei**

a) **Bitte lesen Sie.**

Sonya	Entschuldigung, gibt es hier eine Bäckerei?
Frau Hansen	Eine Bäckerei? Ja, klar. Gehen Sie geradeaus und an der zweiten Kreuzung links.
Sonya	Gut. Ich gehe geradeaus und biege an der zweiten Kreuzung nach links ab.
Frau Rabe	Hallo? Sie suchen eine Bäckerei? Da müssen Sie an der zweiten Kreuzung rechts, nicht links.
Frau Hansen	Wie bitte? Natürlich muss sie links.
Frau Rabe	Aber nein. Links ist die Albrecht-Dürer-Straße, die Bäckerei Düring liegt in der Korngasse.
Frau Hansen	Ja, aber es gibt hier zwei Bäckereien. Ich gehe lieber in die Bäckerei Fischer.

b) **Was ist richtig? Bitte markieren Sie.**

1. Sonya geht geradeaus und biegt an der zweiten Kreuzung links ab. Sie ist in der
   ☐ Korngasse ☐ in der Albrecht-Dürer-Straße.
2. In der Albrecht-Dürer-Straße liegt
   ☐ die Bäckerei Düring ☐ die Bäckerei Fischer.

7 **Sie sind Tourist in Nürnberg. Was sagen oder fragen Sie?**

① Sie haben eine Frage. ————————   Ⓐ Ich möchte zahlen. | 1 | E |

② Sie suchen das Albrecht-Dürer-Haus.   Ⓑ Wo ist das Albrecht-Dürer-Haus? | 2 | |

③ Sie haben keine Uhr.   Ⓒ Einen Kaffee mit Milch bitte. | 3 | |

④ Sie verstehen ein Wort nicht.   Ⓓ Wie spät ist es? | 4 | |

⑤ Eine Touristin aus Japan fragt nach dem Weg.   Ⓔ Entschuldigung, ich habe eine Frage. | 5 | |

⑥ Sie sind in einem Café und möchten bestellen.   Ⓕ Entschuldigung, ich verstehe nicht. | 6 | |

⑦ Dann möchten Sie bezahlen.   Ⓖ Tut mir leid, das weiß ich auch nicht. | 7 | |

8 Herr Eder bringt die Post. Wohin geht er? Beschreiben Sie den Weg.

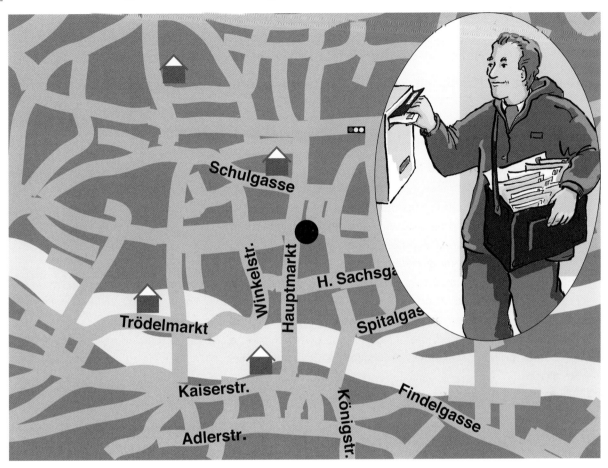

1

Musikschule Süd
Adlerstr. 14
90402 Nürnberg

Er geht nach links, dann die erste Straße rechts in die Kaiserstraße und dann in die zweite Straße links. Dann kommt er in die Adlerstraße.

2

Päckchen

Montessori-
Kindergarten
Schulgasse 12
90402 Nürnberg

3

AIR MAIL

Sonya Markiewicz
Findelgasse 53
90402 Nürnberg

Im Atelier für Mode und Design

1   **Lesen Sie im Kursbuch Seite 26, Aufgabe 1. Was ist richtig? Markieren Sie bitte.**

1. Seit 1998
   ☐ ist ☒ hat ☐ wird Frau Sommer ein Atelier für Mode und Design.
2. Der Anfang ist nicht
   ☐ gut ☐ teuer ☒ leicht gewesen.
3. Niemand hat Frau Sommer gekannt, nur wenige haben etwas gekauft oder
   ☐ verkauft ☒ bestellt ☐ produziert.
4. Aber ihre Kunden sind immer zufrieden gewesen und haben
   ☐ Kuchen ☐ Sport ☒ Werbung für sie gemacht.
5. Es sind immer mehr Kunden gekommen. Deshalb arbeitet Frau Güncel seit Herbst 2001 als
   ☐ Kursleiterin ☐ Köchin ☒ Schneiderin im Atelier.
6. Frau Güncel und Frau Sommer
   ☒ nähen ☐ bestellen ☒ entdecken Jacken, Hosen, Mäntel und Röcke.
7. Das Design ist individuell, die
   ☐ Sonnenbrillen ☐ Handys ☒ Kleidungsstücke sind schick.
8. Sie passen
   ☐ schlecht ☐ nicht ☒ genau. Deshalb verkauft Frau Sommer sehr gut.

2   **Der Tag von Frau Hassel, Verkäuferin in einem Kaufhaus. Bitte ergänzen Sie.**

kaufen	verkaufen	bestellen	anprobieren	umtauschen	nähen

1. Um 9.00 Uhr _hat_ Frau Hassel eine Jacke _verkauft_.
2. Um 9.30 Uhr _hat_ eine Kundin einen Rock in Größe 42 _anprobiert_.
3. Sie _hat_ dann aber eine Hose _gekauft_.
4. Um 10.00 Uhr _hat_ eine Frau eine Bluse gebracht und _umgetauscht_.
5. Die Bluse war kaputt. Die Schneiderin _hat_ die Bluse _genäht_.
6. Dann _hat_ Frau Hassel 5 Sommerkleider bei „Madame-Moden" _bestellt_.

3   *suchen* oder *besuchen*? Bitte ergänzen Sie.

1. Entschuldigung, ich _suche_ die Markuskirche.
2. Alik, Shijun und Sonya _besuchen_ das Albrecht-Dürer-Haus in Nürnberg.
3. Frau Sommer hat eine Schule für Design _besucht_.
4. Herr Bauer ist ledig. Aber er _sucht_ eine Frau.
5. Am Sonntag haben wir keine Zeit. Da möchten wir unsere Großeltern _besuchen_.
6. Hast du meine Schlüssel gesehen? Ich _habe_ sie im ganzen Haus _gesucht_.
7. Ich _suche_ ein Kleid. – Welche Größe brauchen Sie?
8. Im Urlaub _besucht_ Frau Güncel ihre Familie in der Türkei.

4 Frau Biller hat gewaschen. Die Farben von den Kleidungsstücken sind nicht mehr da. Bitte ergänzen Sie!

a)
1. w _ei_ ß
2. r __ t
3. gr __ n
4. g __ lb
5. bl __
6. br __ n
7. schw __ rz
8. gr __

b)
1. J _a_ ck _e_
2. H __ s __
3. M __ nt __ l
4. P __ ll __ v __ r
5. Kl __ d
6. R __ ck
7. H __ md
8. Bl __ s __

5 Die Bestellung von Frau Holder

	der Rock	das Kleid	die Jacke	das Hemd	der Pullover	die Hose
rot		X				
grün				X		
gelb	X					
blau					X	
schwarz		X	X			
braun			X			X

a) Was hat Frau Holder bestellt? Bitte schreiben Sie.

1. _Einen Rock. Er ist gelb._ _____
2. _____
3. _____
4. _____
5. _____
6. _____
7. _____
8. _____

b) Was fehlt in ihrer Bestellung?

1. _____
2. _____
3. _____

6 Vier Personen suchen ein Kleidungsstück. Wer sucht was?

Anna hat Größe 40. Dieter sucht einen Mantel. Das Kleid gibt es in Größe 36. Die Kleidungsstücke von Beatrice und Carlos sind grün. Die Männer haben die Größen 50 und 52. Ein Kleidungsstück in Größe 50 ist grau. Carlos trägt eine Jacke. Die Hose ist rot. Die Jacke ist nicht Größe 40.

Wer?	Kleidungsstück	Farbe	Größe
Anna			40

Seite 27	Aufgabe 3–4

1 Bitte ordnen Sie.

Filme   Eis   Hosen   Farbe   Projekt   Sprachen   Markt   Brunnen
Deutschkurs   Theater   Kirche   Haus   Stadt   Mantel   Größe   Kleider

Welcher ▽m	Welche ▽f	Welches ▽n	Welche ▽Pl
Markt,			

2 welcher, welche, welches, welche

a) Bitte fragen Sie.

1. _Welcher Brunnen ist das?_ — Der Schöne Brunnen in Nürnberg.
2. Welcher Farbe ist das? — Das ist rot.
3. Welche Stadt ist das? — Die Stadt heißt Frankfurt.
4. Welcher kuchen das? — Apfelkuchen.
5. Welche — Ich glaube Größe 40.
6. Welches — Das ist Zitroneneis.

b) Schreiben Sie die Fragen.

1. ▶ _Welchen Mantel nehmen Sie?_ ◁ Ich nehme den Wollmantel.
2. ▶ _____ ◁ Sie probiert die Sommerbluse.
3. ▶ _____ ◁ Er sucht die Autoschlüssel.
4. ▶ _____ ◁ Sie reservieren das Schlosshotel.
5. ▶ _____ ◁ Wir möchten den Schokoladenkuchen.
6. ▶ _____ ◁ Ich mache den Deutschkurs mit Frau Seyfried.

3 Wer sagt was? Kundin oder Verkäuferin?

	Kunde/Kundin	Verkäufer/Verkäuferin
1. Welche Farbe hätten Sie gern?	☐	☒
2. Ich brauche eine Jacke.	☐	☐
3. Welche Größe haben Sie?	☐	☐
4. Wollen Sie den Pullover anprobieren?	☐	☐
5. Haben Sie den Rock in Größe 40?	☐	☐
6. Ich suche eine Hose in Rot. Gibt es so etwas?	☐	☐
7. Das Kleid passt leider nicht.	☐	☐
8. Tut mir leid. Die Hose haben wir nur in Blau.	☐	☐

4 Bitte ordnen Sie den Dialog.

Ja, er passt gut.   Was kostet der Rock denn?   Guten Tag. Ich suche einen Rock.
Gerne, welche Größe brauchen Sie?   Wie finden Sie ihn?   Welche Farbe hätten Sie denn gern?
Ach, ich weiß noch nicht.   Hier sind die Umkleidekabinen.   Schwarz. Vielleicht auch dunkelgrün.

Kundin	Guten Tag. Ich suche einen Rock.
Verkäuferin	Welche Farbe hätten Sie denn gern?
Kundin	Schwarz. Vielleicht auch dunkelgrün
Verkäuferin	Hm, mal sehen. Der hier ist schwarz. Wie finden Sie ihn
Kundin	Nicht schlecht. Kann ich ihn anprobieren?
Verkäuferin	Hier sind die Gerne, welche Grösse brauchen sie
Kundin	Größe 42.
Verkäuferin	Bitte sehr. Hier sind die Umkliedekabinen
Verkäuferin	Und? Passt er?
Kundin	Ja, er passt gut. Was kostet der Rock denn
Verkäuferin	115 €.
Kundin	Ach, ich weiss noch nicht

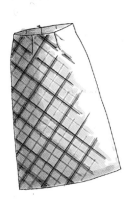

Im Lebkuchenhaus

| Seite 28 | Aufgabe 1–2 |

1 Was wissen Sie über Gabi Oberleitner?

a) Lesen Sie.

Gabi Oberleitner ist Verkäuferin im Lebkuchenhaus. Jeden Tag – im Sommer und im Winter – verkauft sie von morgens bis abends Schokolade, Nürnberger Lebkuchen und andere Süßigkeiten. Die Kunden kommen aus aller Welt. Touristen aus Amerika, Italien, Schweden und Japan kaufen Lebkuchen für ihre Familien zu Hause. Zuerst probieren sie die Lebkuchen, dann möchten sie das Rezept von Frau Oberleitner. Aber sie backt die Lebkuchen nicht, sie verkauft sie nur. Früher hat sie jeden Tag Lebkuchen gegessen und alle Sorten probiert. Jetzt mag sie keine Lebkuchen mehr. Aber sie isst sehr gerne Nürnberger Bratwürste.

b) Richtig (r) oder falsch (f)? Markieren Sie bitte.

1. Gabi Oberleitner ist Bäckerin im Lebkuchenhaus. _____ r **f✓**
2. Sie verkauft den Lebkuchen nur im Winter. _____ r **f✓**
3. Die Touristen kaufen Schokolade, Süßigkeiten und Nürnberger Lebkuchen. _____ **r✓** f
4. Die Kunden möchten das Rezept von Frau Oberleitner. _____ **r✓** f
5. Gabi Oberleitner backt jeden Abend Lebkuchen. _____ r **f✓**
6. Frau Oberleitner isst nicht gerne Lebkuchen. _____ **r✓** f

| Seite 28/29 | Aufgabe 3–6 |

1 Nürnberg ist groß. Bitte ergänzen Sie.

Dürfen: **ü** oder **a**

1. Ich _darf_ den Kirchturm fotografieren.
2. Du _darst_ nicht fotografieren.
3. Anton _darf_ auch nicht fotografieren.
4. Wir _dürfen_ nicht fotografieren.
5. _Dürft_ ihr fotografieren?
6. Sie _dürfen_ nicht fotografieren.

Wollen: **o** oder **i**

1. Ich _will_ fotografieren.
2. _Willst_ du fotografieren?
3. Olaf _will_ nicht fotografieren.
4. Wir _wollen_ immer fotografieren.
5. _Wollt_ ihr jetzt fotografieren?
6. Hans und Olaf _wollen_ heute nicht fotografieren.

2 Was dürfen Kinder, was dürfen sie nicht? Was wollen sie, was wollen sie nicht?

a) Verbinden Sie.

```
( Das wollen Kinder. )          Auto fahren           ( Das dürfen Kinder nicht. )
                                laut Musik hören
                                viel Eis essen
                                ihre Freunde treffen
                                rauchen
                                fernsehen
( Das dürfen Kinder. )          Grammatik lernen       ( Das wollen Kinder nicht. )
                                im Haushalt arbeiten
```

b) Schreiben Sie Sätze.

Kinder wollen viel Eis essen. Kinder wollen laut Musik hören.
Kinder dürfen nicht rauchen. Kinder dürfen nicht ~~Auto~~ Auto fahren.
Kinder dürfen ihre Freunde treffen. Kinder dürfen fernsehen.
Kinder wollen nicht Grammatik lernen. Kinder wollen nicht im Haushalt arbeiten.

3 Eine Reisegruppe in Nürnberg

a) Ergänzen Sie Formen von wollen.

1. Herr und Frau Seidl aus Salzburg _wollen_ nicht zu Fuß gehen.
2. Paul aus Frankfurt ~~wollen~~ _will_ das Albrecht-Dürer-Haus nicht besichtigen.
3. Frau Schneider aus Hamburg _will_ nur Lebkuchen kaufen.
4. „_Wollen_ Sie Fotos machen?", fragt die Reiseleiterin.
5. „Wir _wollen_ eine Pause machen!", sagen die Touristen.
6. Die Reiseleiterin ist sauer. Die Reisegruppe _wollte_ nichts von
   Nürnberg sehen. Die Touristen _wollen_ nur Kaffee trinken und Kuchen essen.

b) Ergänzen Sie die Formen von dürfen.

1. Die Reisegruppe _darf_ im Albrecht-Dürer-Haus nicht rauchen.
2. Paul _darf_ die Leute am Marktstand nicht fotografieren.
3. Herr und Frau Seidl _dürfen_ in der Burg nicht telefonieren.
4. Frau Schneider _darf_ die Spezialitäten im Lebkuchenhaus
   nicht probieren.
5. Die Touristen _dürfen_ nicht auf den Schönen Brunnen steigen.
6. Die Reisegruppe ist sauer: „Wir _dürfen_ keine Pause machen.
   Wir müssen immer schnell durch die Stadt gehen."

4 Kombinieren Sie und schreiben Sie Sätze.

du ich	wollen	nicht	Kaffee trinken in die Stadt gehen
Anke und Andreas		keinen	Limonade trinken in die Stadt gehen
ihr		keine	fernsehen Freunde besuchen
Mama und ich	dürfen	kein	fotografieren Fahrrad fahren
Tante Jana		keine	viel Schokolade essen
			rauchen ins Museum gehen

Tante Jana will nicht in die Stadt gehen.

5 Was machen Sie gern im Haushalt? Bitte schreiben Sie.

unsere Kinder mein Ehemann	können	immer	einkaufen gehen
meine Schwester	dürfen	nie	putzen waschen
unsere Töchter unser Vater	müssen	manchmal	Betten machen
meine Freundin und ich	möchten	oft selten	aufräumen
	wollen		

Unsere Kinder wollen nie aufräumen.

6 *nicht dürfen* oder *nicht müssen*? Bitte markieren Sie.

1. Frau Egner hat Urlaub. Sie (muss) / darf nicht arbeiten.

2. Anton, 5 Jahre, möchte ins Kino gehen. Er muss / darf nicht ohne seine Eltern gehen.

3. Die Kinder sind krank. Sie müssen / (dürfen) nicht auf dem Fußballplatz spielen.

4. Ihr habt kein Geld mehr. Ihr müsst / dürft nichts mehr kaufen.

5. Olaf und Sonya haben viele Informationen gesammelt. Sie müssen / dürfen nicht weiterfragen.

6. Es ist Sonntag. Ich muss / darf nicht früh aufstehen.

7. Das Zimmer ist unordentlich. Die Kinder müssen / dürfen nicht spielen, sie müssen aufräumen.

8. Herr Mayr ist Hausmann. Seine Frau muss / darf nicht putzen.

Projekte präsentieren

| Seite 30 | Aufgabe 1–2 |

1 **Das Lebkuchenrezept. Backen Sie selbst!**

a) **Bitte lesen Sie.**

Zutaten

Teig: 250 g Honig
375 g Zucker
100 ml Milch
125 g Butter
1 Päckchen Lebkuchengewürz
750 g Mehl
1/2 Päckchen Backpulver

Guss: 200 g ganze Mandeln
250 g Puderzucker
1 Eiweiß

Zubereitung

Für den Teig: Honig, Zucker, Milch und Butter unter Rühren heiß machen.
Dann das Lebkuchengewürz unterrühren. Mehl und Backpulver dazugeben
und gut rühren. Den Teig eine Stunde kalt stellen. Auf ein mit Backpapier
belegtes Backblech ausrollen und bei 200 Grad etwa sechs bis sieben
Minuten backen. Den warmen Lebkuchen in Stücke schneiden.

Für den Guss: 250 g Puderzucker und ein Eiweiß verrühren. Den Guss
auf die Lebkuchenstücke streichen und Mandeln darauflegen.
Den kalten Lebkuchen servieren.

Guten Appetit!

b) **Was ist richtig? Bitte schreiben Sie.**

1.   Muss man Lebkuchen kochen oder backen? _____
2.   Schmeckt Lebkuchen süß oder sauer? _____
3.   Isst man Lebkuchen warm oder kalt? _____

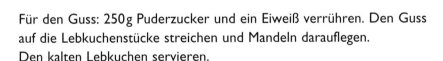

Lektion 9

Eine Stadt im Dreiländereck: Basel

Seite 32/33	Aufgabe 1–3

1 In der Schweiz, in Deutschland oder in Frankreich? Kombinieren Sie bitte.

① Basel liegt
② Basel-Land ist
③ Lörrach ist
④ Das Elsass ist
⑤ Die Stadt Mulhouse liegt
⑥ Der Schwarzwald ist

Ⓐ eine Kleinstadt in Deutschland.
Ⓑ in Frankreich.
Ⓒ ein Gebirge in Deutschland.
Ⓓ ein Kanton in der Schweiz.
Ⓔ eine Region in Frankreich.
Ⓕ in der Schweiz.

1	F
2	
3	
4	
5	
6	

2 Ordnen Sie bitte.

das Gebirge	die Region	der Kanton	die Stadt	~~das Land~~	die Sprache

1. die Schweiz, Frankreich: _das Land_____
2. Schweizerdeutsch, Französisch: _____
3. der Schwarzwald, die Alpen: _____
4. das Ruhrgebiet, das Elsass: _____
5. Basel-Stadt, Basel-Land: _____
6. Mulhouse, Lörrach: _____

3 Bitte ordnen Sie die Silben und suchen Sie 6 Wörter.

~~Gren-~~	-en	-te	-an-	Me-	Ver-	Ex-	-tung	-bir-	-ment	-port	~~-ze~~
Ver-		-di-		Ge-		-stal-		-kehr	-ge		-ka-

1. _Grenze_____ 3. _____ 5. _____
2. _____ 4. _____ 6. _____

4 Da stimmt etwas nicht! Schreiben Sie die Wörter richtig.

1. Für eine Wohnung muss ich *teMie* _Miete_ bezahlen.
2. Ein *lerPend* _____ fährt jeden Tag sehr weit zur Arbeit.
3. Die Schweiz ist *spramehrchig* _____. Man spricht dort vier Sprachen.
4. Wo es viel Industrie gibt, ist die *ftLu* _____ nicht sauber.
5. Kilchberg ist eine kleine Stadt, Basel ist eine *staßGrodt* _____.
6. In Basel gibt es drei *konPharzermane* _____. Sie bieten viele Arbeitsplätze.

5 Ein Prospekt von Basel. Was passt: a), b) oder c) ? Markieren Sie bitte.

Grüezi und herzlich willkommen in Basel!

Sie möchten Basel kennen lernen? Hier einige wichtige Informationen.

Unsere Stadt liegt am Rheinknie direkt an der **(1)** _Grenze_ zu Deutschland und zu Frankreich, dem Dreiländereck. Die Stadt Basel ist einer von 26 Kantonen in der Schweiz.

Bei uns **(2)** _____ man übrigens viele Sprachen: Schweizerdeutsch, Französisch, Italienisch und **(3)** _____.

Menschen **(4)** _____ der ganzen Welt arbeiten bei uns in Basel, denn hier **(5)** _____ es viele internationale Firmen. Die grossen **(6)** _____, z. B. produzieren Medikamente für den weltweiten Export.

Basel **(7)** _____ eine alte Stadt mit vielen historischen Gebäuden. Dort finden auch viele kulturelle **(8)** _____ statt.

Wir freuen uns auf Ihren Besuch!

1. a) Ecke   b) Grenze   c) Kreuzung
2. a) erzählt   b) spricht   c) sagt
3. a) Rätoromanisch   b) Russisch   c) Spanisch
4. a) in   b) auf   c) aus
5. a) gab   b) gibt   c) hat gegeben
6. a) Geschäfte   b) Läden   c) Pharmakonzerne
7. a) hat   b) ist   c) liegt
8. a) Veranstaltungen b) Informationen   c) Gebäude

Stadt und Land

| Seite 34 | Aufgabe 1 |

1 Auf dem Land oder in der Stadt? Was passt? Bitte verbinden Sie.

① Die Luft auf dem Land ist
② Das Landleben ist gesünder
③ Kilchberg liegt etwa 30
④ Es gibt viele Argumente
⑤ Das Leben in Basel ist viel
⑥ Die Mieten in der Stadt

A für das Wohnen auf dem Land.
B sind viel höher als auf dem Land.
C als das Stadtleben.
D interessanter als das Leben in Kilchberg.
E sauberer als in der Stadt.
F Kilometer südlich von Basel.

1	E
2	
3	
4	
5	
6	

2 Argumente für das Landleben und Argumente für das Stadtleben. Ordnen Sie zu.

> ~~Luft: sauberer~~ ~~viele Kinos und Theater~~
> Mieten: niedriger   viel Natur   Leben: interessanter   Leben: billiger
> Kulturangebot: besser   mehr Arbeitsplätze

Argumente für das Landleben

Die Luft ist sauberer.
_____
_____

Argumente für das Stadtleben

Es gibt viele Kinos und Theater.
_____
_____

| Seite 35 | Aufgabe 2–4 |

1 Adjektiv oder Komparativ? Bitte ordnen Sie zu.

> ~~mehr~~   gut   ~~hoch~~   interessanter   ruhig   teurer
> gern   groß   besser   lieber   schnell   höher   viel
> billig   dunkler   gesünder

Adjektiv	Komparativ
hoch,	mehr,

2 Bitte finden Sie die Form und ergänzen Sie.

1. schön: Für die Kinder ist das Landleben _schöner_ als das Stadtleben.
2. sauber: Die Luft in Kilchberg ist _sauberer_ als in Basel.
3. interessant: Das Leben in der Stadt ist _interessanter_ als das Landleben.
4. niedrig: Die Mieten in Kilchberg sind _niedriger_ als in Basel.
   humble
5. ruhig: In Kilchberg ist das Leben _ruhiger_ als in Basel.
6. bequem: Das Leben in der Stadt ist _bequemer_ als das Leben auf dem Land.
   convenient /
   comfatable

3 Bitte schreiben Sie Sätze.

schnell / langsam fahren

schlecht / gut fotografieren

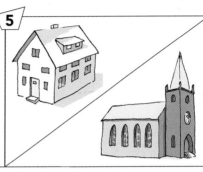

klein / groß sein

interessant / uninteressant sein

billig / teuer sein

zufrieden / unzufrieden

1. _Der Zug fährt schneller als der Bus. Der Bus fährt langsamer als der Zug._
2. _Das Buch ist interessanter als der Film. Der Film is uninteressanter als das Buch_
3. _Der Mann fotografiert schlechter als die Frau. Die Frau fotografiert besser als der Mann_
4. _Das Fahrad ist billiger als das Auto. Das Auto ist teurer als das fahrrad_
5. _Das Haus ist kleiner als die Kirche. Die Kirche ist großer als das Haus_
6. _Die Kinder zufriedener als der Großvater. Der Großvater unzufriedener als die Kinder_

4 Markieren Sie die Komparative.

1. sauber
2. (näher)
3. warm
4. alt
5. gern
6. viel
7. (besser)

8. (weniger)
9. gut
10. hoch
11. nah
12. mehr
13. teuer
14. (dunkler)

15. (voller)
16. (teurer)
17. lang
18. (lieber)
19. (dunkler)
20. leer
21. (sauberer)

22. (wärmer)
23. (älter)
24. (höher)
25. voll
26. (länger)
27. (leerer)
28. wenig

5 **Hier gibt es einen Umlaut. Bitte schreiben Sie Sätze mit dem Komparativ.**

1. Das Landleben – gesund – Leben in der Stadt
   Das Landleben ist gesünder als das Leben in der Stadt.

2. Das Theater – nah – das Museum
   Das Theater ist näher als das Museum

3. Frankreich – groß – die Schweiz
   Frankreich ist größer als die Schweiz

4. Basel – alt – Kilchberg
   Basel ist älter als Kilchberg

5. Italien – warm – Deutschland
   Italien ist wärmer als Deutschland

6. Der Rhein – lang – die Elbe
   Der Rhein ist länger als die Elbe

6 **Beat und Rezzo wollen einen Tisch kaufen. Ergänzen Sie den Komparativ.**

Beat Leuenberger	Wie findest du den Tisch da?
Rezzo	Nicht so schön. (gern) Ich möchte _lieber_ den Tisch dort.
Beat Leuenberger	(hoch, dunkel) Schau mal, Beat, der ist viel _höher_ und _dunkler_.
Rezzo	(viel) Der kostet aber auch _mehr_!
	(teuer) Na ja, er ist _teuer_. (gut) Aber dafür ist die Qualität _besser_.

7 **Wer macht was lieber? Bitte schreiben Sie.**

	wandern	ins Kino gehen	joggen	Fahrrad fahren	Musik machen	Krimis lesen
Ich, mein Mann			+			++
Wir, unsere Kinder			+		++	
Inge, Johannes	+				++	
Familie Schulz, Familie Troll				+		++
Emil, Beat		+		++		
Urs, seine Frau	+	++				

+ = gern, ++ = lieber

1. _Ich jogge gern, aber mein Mann liest lieber Krimis._
2. _Wir joggen gern, aber unsere Kinder machen lieber Musik_
3. _Inge wandert gern, aber Johannes macht lieber Musik_
4. _Familie Schulz fährt gern Fahrrad, aber Familie Troll lesen lieber Kri_
5. _Emil geht gern ins Kino, aber Beat fährt lieber Fahrrad_
6. _Urs wandert gern aber seine Frau geht lieber ins Kino_

8 *sagen, sprechen, erzählen.* **Was passt? Bitte markieren Sie.**

1. ☒ Sagen ☐ Sprechen ☐ Erzählen Sie mal, spielen Sie auch Tennis?
2. In Basel gibt es viele Museen, ☐ sagt ☐ spricht ☐ erzählt meine Mutter.
3. ☐ Sagen ☐ Sprechen ☐ Erzählen Sie gut Französisch?
4. Der Vater hat in den Ferien jeden Abend eine Geschichte ☐ gesagt ☐ gesprochen ☐ erzählt.
5. Bitte ☐ sagen ☐ sprechen ☐ erzählen Sie ein bisschen lauter.
6. Was haben Sie gestern gemacht? ☐ Sagen ☐ Sprechen ☐ Erzählen Sie mal!

9 **Urlaub machen, aber wo?**

a) Ergänzen Sie Wortkarten mit dem Gegenteil.

~~gern~~	wenig	schlecht	gesund	laut
billig		unfreundlich	sauber	

_____	teuer	_____	gut
ungesund	_____	ruhig	_____

gern	_____	viel	freundlich
nicht gern	schmutzig	_____	_____

b) Das Ehepaar Bertschi diskutiert. Ergänzen Sie die Komparative.

Herr Bertschi sagt:

> Ich möchte Urlaub in einer Großstadt machen, ich finde das Kulturangebot dort interessant.

Frau Bertschi möchte Urlaub auf dem Land machen. Was sagt sie?

1. Urlaub in der Stadt ist teuer, Urlaub auf dem Land ist viel *billiger*_____.
2. In einer Großstadt ist es laut, auf dem Land ist es viel _____.
3. In der Stadt sind die Leute unfreundlich, in den Dörfern sind die Leute viel _____.
4. Das Kulturangebot ist nicht schlecht, aber auf dem Land sind die Sportmöglichkeiten

   _____.
5. Ich besichtige nicht gern Kirchen, ich fahre _____ Fahrrad.
6. Auch in der Stadt kann man spazieren gehen, aber auf dem Land gibt es _____ Möglichkeiten für Spaziergänge.
7. Die Luft in der Stadt ist schmutzig, auf dem Land ist sie viel _____.
8. Zwei Wochen in einer Großstadt sind sehr ungesund, Urlaub in einem Dorf ist

   viel _____.

Pendeln – aber wie?

Seite 36/37 | Aufgabe 1–5

1 **Vier Pendler erzählen**

a) **Bitte lesen Sie und markieren Sie die Superlative.**

| Urs Tschäni |
Also, ich nehme die Bahn. Das ist <u>am schnellsten</u>. Oder ich nehme den Bus. Der ist <u>am bequemsten</u>, der fährt direkt zu meiner Firma.

| Reto Stämpfli |
Ich muss mit dem Auto fahren. Das ist für mich <u>am besten</u>, meine Arbeitszeiten sind so unregelmäßig. Außerdem höre ich gern laut Musik auf der Fahrt nach Hause.

| Emil Maurer |
Ich nehme die Bahn. Da gibt es keinen Stau. Aber in Basel muss ich umsteigen in das Tram. Das Tram ist morgens und nachmittags <u>am vollsten</u>, da kann man nie sitzen.

| Beat Leuenberger |
Ich fahre bei Wind und Regen mit dem Velo. Das ist <u>am gesündesten</u> und <u>am billigsten</u>. Aber mein Chef fährt manchmal mit dem Taxi. Das ist natürlich <u>am teuersten</u>!

b) **Bitte ergänzen Sie.**

1. Die Bahn ist *am schnellsten* .
2. Der Bus ist *am bequemsten* .
3. Das Auto ist *am besten* .
4. Das Tram ist morgens und nachmittags *am vollsten* .
5. Das Fahrrad ist *am gesündesten* und *am billigsten* .
6. Das Taxi ist *am teuersten* .

2 **Was ist am besten? Bitte antworten Sie mit dem Superlativ.**

| gesund | hoch | umweltfreundlich | schnell | ruhig | teuer |

1. das Auto – das Fahrrad – der Zug? *Das Fahrrad ist am umweltfreundlichsten.*
2. Obst – Wurst – Marmelade? *Obst is am gesündesten*
3. die Straßenbahn – das Flugzeug – das Schiff? *Das Flugzeug ist am schnellesten*
4. in der Großstadt – auf dem Dorf – in der Kleinstadt? *Auf dem Dorf ist am ruhigsten*
5. der Münsterturm – ein Hochhaus – der Berg Monte Rosa? *Der Berg Monte Rosa ist am Höhe*
6. ein Fußball – ein Computer – ein Ei? *Ein computer ist am teuresten*

3 **Superlative mit -est. Bitte ergänzen Sie.**

1. gesund: Emil isst gern Obst, das ist auch am *gesündesten* .
2. interessant: Ich gehe oft ins Konzert, die kulturellen Veranstaltungen sind in Basel am *intressanten*
3. schlecht: Von den vier Sprachen in der Schweiz spreche ich Französisch am *schlectesten*
4. laut: Der Verkehr ist in Basel am *lautesten* .
5. berühmt: Die Schokolade aus der Schweiz ist am *berühmtesten*
6. heiß: Wo ist der Kaffee am *heißesten* ?

4 **Was fehlt? Ergänzen Sie bitte die Tabelle.**

	Adjektiv	Komparativ	Superlativ
1.	groß	größer	*am größten*
2.	alt		am ältesten
3.	interessant	interessanter	
4.	teuer		am teuersten
5.		mehr	am meisten
6.	hoch		am höchsten
7.		besser	am besten
8.	dunkel		am dunkelsten

5 **Adjektiv – Komparativ – Superlativ. Vergleichen Sie bitte.**

warm   dunkel   alt   voll

a) **Welches Adjektiv passt?**

1. das Land: _warm_
2. das Glas: _____

3. die Brille: _____
4. der Mann: _____

b) **Welches Land ist am wärmsten?**

Welches Land ist am wärmsten?
England ist wärmer als Russland,
aber Indien ist am wärmsten.

Welche Brille ist _____
_____
_____

_____
_____
_____

_____
_____
_____

6 **Kennen Sie die Schweiz? Bitte ergänzen Sie und ordnen Sie zu.**

Schweizerdeutsch	die Universität Basel	Graubünden (7105 km²)
Monte Rosa (4634 m)	Schokolade	~~Zürich~~

1. (bekannt) Welche Stadt in der Schweiz ist _am_ _bekanntesten_? – _Zürich._
2. (hoch) Welcher Berg ist _____ _____? – _____
3. (alt) Welche Universität in der Schweiz ist _____ _____? – _____
4. (berühmt) Welches Produkt aus der Schweiz ist _____ _____? – _____
5. (groß) Welcher Kanton ist _____ _____? – _____
6. (viel) Welche Sprache spricht man in der Schweiz _____ _____? – _____

7 **Vier Personen. Bitte vergleichen Sie.**

	Ilona	Marcel	Regula	Hugo
1. sportlich sein		+	++	+++
2. groß sein	+++	++	+	
3. zufrieden sein	+	++	+++	
4. gesund leben	+		+++	++

1. _Marcel ist sportlich, Regula ist sportlicher, Hugo ist am sportlichsten._
2. _____
3. _____
4. _____

8 **Adjektiv, Komparativ oder Superlativ. Was passt? Bitte markieren Sie.**

1. Ich wohne ☒ lieber ☐ am liebsten hier in der Stadt als auf dem Land.
2. Natürlich gibt es in der Stadt ☐ viel ☐ mehr Verkehr als auf dem Land, aber man braucht kein Auto, denn das Tram und der Bus fahren überall hin.
3. Ich fahre jeden Morgen nur 15 Minuten mit dem Velo zur Arbeit. Aber meine Kollegin aus Kilchberg muss sehr ☐ früh ☐ am frühsten aufstehen.
4. Sie fährt ☐ länger ☐ am längsten als eine Stunde bis zur Firma.
5. In Basel ist immer etwas los. Dort gibt es ☐ viel ☐ mehr kulturelle Angebote als auf dem Land.
6. Moderne Kunst z. B. finde ich ziemlich ☐ interessant ☐ am interessantesten.

9 **Ergänzen Sie als oder wie.**

1. Der Bus ist nicht so bequem _wie_ die Bahn.
2. Mit dem Bus ist Urs genauso schnell _____ mit dem Zug.
3. Die Wohnungen in Kilchberg sind billiger _____ in Basel.
4. Fahrrad fahren ist in der Stadt gefährlicher _____ im Dorf.
5. Oft sind die Menschen auf dem Land freundlicher _____ die Leute in der Stadt.
6. Das Fahrrad von Urs war genauso teuer _____ das Fahrrad von Beat.

Alle

Arbeiten in Basel

1 **Arbeiten in Basel. Bitte schreiben Sie Sätze.**

1. fahren / Täglich / zur Arbeit / Grenzgänger / ca. / in / 28 000 / die / Schweiz / .
   Täglich fahren ca. 28 000 Grenzgänger zur Arbeit in die Schweiz.

2. und / ist / Herr / Pendler / Eberle / Grenzgänger / .
   Herr Eberle ist Grenzgänger und Pendler

3. Schweiz / wohnt / in / Er / in / arbeitet / und / der / Deutschland / .
   Er wohnt in Deutschland und arbeitet in der Schweiz

4. Basel / Auto / mit / er / Morgen / Jeden / fährt / dem / nach / .
   Jeden Morgen fährt er mit dem Auto nach Basel

5. Chemielaborant / ist / Er / Pharmakonzern / arbeitet / einem / und / bei / .
   Er ist Chemielaborant und arbeitet bei einem Pharmakonzern

6. Firma / seiner / In / arbeiten / aus / viele / Deutschland / Leute / .
   In seiner Firma arbeiten viele Leute aus Deutschland.

2 **Was passt zusammen? Bitte kombinieren Sie.**

1. Beat hat Urlaub. Er fährt heute
2. Urs ist krank. Er kommt gerade
3. Viele Leute pendeln
4. Die Grenzgänger sind oft
5. Herr Eberle arbeitet
6. Frau Bürgi kommt

A aus der Kantine.
B bei einem Pharmakonzern.
C aus Deutschland.
D zur Arbeit nach Basel.
E zu seinen Freunden nach Italien.
F vom Arzt.

1	E
2	F
3	D
4	C
5	B
6	A

3 *wo, wohin, woher?* **Bitte markieren Sie das richtige Fragewort.**

	Woher?	Wo?	Wohin?
1. in der Schweiz Urlaub machen	☐	☒	☐
2. zur Arbeit fahren	☐	☐	☒
3. aus dem Umland kommen	☒	☐	☐
4. bei der Bank arbeiten	☐	☒	☐
5. von der Arbeit kommen	☒	☐	☐
6. zu den Kollegen gehen	☐	☐	☒

Alle

4 *Woher, wo* und *wohin? Bitte lesen Sie und ergänzen Sie die Tabelle.*

	Woher? ? ⟶	Wo? (?)	Wohin? ⟶ ?
	aus	**in**	**nach**
Stadt	*aus* Kilchberg	*in* Basel	*nach* Zürich
Land	*aus* Deutschland	*in* Frankreich	*nach* Italien
	aus + Dativ	**in + Dativ**	**in + Akkusativ**
Achtung: **Länder mit Artikel**	*aus der* Schweiz	*in der* Schweiz	*in die* Schweiz
der Supermarkt	*aus dem* Supermarkt	*im* Supermarkt	*in den* Supermarkt
die Schule	*aus der* Schule	*in der* Schule	*in die* Schule
das Kino	*aus dem* Kino	*im* Kino	*ins* Kino
	von + Dativ	**bei + Dativ**	**zu + Dativ**
der Zoll	*vom* Zoll	*beim* Zoll	*zum* Zoll
die Arbeit	*von der* Arbeit	*bei der* Arbeit	*zur* Arbeit
das Theater	*vom* Theater	*beim* Theater	*zum* Theater
Martin Miller	*von* Martin Miller	*bei* Martin Miller	*zu* Martin Miller
Frau Bürgi	*von* Frau Bürgi	*bei* Frau Bürgi	*zu* Frau Bürgi
der Arzt	*vom* Arzt	*beim* Arzt	*zum* Arzt
die Kursleiterin	*von der* Kursleiterin	*bei der* Kursleiterin	*zur* Kursleiterin

5 **Bitte ergänzen Sie die Präpositionen.**

a) **Woher? Ergänzen Sie *aus, von / vom.***

1. Ich komme *aus* Basel.
2. Sie kommt *aus* dem Kaufhaus.
3. Die Computer hier kommen *aus* Korea.
4. Er kommt *von* der Ärztin.
5. Wir kommen ~~~~ *vom* Zoll.

b) **Wo? Ergänzen Sie *in / im, bei / beim.***

1. Er ist gerade *beim* Arzt.
2. Lea ist *bei* der Schneiderin.
3. Die Lehrerin arbeitet *in* der Schule.
4. Die Kinder sind *bei* ihren Freunden.
5. Kaufen Sie die Tomaten *im* Supermarkt?
6. Wir arbeiten *bei* Novaplus, einer Chemie-Firma.

c) **Wohin? Ergänzen Sie *nach, in, zu / zum / zur.***

1. Von Montag bis Freitag fährt Herr Eberle jeden Morgen *zur* Arbeit.
2. Er fährt *zu* seiner Firma.
3. Heute muss er zuerst *zum* Chef gehen.
4. Danach geht er *in* sein Büro.
5. Am Abend fährt er zurück *nach* Weil am Rhein.

6 Ein Abend bei Familie Eberle. Ergänzen Sie bitte *aus, bei, mit, von, vom, zum, zur.*

1. Herr Eberle kommt erst um 20 Uhr _von_ der Arbeit. Er hatte eine Diskussion _mit_ seinem Kollegen. Er ist müde. Morgens geht er immer vor 7 Uhr _aus_ dem Haus und fährt _mit_ dem Auto _zur_ Arbeit.

2. Frau Eberle ist nervös. Sie kommt gerade _aus_ Freiburg _vom_ Arzt. Drei Stunden hat sie _bei_ ihm gewartet. Dann hat sie _vom_ Zentrum bis _zur_ Stadtgrenze im Stau gestanden.

3. Tochter Sabine ist ärgerlich. Sie möchte heute Abend _zum_ Französischkurs nach Basel fahren. Danach möchte sie _mit_ ihrer Freundin einen Film sehen. Und sie möchte _mit_ dem Auto von Papa fahren. Aber ihr Vater ist viel zu spät _von_ der Arbeit gekommen.

7 Ergänzen Sie die Artikel oder die Endungen.

1. Sie liest bei _m_ Frühstück immer die Zeitung.
2. Heute muss ich bei _der_ Schneiderin ein Kleid anprobieren.
3. Am Montag gehe ich zu _m_ Arzt.
4. Um 17 Uhr kommen die Leute aus _der_ Fabrik.
5. Ich brauche von _der_ Firma bis nach Hause etwa eine halbe Stunde.
6. Wir gehen jetzt zu _m_ Fußballplatz.
7. Herr Eberle fährt meistens mit _dem_ Auto.
8. Ich komme aus _der_ Kleinstadt Weil am Rhein.

8 Fragen an Rainer Eberle. Schreiben Sie bitte.

1. ▶ Woher kommen Sie? ◁ _Ich komme aus Weil am Rhein._ (Weil am Rhein)
2. ▶ In welcher Stadt haben Sie früher gearbeitet? ◁ _Ich habe früher in Basel gearbeitet_ (Basel)
3. ▶ Wo arbeiten Sie? ◁ _Ich arbeite bei einem Pharmakonzern_ (ein Pharmakonzern)
4. ▶ Woher kommen Ihre Kollegen? ◁ _Meine Kollegen kommen aus der Schweiz_ (die Schweiz)
5. ▶ Wohin fahren Sie heute? ◁ _Ich fahre heute zum Arzt_ (der Arzt)
6. ▶ Woher kennen Sie Frau Bürgi? ◁ _Ich kenne Frau Bürgi von der Arbeit_ (die Arbeit)
7. ▶ Wohin gehen Sie heute Abend? ◁ _Heute Abend gehe ich zur Freunde_ (Freunde / Pl.)
8. ▶ Wo sind Sie da? ◁ Schluss jetzt! Ich sage kein Wort mehr!

9 Ergänzen Sie bitte *erst* oder *schon.*

1. ▶ Kommst du heute nach Hause? ◁ Nein, ich komme _erst_ morgen.
2. ▶ Du musst noch die Fenster putzen. ◁ Nein, das habe ich _schon_ gemacht.
3. ▶ Ist der Zug _schon_ weg? ◁ Ja, der ist gerade abgefahren.
4. ▶ Ist Paul schon da? ◁ Nein, er kommt _erst_ in einer halben Stunde.
5. ▶ Hast du einen Augenblick Zeit? ◁ Nein, ich habe keine Zeit mehr. Es ist _schon_ 21 Uhr.
6. ▶ Hast du heute Zeit? ◁ Ja, jetzt habe ich Zeit. Es ist ja _erst_ 19 Uhr.

— a moment.

Basel international

1 Frau Bürgi und ihre Kollegen

a) Lesen Sie den Text.

Seit drei Monaten arbeitet Maria Bürgi in einer Basler Firma. Dort arbeiten Leute aus vielen Ländern. Frau Bürgi hat viel Kontakt zu den Kollegen aus ihrer Abteilung. Sie arbeitet gern mit ihnen zusammen. Mit einer Kollegin ist sie besonders gut befreundet. Sie kommt aus Indien und spricht nur Englisch mit ihr. Sie arbeitet schon lange in der Firma und Frau Bürgi kann von ihr viel lernen. Ein anderer Kollege kommt aus dem Libanon. Er arbeitet mit Frau Bürgi in einem Büro und spricht besser Französisch als Deutsch. Frau Bürgis Chef ist Schweizer. Mit ihm hat sie keine Probleme, denn er ist sehr freundlich. Er kommt übrigens aus dem Tessin. Seine Muttersprache ist Italienisch.

b) Richtig r oder falsch f? Bitte markieren Sie.

1. Frau Bürgi arbeitet bei einer Bank in Basel. _____ r f
2. Sie kennt die Kollegen aus ihrer Abteilung. _____ r f
3. Ihre Freundin kommt aus Indien. _____ r f
4. Frau Bürgi spricht nie Englisch mit ihr. _____ r f
5. Der Kollege aus dem Libanon spricht schlecht Französisch. _____ r f
6. Frau Bürgis Chef spricht Italienisch. _____ r f

2 Frau Bürgi zeigt Fotos von ihren Kollegen. Ergänzen Sie *ihm, ihr* oder *ihnen.*

1. Das sind meine Kollegen. Mit *ihnen* arbeite ich zusammen.
2. Das ist Herr Nöll aus Deutschland. Zu *ihm* habe ich wenig Kontakt.
3. Das ist meine Kollegin Pia. Mit *ihr* bin ich gut befreundet.
4. Das sind die Kolleginnen aus Frankreich. Von *ihnen* habe ich viel gelernt.
5. Das ist mein Chef. Mit *ihm* habe ich keine Probleme.
6. Und das ist Herr Sprüngli. Mit *ihm* spiele ich manchmal Tennis.

3 Finden Sie das passende Pronomen.

1. Sprichst du gern mit den Kollegen?   Ja, ich spreche gern mit _ihnen_ .
2. Spielst du oft mit Timo?   Ja, ich spiele oft mit _ihm_ ✓
3. Kommen Sie morgen Abend zu mir?   Ja, ich komme sehr gern zu _(dir) Ihnen_ ✓
4. Seid ihr zufrieden mit uns?   Ja, wir sind sehr zufrieden mit _euch_ ✓
5. Lernst du gern zusammen mit Nina?   Ja, ich lerne gern mit _ihr_ ✓
6. Bist du gut befreundet mit Andrea und Nina?   Ja, ich bin gut befreundet mit ~~euch~~ _ihnen_ ✓

4 Fairouz macht ihre Hausaufgaben für den Deutschkurs. Schreiben Sie das richtige Pronomen auf.

1. Ich komme aus dem Libanon, aus Beirut. Jetzt arbeite ich bei einer Chemie-Firma. Meine Kollegen sind nett. Ich arbeite gern mit _ihnen_ zusammen.
2. Mein Chef war schon einmal im Libanon. Manchmal spreche ich mit _meinem_ ✓ über mein Land.
3. Am liebsten mag ich meine Kollegin Ursula. Ich trinke oft Kaffee bei _ihr_ ✓ im Büro. Ich brauche sie oft für meine Deutsch-Hausaufgaben.
4. Gestern hat sie zu _mir_ ✓ gesagt: „Du sprichst schon gut Deutsch. Vielleicht willst du mal mit _mir_ ✓ ins Kino gehen?" Aber ich glaube, das verstehe ich noch nicht.

5 In Basel arbeiten Menschen aus der ganzen Welt. Bitte ergänzen Sie.

Mann	Frau	Adjektiv	Land
1. der Japaner	die _Japanerin_	japanisch	_Japan_
2. der Chilene	die _Chilenin_	_Chilenisch_	_Chile_
3. der _Däne_	die _Dänin_		Rumänien
4. der	die	dänisch	_Dänemark_
5. der Ungar	die _Ungarin_	_Ungarisch_	_Ungarn_
6. der _Pole_	die _Polein_	polnisch	_Poland_
7. der _Brite_	die _Britein_	britisch	_Gross Britian_
8. der	die Amerikanerin		_USA_
9. der	die	schweizerisch	_die Schweiz_
10. der Deutsche	die		_Deutchland_

6 Frau Bürgis Kollegen sprechen viele Sprachen. Bitte ergänzen Sie.

1. Die Inderin spricht _Englisch_ . Sie kommt aus Kalkutta. Das liegt in _Indien_ .
2. Die Russin spricht _____ . Sie kommt aus Moskau. Das liegt in _____ .
3. Die _____ spricht _____ . Ihre Familie wohnt in Prag. Das ist in Tschechien.
4. Der Italiener spricht _____ . Sein Bruder arbeitet in Mailand. Das liegt in _____ .
5. Die Französin spricht _____ . Ihre Eltern leben in Marseille. Das ist in _____ .
6. Der _____ spricht Polnisch. Seine Frau wohnt in Krakau. Das liegt in _____ .
7. Die Koreanerin spricht _____ . Ihre Familie lebt in Seoul. Das liegt in _____ .
8. Der Schwede spricht _____ . Seine Eltern kommen aus Stockholm. Das liegt in _____ .

7 **Welche Sprachen sind das?**

Schweizerdeutsch   Englisch   Indonesisch   Arabisch   Russisch   Türkisch

1 Hello.

3 Здравствуйте.

4 Selamat siang.

5 أهلا و سهلا

2 Merhaba.

6 Grüezi.

1. *Das ist Englisch.* .
2. Das ist _____ .
3. Das ist _____ .

4. Das ist _____ .
5. Das ist _____ .
6. Das ist _____ .

8 **Ländernamen mit Artikel**

a) **Tragen Sie die Länder in die Tabelle ein.**

1. Fairouz kommt aus dem Libanon.
2. Adrie und Tinike kommen aus den Niederlanden.
3. Matthias kommt aus der Schweiz.

4. Halil kommt aus der Türkei.
5. Firouzeh kommt aus dem Iran.
6. Mary und John kommen aus den USA.

1. *der Libanon* .
2. _____ .
3. _____ .

4. _____ .
5. _____ .
6. _____ .

b) **Ergänzen Sie die Präposition und den Artikel.**

1. Matthias fährt nach Hause, er fährt *in die* Schweiz.
2. Halil fährt lieber _____ _____ Türkei.
3. Firouzeh wohnt nicht mehr _____ Iran.
4. Adrie und Tinike reisen morgen _____ _____ Niederlande.
5. Fairuz wohnt in Beirut, das liegt _____ Libanon.
6. Mary und John fliegen _____ _____ USA zurück.

9 **Kleines Wörterbuch für Schweizerdeutsch. Wo sagt man wie?**

das Velo   Auf Wiedersehen   Guten Tag   der Chauffeur
die Straßenbahn   der Euro

In der Schweiz	In Deutschland
1. Grüezi	*Guten Tag*
2. Uf Wiederluege	
3.	das Fahrrad
4. Schweizer Franken	
5.	der Fahrer
6. das Tram	

Aus der Basler Zeitung

| Seite 42 | Aufgabe 1 |

1 Familie Bayer sucht in der Zeitung

a) Bitte lesen Sie.

1
Tanzen lernt man beim Profi

Salsa Merengue **TMK** Discofox

Tango

**TANZ- MICHAEL
SCHULE KELLER**

Walzer

Schützenstrasse N° 8/1, 4007 Basel
Telefon 061/5734081 · Telefax 061/3734080

Party Action   Swing   Cha Cha

2
OCCASIONEN
VOLLGARANTIE 12 Mt. – FINANZIERUNG

Corsa 1.4, Aventage, 3 Türen	99	21500 km	Fr. 15900,–
Astra 2.0, CDX, weiss	99	19000 km	Fr. 22800,–
Astra Cabrio 1.8, mét.	95	50000 km	Fr. 14800,–
Vectra 2.0, CDX, 5 Türen	96	38100 km	Fr. 19800,–
Vectra 2.0, 5 Türen	93	126000 km	Fr. 7600,–
Calibra 2.5, Diamond, mét.	97	46000 km	Fr. 22800,–
Omega 2.0, Business, Aut.	99	14800 km	Fr. 29900,–
Frontera 2.0, Diamond, 5 Türen	96	73000 km	Fr. 23900,–
Ford Escort 1.8, Ghia	96	45000 km	Fr. 13900,–
Rover 620, 4 Türen	96	35100 km	Fr. 14800,–
Volvo S40, 2.0, 4 Türen	98	18000 km	Fr. 25500,–
Fiat Punto Selecta	96	26800 km	Fr. 9900,–
Chrysler 3.3, Voyager	95	61400 km	Fr. 18500,–
Toyota Carina, 5 Türen	93	100800 km	Fr. 9800,–
Citroën Xantia 2.0, 5 Türen	97	71000 km	Fr. 13900,–

Böhi
Lausenerstrasse, Liestal, 061/9279400

3
Paolo Giotto
Scuola Italiana
Modernes Schweizer Institut
für die Pflege und Verbreitung unserer
dritten Landessprache
ITALIENISCH
Sommersemester 2. April
• Privatstunden
• Gruppenstunden
(max. 6 Personen)
Telefonische Voranmeldung erwünscht
Margarethenstr. 6, 4053 Basel
Telefon 061/3839021

6
ALLSCHWIL
Burgenweg 28–38

4¹/₂-Zimmer-Wohnungen
im 1. und 2. OG,
grosszügige Wohn-
anlagen im Grünen
in kinderfreundlicher
Umgebung
– MZ ab Fr. 2202,80 inkl. NK
– per sofort oder n. V.
– alle mit 105 m² Wohnfläche
– Wohnzimmer, Elternzimmer,
  Halle und Gang mit Parkett
– Zimmer mit Linoleum
– separates WC
– Réduit

bellacasa
Immobilien-Dienstleistungen
Gertrud Dippler
Telefon 061/2709079
gertrud.dippler@bellacasa.ch
www.bellacasa.ch

4
**Restaurant Dreiländereck.
Einmalig in der Schweiz.
Herausragend in der Region.**

Eine Trauminsel am schönsten Eck von Basel!
Restaurant für Geniesser, Panoramasicht auf drei
Länder. Grosse Sonnenterrasse direkt am Rhein.
Gratisparkplätze.

Schön, Sie bei uns begrüssen zu dürfen.

RESTAURANT · DREILÄNDERECK
am Dreiländereck   Basel   Tel. 081/6388840

5
Nachhilfe
Vermittlung von
Privatunterricht für
Schüler + Erwachsene
Region BS / BL
Fr: 30–40,–/Lektion
Rund 130 Lehrer für
Mathe, Sprachen,
EDV, Physik, Musik
Schulbörse GmbH
684 91 00
www.schulboerse.ch
info@schulboerse.ch

b) Welcher Text passt? Notieren Sie die Nummern.

1. Herr Bayer und seine Familie suchen eine Wohnung.   Text Nr. *6*
2. Er braucht auch ein neues Auto.   Text Nr. _____
3. Herr Bayer und seine Frau möchten einen Tango-Kurs machen.   Text Nr. _____
4. Am Wochenende will die Familie in ein Restaurant gehen. Alle möchten
   einmal typisch Schweizer Essen probieren.   Text Nr. _____
5. Für seinen Sohn sucht Herr Bayer einen Musiklehrer.   Text Nr. _____
6. Frau Baake-Bayer möchte in einer Sprachschule Italienisch lernen.   Text Nr. _____

Lektion 10

Glückaufstraße 14, Bochum

Seite 44/45	Aufgabe 1–2

1 Ein Haus. Was ist was?

die Treppe	der Balkon	der Laden	das Treppenhaus
die Garage	das Erdgeschoss	das Dachgeschoss	~~erster Stock~~

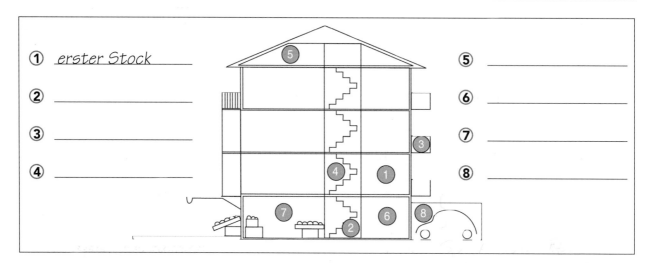

① _erster Stock_

② _____

③ _____

④ _____

⑤ _____

⑥ _____

⑦ _____

⑧ _____

2 Wie heißen die Zimmer?

die Küche   das Bad
das **Wohnzimmer**
das **Schlafzimmer**
das **Kinderzimmer**
~~das Esszimmer~~

1. In diesem Zimmer isst man: _das Esszimmer_____ .
2. In diesem Zimmer gibt es eine Dusche: _____ .
3. In diesem Zimmer spielen die Kinder: _____ .
4. In diesem Zimmer sieht man fern: _____ .
5. In diesem Zimmer schlafen die Eltern: _____ .
6. Hier kocht man: _____ .

3 Die Wohnungen. Lesen Sie im Kursbuch Seite 44, Aufgabe 1.
Richtig **r** oder falsch **f**?

1. Die Wohnung im Erdgeschoss hat einen Hof. _____ **r** **f**
2. Die Wohnung im dritten Stock hat ein Kinderzimmer. _____ **r** **f**
3. Die Wohnung im ersten Stock hat vier Zimmer. _____ **r** **f**
4. Die Wohnung im Erdgeschoss hat einen Balkon. _____ **r** **f**
5. Die Wohnung im zweiten Stock hat eine Garage. _____ **r** **f**
6. Das 1-Zimmer-Appartement ist im Dachgeschoss. _____ **r** **f**

4 Hans-Peter Thalers neue Wohnung

a) Wie heißen die Wörter?

-der-   Erd-   G̶a̶-   -kon   -nung   -pen-   -zim-   Kin-   -r̶a̶-
Woh-   -g̶e̶   Bal-   -haus   -schoss   -ge-   Trep-   -mer

- *Garage* _____
- _____
- _____
- _____
- _____
- _____

b) Bitte ergänzen Sie die Wörter aus a).

Hans-Peter Thaler ist umgezogen. Er hat jetzt eine 2-Zimmer- *Wohnung* _____ mit Küche, Bad,
Wohn-Schlafzimmer und _____. Er hat nämlich einen Sohn. Aber er sieht ihn nur am
Wochenende.
Früher hat Hans-Peter im Dachgeschoss gewohnt, jetzt wohnt er im _____. Die
Wohnung hat leider keinen _____. Für sein Auto hat Hans-Peter Thaler auch eine
_____. Sein Fahrrad steht aber im _____.

5 Die Bewohner. Was wissen Sie? Schreiben Sie bitte.

1. Jochen Krause, 2 Kinder, Zahntechniker, 4-Zimmer-Wohnung,
   1. Stock, Balkon
   Das ist Jochen Krause. Er hat 2 Kinder und ist von
   Beruf Zahntechniker. Er hat eine 4-Zimmer-Wohnung
   und wohnt im 1. Stock. Seine Wohnung hat einen Balkon.

2. Birgül Alak, Ladenbesitzerin, Erdgeschoss, Hof, Garage, kein
   Balkon
   _____
   _____

3. Tao Gui, Student, aus Singapur, 1-Zimmer-Appartement mit
   Küchenzeile, Dachgeschoss
   _____
   _____

6 Was hat die gleiche Bedeutung? Kombinieren Sie bitte.

① Ich bin Ladenbesitzerin.   **A** Was möchten Sie kaufen?   1 | C

② Was darf es denn sein?   **B** Ich arbeite jede Woche mehr als   2 |
                                                   50 Stunden.

③ Pro Woche mache ich circa 15 Überstunden.   **C** Ich habe einen Laden.   3 |

④ Ich bin Hausmann.   **D** Ich wohne bald in einer neuen   4 |
                                                   Wohnung.

⑤ Heute bin ich Frührentner.   **E** Ich bin erst 58 Jahre alt, aber krank.   5 |
                                                   Ich bin deshalb jetzt schon Rentner.

⑥ Bald ziehe ich aus!   **F** Meine Frau arbeitet und ich mache   6 |
                                                   den Haushalt.

ALLE

Die Zeche Helene

Seite 46 | **Aufgabe 1-2**

1 Die Zeche Helene früher und heute. Bitte sortieren Sie.

Zeche Helene 1958

Zeche Helene heute

die Zeche   das Bergwerk   Sport machen   Kohle abbauen
das Sport- und Freizeitzentrum   das Programm für Kinder   der Bergmann
Sauna und Solarium   wenig Tageslicht   Biergarten im Sommer

früher: *die Zeche,*
das Bergwerk
Kohle abbauen
der Bergman
wenig Tageslicht

heute: *Sport machen,*
das Sport- und Freizeitzentrum
das Programm für kinder
Sauna und Solarium
Biergarten im Sommer

2 Lesen Sie im Kursbuch Seite 46, Aufgabe 1. Richtig **r** oder falsch **f**?

1. Früher war die Zeche Helene ein Bergwerk. _____ (**r**) f ✓
2. Heute arbeiten die Bergleute immer noch dort. _____ r (**f**) ✓
3. Frauen dürfen nicht in das Sportzentrum kommen. _____ r (**f**) ✓
4. Die Arbeit im Bergwerk war gefährlich. _____ (**r**) f ✓
5. Es gibt auch ein Solarium im Sportzentrum. _____ (**r**) f ✓
6. Zweimal pro Woche kann man auch Kinder mitbringen. _____ (**r**) f ✓

3 Nomen und Verben. Bitte korrigieren Sie.

1. Sport ~~treffen~~ *machen*
2. Kohle ~~sein~~ *abbauen*
3. das Bistro ~~abbauen~~ *besuchen*
4. seine Freizeit ~~besuchen~~ *verbringen*
5. Freunde ~~machen~~ *treffen*
6. Bergmann ~~verbringen~~ *sein*

ALLE

4 **Das Sport- und Freizeitzentrum AKTIV. Was kann man dort machen?**

Tennis spielen	in das Solarium gehen	schwimmen
Fitness machen	in die Sauna gehen	Fußball spielen

1. _Man kann in die Sauna gehen._
2. _Man kann Fußball spielen_
3. _Man kann in das Solarium gehen_
4. _Man kann schwimmen_
5. _Man kann Fitness machen_
6. _Man kann Tennis spielen_

Seite 47	**Aufgabe 3–4**

1 **Ein Dialog**

a) Bitte ordnen Sie.

A Du arbeitest in einer Bank? Interessant! Und warum bist du jetzt nach Bochum gekommen?

E Also, nach unserem Studium bin ich nach Duisburg umgezogen. Dort habe ich meinen ersten Job in einer Bank gefunden.

B Christiane? Christiane! Was machst du denn hier?

F Ja wirklich. Dich habe ich noch nie hier gesehen.

C Ich habe meinen Mann in Bochum kennen gelernt. Deshalb bin ich umgezogen.

G Ja, sehr oft. Fast jeden Tag. Ich wohne hier im Haus. Und du? Was machst du denn so?

D Angela! Na, so ein Zufall!

H Nein, ich war auch noch nie hier im Gemüseladen. Ich bin ja neu in Bochum. Und du? Bist du oft hier?

① _B_ ② _D_ ③ _F_ ④ _H_ ⑤ _G_ ⑥ _E_ ⑦ _A_ ⑧ _C_

b) Wer sagt das?

	Christiane	Angela
1. Ich wohne noch nicht lange in Bochum.	X	☐
2. Ich gehe fast täglich in den Gemüseladen.	☐	X
3. Ich habe meinen Mann in Bochum kennen gelernt.	X	☐
4. Ich wohne über dem Gemüseladen.	☐	X
5. Nach dem Studium habe ich in einer Bank gearbeitet.	X	☐
6. Ich habe dich noch nie hier im Gemüseladen gesehen.	☐	X

Wie heißen die Sätze richtig?

1. geht / denn / Wie / dir / so / es / ?
   Wie geht es dir denn so?

2. ewig / gesehen / habe / Ich / schon / dich / mehr / ja / nicht / !
   _____

3. Sie / bei Bosch / Arbeiten / noch / immer / ?
   _____

4. Erzählen / mal / ein / doch / Sie / bisschen / !
   _____

5. in / letzter / denn / hast / Was / gemacht / du / Zeit / so / ?
   _____

3 **Zwei Schulfreunde – ein Wiedersehen in Dortmund. Was kann Ina sagen?**

Wie geht es denn so?

Arbeitest du immer noch bei der Firma Meyer?

Ich habe dich ja schon ewig nicht mehr gesehen!

Kann ich deine neue Telefonnummer haben? Vielleicht können wir ja mal telefonieren?

Was macht deine Familie?

Wohnst du immer noch in Bergkamen?

Was hast du denn in letzter Zeit so gemacht?

Ich hab dich ja noch nie hier gesehen.

Ina Schmolke

1. ▶ *Ich habe dich ja schon ewig nicht mehr gesehen!*

2. ▶ _____
   _____

3. ▶ _____
   _____

4. ▶ _____
   _____

5. ▶ _____
   _____

6. ▶ _____
   _____

7. ▶ _____
   _____

8. ▶ _____

Dietmar Günther

◁ Ja wirklich. So ein Zufall!

◁ Danke, es geht ganz gut.

◁ Ich wohne nicht weit von hier und komme manchmal auf den Markt.

◁ Ach, ich habe geheiratet – Elvira Ebert, die kennst du doch auch? Wir haben jetzt einen kleinen Sohn. Ich arbeite deshalb nur 30 Stunden pro Woche, ich will mehr Zeit für meine Familie haben.

◁ Nein, wir sind letztes Jahr von Bergkamen nach Dortmund gezogen.

◁ Ja, jetzt bin ich schon 8 Jahre bei dieser Firma.

◁ Ganz gut. Der Kleine ist sehr aktiv und fast nie krank. Meine Frau geht jetzt auch wieder zwei Tage in der Woche arbeiten.

◁ Ja, gern. Meine neue Nummer ist: 02 31/47 11 88.

Zwei Biografien

 1 Arbeitsplätze in Deutschland. Bitte sortieren Sie.

Kohle abbauen
Marketingassistentin
~~Überstunden~~ Bergleute
~~Nachtschicht~~
kein Tageslicht   Büro
Computer

Nachtschicht

Überstunden

2 Bitte lesen Sie im Kursbuch Seite 48, Aufgabe 1 und 2. Was sagt Kerstin?
Was sagt Otto?

		Kerstin	Otto
1.	Im Alter von 17 Jahren habe ich mit der Arbeit angefangen.	☐	☒
2.	Ich bin Marketingassistentin von Beruf.	☐	☐
3.	Ich hatte früher nur sonntags frei.	☐	☐
4.	Früher wollte ich etwas ganz anderes machen.	☐	☐
5.	Mein Job macht mir Spaß.	☐	☐
6.	Wir hatten auch Nachtschichten.	☐	☐

3 Früher und heute. Ergänzen Sie die Verben.

		Früher	**Heute**
1.	**wollen**	... _wollte_ Klaus nicht Englisch lernen.	... _will_ Klaus Englischlehrer werden.
		... _wollten_ seine Nachbarn keine Kinder haben.	... wollen sie am liebsten 6 Kinder haben.
		... wollten wir nie in den Urlaub fahren.	... _wollen_ wir immer nur reisen.
2.	**können**	... _konnte_ ich nicht kochen.	... _kann_ ich für ein Restaurant kochen.
		... _konntest_ du deine Eltern nie besuchen.	... kannst du sie jedes Wochenende besuchen.
		... konntet ihr sehr gut Klavier spielen.	... _könnt_ es leider nicht mehr.
3.	**müssen**	... _mussten_ wir oft Nachtschicht machen.	... ~~müssen~~ wir viele Überstunden machen.
		... _musste_ meine Mutter den Haushalt machen.	... muss mein Vater auch im Haushalt arbeiten.
		... musstest du immer pendeln.	... _musst_ du in einer kleinen Wohnung in der Stadt wohnen.
4.	**dürfen**	... _durften_ Sie Bier trinken.	... _dürfen_ Sie nur Wasser trinken.
		... _durfte_ ich nicht ausgehen.	... darf ich ausgehen.
		... durfte das Kind keinen Hund haben.	... _darf_ es aber eine Katze haben.

Alle.

4 **Was passt? Bitte verbinden Sie.**

1. Ich wollte
2. Herr Grabowski musste
3. Tao und Ying konnten
4. Ihr durftet
5. Du durftest
6. Wir mussten

— immer unsere Zimmer aufräumen.
— früher Ärztin werden.
— früher nicht alleine ausgehen.
— oft Nachtschicht machen.
— als Kinder nie fernsehen.
— früher noch nicht Deutsch sprechen.

5 **können, dürfen, wollen, müssen**

a) **Ergänzen Sie können und dürfen.**

1. Ich _konnte_ es schon, aber ich _durfte_ es nicht!
2. Du _konntest_ es auch, aber du _durftest_ es auch nicht!
3. Das Kind _konnte_ es auch, aber es _durfte_ nicht!
4. Ihr _konntet_ auch, aber ihr _durftet_ es nicht!
5. Und sie? Sie _konnten_ auch Auto fahren. Und sie _durften_ es auch!
   Sie waren schon 18 Jahre alt.

b) **Ergänzen Sie wollen und müssen.**

1. Ich _wollte_ nicht, aber ich _musste_ .
2. Mein Bruder _wollte_ auch nicht, aber auch er _musste_.
3. Auch ihr _wolltet_ nicht, aber auch ihr _musstet_ .
4. Meine Tante _wollte_ auch nicht, aber sie _musste_ .
5. Eigentlich _wollten_ wir alle nicht, aber wir _mussten_ doch zu den Großeltern fahren.

6 **Drei Personen erzählen. Ergänzen Sie die Modalverben.**

a) **musste oder durfte?**

Als Kind _musste_ Jochen Krause jeden Tag im Haushalt helfen. Er _musste_ jeden Abend früh ins Bett gehen. Nur am Wochenende _durfte_ er abends lange fernsehen. Er _durfte_ samstags mit seinen Freunden auf die Party gehen, aber er _musste_ um 23 Uhr zu Hause sein. Er _musste_ Klavier spielen lernen, aber er hatte keine Lust dazu.

b) **wollte oder konnte?**

Thekla Grabowski _wollte_ als Kind Köchin werden. Sie _konnte_ sehr gut kochen. Thekla war früher sehr dick. Sie _wollte_ immer Schokolade essen. Sie _konnte_ nicht Flöte spielen, aber sie musste Unterricht nehmen. Thekla war in der Schule sehr schlecht, aber sie _wollte_ gut Englisch. Sie _wollte_ für ein Jahr in die USA gehen. Aber dann hat sie Otto getroffen.

c) **durfte nicht oder durfte kein-?**

Kerstin Schmittke war einmal bei einer Party. Dort _durfte_ man _nicht_ rauchen. Man _durfte_ _keine_ Geschenke mitbringen und _durfte_ _keinen_ Kuchen essen. Man _durfte_ _nicht_ laut singen und auch _keinen_ Alkohol trinken. Es gab einen Fernseher, aber man _durfte_ _nicht_ fernsehen.

7 **Die Kindheit von Herrn Filler. Bitte**

schreiben Sie die Sätze im Präteritum.

Heute ist Herr Filler Chef bei einer internationalen
Firma mit über 1000 Angestellten. Aber seine
Kindheit war furchtbar.

1. nicht schwimmen können
   Früher konnte er nicht schwimmen.

2. keine Computerspiele machen dürfen
   _____

3. jeden Abend zu Hause bleiben müssen
   _____

4. nicht auf Partys gehen dürfen
   _____

5. immer eine Freundin haben wollen, aber keine finden können
   _____

6. Mathematik studieren müssen
   _____

8 *wollen, dürfen, müssen, können, geben, sein, haben.* **Ergänzen Sie im Präteritum.**

1. Schon mit 6 Jahren _wollte_____ Konstantin Lipowski singen und er _____ sehr gut singen.
2. Er _____ ein Wunderkind und _____ deshalb Sänger werden.
3. Aber es _____ ein Problem.
4. Seine Eltern _____ das nicht. „Dieser Beruf ist nicht sicher und deshalb nicht gut für dich!",
   hat sein Vater gesagt.
5. Konstantin _____ bei der Bank arbeiten, genau wie sein Vater und sein Großvater.
6. Er _____ nicht selbst entscheiden.
7. Nach ein paar Jahren _____ Konstantin einen neuen Kunden in der Bank: Sebastiano
   Favarotti, einen berühmten Sänger.
8. Herr Favarotti hat Konstantin nach Hamburg mitgenommen und dort _____ er in der
   Oper mitsingen.

Lebensmittel Alak

Seite 50/51	Aufgabe 1–5

1 **Eine Party. Sechs Wörter passen nicht.**

Bratwürste – Salate – Getränke – Überstunden – Musik – Gläser – Nachtschicht – Teller – Kohle –
Messer – Gabeln – Löffel – Leergut – Brot – Käse – Obst – Sonderangebot – Treppe

1. *Überstunden*_____   3. _____   5. _____
2. _____   4. _____   6. _____

2 **Produkte. Ordnen Sie bitte zu.**

Paket	Glas	Flasche	Schachtel	Dose	Kasten	Paket	Tüte

1. Mehl: _Paket_____
2. Öl: _____
3. Honig: _____
4. Mozartkugeln: _____

5. Mineralwasser: _____
6. Waschmittel: _____
7. Fisch: _____
8. Süßigkeiten: _____

3 **Im Geschäft**

a) Was ist Singular, was ist Plural? Markieren Sie.

		Singular	Plural			Singular	Plural
1.	Kästen	☐	☒	5.	Schachteln	☐	☐
2.	Paket	☐	☐	6.	Tüten	☐	☐
3.	Gläser	☐	☐	7.	Packungen	☐	☐
4.	Dose	☐	☐	8.	Flasche	☐	☐

b) Eine Großfamilie kauft ein. Ergänzen Sie bitte im Plural.

Wir brauchen 3 _Flaschen_____ Essig, 6 _____ Marmelade und 8 _____ Milch. Für die Großeltern brauchen wir 3 _____ Pralinen. Dann hätten wir gern noch 4 _____ Waschmittel, 7 _____ Fisch, 5 _____ Reis und 4 _____ Wasser. Das ist alles!

4 **Bitte sortieren Sie.**

Karotten	Äpfel	Schinken	Käse	Orangensaft	Schokolade
Traubensaft	Zwiebeln	Orangen	Schnitzel	Birnen	Pralinen	Käse
Joghurt	Wurst	Lauch	Butter	Apfelsaft	Mozartkugeln

1. Getränke: _Apfelsaft,_____
2. Gemüse: _____
3. Obst: _____
4. Fleisch: _____
5. Süßigkeiten: _____
6. Molkereiprodukte: _____

5 Wie viel ist das? Schreiben Sie bitte.

1. Wie viel Kilo sind 2500 Gramm?   Das sind _2,5_ kg.
2. Wie viel Gramm sind 3 Pfund?   Das sind _____ g.
3. Wie viel Pfund sind 4,5 Kilo?   Das sind _____ Pfd.
4. 750 g und 3,5 Pf sind _____ kg.
5. 5 kg und 2 Pfund sind _____ g.
6. Wie viel Kilo sind 2 Liter Wasser? Das sind _____ kg.

6 *kostet* oder *kosten*? Ergänzen Sie bitte.

1. Wie viel _kosten_ die Orangen?
2. Was _____ ein Pfund Tomaten?
3. Wie viel _____ der Kasten Bier?
4. Was _____ zwei Kilo Hackfleisch?
5. Wie viel _____ 100 Gramm Appenzeller Käse?
6. Was _____ das alles zusammen?

7 Frau Grabowski bei Lebensmittel Alak. Welches Wort passt?

Frau Grabowski	Hallo, Frau Alak.
Frau Alak	Guten Morgen, Frau Grabowski. Was **(1)** _____ ich für Sie tun?
Frau Grabowski	Gibt es heute frischen **(2)** _____ ? Ich hätte gern 2 Kilo.
Frau Alak	Tut mir Leid, Frau Grabowski. Fisch haben wir doch nur **(3)** _____ .
Frau Grabowski	Ja, richtig. Dann geben Sie mir bitte zwei Putenschnitzel. Was **(4)** _____ denn 100 g?
Frau Alak	69 Cent. So, bitte schön. **(5)** _____ noch etwas, Frau Grabowski?
Frau Grabowski	Ja, ich brauche noch einen Kopfsalat und zwei Gläser **(6)** _____ .
Frau Alak	Hier. So, das **(7)** _____ zusammen 13,95 €.
Frau Grabowski	Bitte sehr. Tschüs, Frau Alak.
Frau Alak	Danke und auf Wiedersehen, Frau Grabowski. Noch einen schönen Tag!
Frau Grabowski	Ach ja, ich habe doch noch etwas vergessen. Ich wollte noch **(8)** _____ abgeben!

1. a) konnte   b) (kann)   c) muss
2. a) Persil   b) Hackfleisch   c) Fisch
3. a) sonntags   b) abends   c) dienstags
4. a) kosten   b) kostet   c) macht
5. a) jetzt   b) sonst   c) also
6. a) Milch   b) Butter   c) Joghurt
7. a) kosten   b) macht   c) ist
8. a) Glas   b) Leergut   c) Papier

8 Werbeanzeigen

a) Markieren Sie bitte die Sonderangebote.

1. Super günstig: Schachtel Merci-Pralinen 1,49 €   ☒
2. Deutscher Schafskäse: 100 g heute nur 1,19 €   ☐
3. 200 g Natur-Joghurt: wie immer nur 0,89 €   ☐
4. Diese Woche im Angebot: Fallmayer-Kaffee 3,99 €   ☐
5. 1 Liter H-Milch, 1,5 % Fett, 0,59 €   ☐
6. Nur heute und morgen: Putenschnitzel, 100 g, –,69 €   ☐

b) Lebensmittel Alak oder der Supermarkt. Ergänzen Sie bitte den Komparativ.

frisch	freundlich	~~billig~~	lang	teuer	viel

1. Der Supermarkt ist _billiger_ als Lebensmittel Alak.
2. Lebensmittel Alak ist _____ als ein Supermarkt.
3. Das Gemüse bei Alak ist _____ als im Supermarkt.
4. Aber es gibt _____ Sonderangebote im Supermarkt als bei Alak.
5. Frau Alak ist viel _____ als die Verkäuferinnen im Supermarkt.
6. Der Supermarkt ist aber _____ geöffnet.

9 Freundlich oder unfreundlich? Markieren Sie bitte.

	freundlich	unfreundlich
1. Ich hätte gern 3 Flaschen Apfelsaft.	☒	☐
2. Geben Sie mir sofort 1 Kilo Tomaten.	☐	☐
3. 2 Pfund Kaffee, bitte.	☐	☐
4. Ich will eine Schachtel Pralinen.	☐	☐
5. Wir möchten bitte 10 Bratwürste.	☐	☐
6. 300 g Appenzeller Käse geschnitten.	☐	☐

Meinungen über das Ruhrgebiet

Seite 52	Aufgabe 1

1 Lesen Sie die Umfrage auf Seite 52, Aufgabe 1. Was ist richtig?

1. Man kommt schnell in jede Stadt
   - A mit dem Fahrrad.
   - B mit dem Auto.
   - ☒ mit der S-Bahn.

2. Im Ruhrgebiet gibt es
   - A Automobilindustrie.
   - B Stahlindustrie.
   - C keine Industrie.

3. Im Ruhrgebiet leben
   - A nur Deutsche.
   - B nur Portugiesen.
   - C Menschen aus vielen Ländern.

4. Federica Petrera will ausziehen,
   - A weil sie nicht genug Platz hat.
   - B weil die Wohnung zu teuer ist.
   - C weil ihr das Ruhrgebiet nicht gefällt.

2 Das Ruhrgebiet. Was passt?

Die Verkehrsverbindungen sind hier gut,	weil sie dann weniger Miete bezahlen.

Das Ruhrgebiet ist ein internationaler Wohnort,	weil man viele kulturelle und sportliche Veranstaltungen besuchen kann.

Viele Industriegebäude sind Museen geworden,	weil die Stahlfabrik in Duisburg geschlossen hat.

Viele Menschen sind arbeitslos,	weil die Leute über 180 Jahre Industriegeschichte sehen wollen.

Es gibt gute Freizeitmöglichkeiten,	weil dort Menschen aus vielen Ländern leben.

Viele Studenten wohnen in einer Wohngemeinschaft,	weil die Entfernungen zwischen den Städten nicht so groß sind.

1. *Die Verkehrsverbindungen sind hier gut, weil die Entfernungen zwischen den Städten nicht so groß sind.*
2. _____
3. _____
4. _____
5. _____
6. _____

Seite 53	Aufgabe 2–4

1 Warum? Bilden Sie *weil*-Sätze.

1. Stefanie Fritsch aus Herne fährt jeden Tag nach Gelsenkirchen. Sie macht dort eine Ausbildung.
   Stefanie Fritsch aus Herne fährt jeden Tag nach Gelsenkirchen, weil sie dort eine Ausbildung macht.

2. Viele Industriegebäude sind heute Museen. Man kann dort viel über Industriegeschichte lernen.

   _____

3. Es gibt viele Arbeitslose. Die Stahlindustrie im Ruhrgebiet hat große Probleme.

   _____

4. Das Ruhrgebiet ist sehr interessant. Menschen aus vielen Ländern leben dort.

   _____

5. Federica Petrera will nicht mehr in einer Wohngemeinschaft wohnen. Sie möchte eine große Wohnung.

   _____

6. Die Zeitung macht eine Umfrage. Sie möchte Informationen bekommen.

   _____

2 Verbinden Sie bitte die Sätze. Beginnen Sie jetzt mit dem *weil*-Satz.

1. Die Arbeit war zu anstrengend und gefährlich.
   Frauen durften früher nicht in der Zeche arbeiten.
   Weil die Arbeit zu anstrengend und gefährlich war, durften Frauen früher nicht
   in der Zeche arbeiten.

2. Otto Grabowski hatte viele Kollegen aus der Türkei.
   Er konnte früher ein bisschen Türkisch sprechen.

3. Unser Chef hat viel gearbeitet.
   Auch wir mussten viele Überstunden machen.

4. Wir mussten oft Nachtschicht machen.
   Ich war mit meiner Familie nur am Wochenende zusammen.

5. Jeden Tag mussten wir zwölf Stunden arbeiten.
   Die Arbeit im Bergwerk war sehr hart.

3 Schreiben Sie *weil*-Sätze.

1. arbeitet / Frau Alak / im / gern / Lebensmittelgeschäft / nette / weil / Kunden / , / hat / sie / .
   Frau Alak arbeitet gern im Lebensmittelgeschäft, weil sie nette Kunden hat.
   Weil sie nette Kunden hat, arbeitet Frau Alak gern im Lebensmittelgeschäft.

2. kommen / Viele / zu / Leute / , / Frau Alak / weil / Kontakt / sie / möchten / haben / .

3. gut / Frau Alak / , / verkauft / frische / sie / weil / kann / anbieten / Produkte / .

4. Rentner / Die / kaufen / Frau Alak / , / bei / es / viele / weil / Sonderangebote / gibt / .

4 Eine Umfrage. Wer sagt was? Bitte kombinieren Sie.

1. Die Telekom-Angestellte Federica Petrera meint,   dass die Arbeit im Bergwerk hart war.
2. Die Kauffrau Renate Pokanski findet,   dass die Ausbildung Spaß macht.
3. Der Mechaniker José Rodrigues sagt,   dass es nicht leicht ist, eine Arbeit zu finden.
4. Stefanie Fritsch, Auszubildende, denkt,   dass Industriegeschichte interessant ist.
5. Der arbeitslose Friedrich Bertsch glaubt,   dass sie viel Freizeit hat.
6. Der Rentner Otto Grabowski weiß,   dass seine ganze Familie in Portugal lebt.

ALLE.

5 Was denken die Leute?

a) Antworten Sie bitte mit einem *dass*-Satz.

1. Federica Petrera meint: „Eine 2-Zimmer-Wohnung ist einfach zu eng."
   Federica Petrera meint, dass eine 2-Zimmer-Wohnung einfach zu eng ist.

2. Otto Grabowski denkt: „Heute will niemand mehr körperlich arbeiten."

3. Kerstin Schmittke weiß: „15 Überstunden pro Woche sind anstrengend."

b) Vergleiche im Nebensatz.

1. Herr Rodrigues sagt: „Gelsenkirchen ist nicht ganz so schön wie Porto."
   Herr Rodrigues sagt, dass Gelsenkirchen nicht ganz so schön wie Porto ist.

2. Frau Alak glaubt: „Die Leute kaufen lieber in meinem Geschäft ein als im Supermarkt."

3. Tao Gui findet: „Bei uns müssen die Studenten mehr Prüfungen machen als in Deutschland."

6 Personalpronomen und *dass*-Sätze. Ergänzen Sie bitte.

Ich bin Zahntechniker.

Wir haben zwei Kinder.

Ich lebe schon lange in Deutschland.

Ich möchte heute mit euch ins Kino gehen.

Ich arbeite jeden Tag im Laden.

Du musst heute die Küche putzen!

1. Jochen Krause sagt, dass _er_ Zahntechniker ist.
2. Frau Krause sagt, dass _____ zwei Kinder haben.
3. Frau Alak sagt, dass _____ jeden Tag im Laden arbeitet.
4. Herr Rodrigues sagt, dass _____ schon lange in Deutschland lebt.
5. Kerstin Schmittke sagt zu uns, dass sie heute mit _____ ins Kino gehen möchte.
6. Federica sagt zu mir, dass _____ heute die Küche putzen muss.

7 *weil* oder *dass*. Was passt?

1. Federica Petrera sucht eine Wohnung,
   [X] weil [ ] dass ihre Wohnung zu eng ist.
2. José Rodrigues glaubt,
   [ ] weil [ ] dass es in Portugal nicht genug Arbeit gibt.
3. Stefanie Fritsch fährt jeden Tag nach Gelsenkirchen,
   [ ] weil [ ] dass sie dort eine Ausbildung macht.
4. Renate Pokanski findet,
   [ ] weil [ ] dass Museen über Industriegeschichte interessant sind.
5. Otto Grabowski meint,
   [ ] weil [ ] dass die Menschen früher mehr gearbeitet haben als heute.
6. Friedrich Bertsch ist unzufrieden,
   [ ] weil [ ] dass er keine Arbeit hat.

8 **Tao Gui bei Lebensmittel Alak. Schreiben Sie die Sätze in die passende Tabelle.**

1. Tao Gui geht einkaufen, weil er ein Abendessen macht.
2. Er sagt zu Frau Alak, dass er 10 Freunde eingeladen hat.
3. Weil er chinesisch kochen will, möchte er ein Paket Reis kaufen.
4. Frau Alak meint, dass ein Paket für 10 Personen zu wenig ist.
5. Weil Tao Gui viel eingekauft hat, nimmt er noch eine Plastiktüte.
6. Dass er auch noch Fleisch braucht, hat er ganz vergessen.

Hauptsatz				Nebensatz		
Position 1	Verb	Satzmitte	Satzende/ Verb	Subjunktion	Satzmitte	Satzende/ Verb
Tao Gui	geht		einkaufen,	weil	...	

Nebensatz			Hauptsatz		
Subjunktion	Satzmitte	Satzende/ Verb	Verb	Satzmitte	Satzende/ Verb
Weil	er chinesisch	kochen will,	möchte	...	

9 *dass* und *weil*. **Die Mieter in der Kruppstraße 25 in Duisburg sind nicht zufrieden.**

> Wir müssen immer die Treppe putzen. Die Studenten rauchen im Treppenhaus!

1. Engin und Jasemin Gül, Arbeiter in einer Fabrik, eine kleine Tochter.

> Unser Hausmeister ist sehr anstrengend. Er möchte immer alles wissen.

4. Wohngemeinschaft: Christine, Anna und Peter. Sie studieren Medizin.

> „Wir können nicht mehr schlafen. Das Baby von Familie Gül ist die ganze Nacht laut."

2. Herr und Frau Hoffmann, keine Kinder. Er arbeitet im Rathaus. Sie ist Chemielaborantin.

> Am Wochenende haben wir nie Ruhe. Die Studenten über uns feiern immer Partys!

5. Josef Koslowski (Busfahrer) und Andrea Koslowski (Hausfrau), zwei Söhne, Peter und Götz.

> Die Arbeit hier macht keinen Spaß. Die Mieter machen nur Probleme.

3. Walter Kowalski, Hausmeister.

> Es ist sehr laut im Haus. Die Kinder von Koslowskis spielen in der Wohnung Fußball.

6. Zwei alte Damen, Schwestern, Herta und Erika Plaschke.

1. Engin und Jasemin Gül sagen, dass sie immer die Treppe putzen müssen, weil die Studenten im Treppenhaus rauchen.

Wohnungssuche im Ruhrgebiet

Seite 54	Aufgabe 1–2

1 **Welche Wohnung passt zu wem? Ordnen Sie bitte zu.**

1
4-Zi.-Whg., EG,
Nähe Spielplatz/Stadtpark, 90 m²,
KM € 520,– + NK, Keller, gr. Garten,
ab sofort.
Tel.: 0 23 23/4 61 65 66

3
3-Zi.-Whg., Altbau,
Nähe Uni, 78 m², KM, € 410,–
+NK, 4. OG, keine Kt., Balkon,
Keller, ab 1. 4. zu vermieten.
Tel.: 0 23 23/46 15 73

2
Großes Landhaus,
8 Zi, 220 m², gr. Garten,
Schwimmbad, Terrasse, 3 Stellplätze,
ab August.
Schaffranka-Immobilien,
Tel. 02 01/87 46 02-0

4
Neubau, mod. 1-Zi.-Whg.,
Zentrum, 38 m², Bad, Küchenzeile,
Gasheizung, WM € 450,– + Kt., Keller,
Tiefgarage, ab sofort, **Tel. 0 23 26/7 35 61**

[A] Frau, sehr reich, mit Köchin und Fahrer   ☐
[B] Mann, ledig, viel Arbeit, selten zu Hause   ☐
[C] Familie mit 2 Kindern   [2]   ☐
[D] Wohngemeinschaft, 3 Studenten   ☐

2 **Federica Petrera besichtigt eine Wohnung. Ordnen Sie bitte den Dialog.**

☐ ▶ Ja, das Wohnzimmer ist sehr hell. Sagen Sie, Frau Petrera, Sie haben doch keine Kinder, oder?

☐ ◁ Nein, ich habe auch keine Haustiere. Ich habe keinen Mann und ich rauche nicht. Sonst noch Fragen?

[1] ▶ Guten Tag, Frau Petrera. Wollen Sie gleich mal die Wohnung anschauen?

☐ ▶ Also, so etwas. So eine Mieterin will ich nicht haben. Gehen Sie bitte, aber schnell!

☐ ▶ Keine Kinder, gut. Haben Sie Haustiere?

☐ ◁ Ja, gern. … Wie groß ist die Wohnung? 68 m²? Hm, die Küche ist sehr schön. Und das Wohnzimmer ist …

☐ ◁ Nein, Kinder habe ich keine. Der Balkon ist auch toll.

3 **Jetzt besichtigen Sie eine Wohnung. Was sagen oder fragen Sie? Was sagt oder fragt der Vermieter? Kreuzen Sie bitte an.**

	Sie	der Vermieter
1. Wie hoch sind denn die Nebenkosten?	[X]	☐
2. Hat die Wohnung auch einen Balkon?	☐	☐
3. Haustiere sind hier nicht willkommen.	☐	☐
4. Rauchen Sie?	☐	☐
5. Ist das Haus sehr ruhig?	☐	☐
6. Was sind Sie von Beruf?	☐	☐
7. Spielen Sie Klavier?	☐	☐
8. Wohnen Sie auch hier im Haus?	☐	☐
9. Sie müssen 1000 € Kaution bezahlen.	☐	☐
10. Wie groß ist das Wohnzimmer?	☐	☐

Lektion 11

Frankfurt an der Oder

| Seite 56/57 | Aufgabe 1–3 |

1 Was ist hier falsch? Schreiben Sie richtig.

| Stadt- // -zeichen | Sand- // -haus | Grenz- // -rat | Hanse- // -strand |

| Hoch- // -stadt | Wahr- // -brücke |

1. der Stadtrat _____   4. _____
2. _____   5. _____
3. _____   6. _____

2 Kennen Sie Frankfurt an der Oder? Was passt wo?

> **Grenzstadt** **Wahrzeichen** **Stadtrat** **Grenze** **Hansestadt** **Rathaus**
> **Nachbarstadt** **Freizeitpark** **Grenzbrücken** **Einkaufszentrum**

1. Frankfurt an der Oder ist eine Universitätsstadt und eine _Grenzstadt_ .
2. Sie liegt an der deutschen _____ zu Polen.
3. Auch Słubice, die _____ von Frankfurt, liegt am Fluss Oder. Die beiden Städte machen viele kulturelle Veranstaltungen zusammen.
4. Frankfurt ist die Stadt mit den drei _____ über die Oder.
5. Die Stadt hat eine lange und interessante Geschichte: Zum Beispiel war Frankfurt – wie auch Hamburg oder Bremen – eine _____ .
6. Das neue _____ von Frankfurt ist der Oderturm. Dort gibt es ein modernes _____ .
7. Aber der _____ regiert noch immer in dem alten _____ aus Backstein.
8. Frankfurt ist auch eine grüne Stadt. Besonders schön ist der _____ Helene-See. Dort verbringen nicht nur die Frankfurter ihre Wochenenden.

3 Was passt nicht?

1. Freundschaft – Camping – Freizeit – Sandstrand
2. Rathaus – Wohngemeinschaft – regieren – Stadtrat
3. Brücke – Studentin – Universität – studieren
4. Grenze – Währung – Zoll – Verwandte
5. Kanton – Gebiet – Hochhaus – Region
6. Projekt – Stau – Auto – Verkehr

4 Das Projekt Słubfurt

a) Lesen Sie den Text.

Słubfurt findet man auf keiner Landkarte. Słubfurt heißt das Projekt zwischen der polnischen Stadt *Słub*ice und der deutschen Stadt Frank*furt* an der Oder. Bei diesem Projekt haben arbeitslose deutsche Verkäufer Polnisch und polnische Verkäufer Deutsch gelernt. Dann konnten Polen und Deutsche in ihrer Nachbarstadt einkaufen. Polnische Kunden konnten in Frankfurt und deutsche Kunden in Słubice in ihrer Währung bezahlen. Außerdem gab es in den zwei Städten viele kulturelle Veranstaltungen. Das Projekt ist ein Beitrag zur Freundschaft zwischen den beiden Grenzstädten. Polen und Deutsche lernen ihre Nachbarn besser kennen und sie vergessen die Grenze in ihren Köpfen.

b) Richtig (r) oder falsch (f)? Markieren Sie bitte.

1. Słubfurt liegt in Polen. _____ (r) (f)
2. Słubfurt heißt das Projekt zwischenSłubfurt und Frankfurt an der Oder. _____ (r) (f)
3. Bei diesem Projekt arbeiten alle Deutschen in Polen. _____ (r) (f)
4. Die Kunden können nur mit Euro bezahlen. _____ (r) (f)
5. Arbeitslose Verkäufer lernen auch die Sprache ihrer Nachbarstadt. _____ (r) (f)
6. Für Polen und Deutsche ist dann die Grenze nicht mehr wichtig. _____ (r) (f)

5 Die Grenzstadt Görlitz. Welche Überschrift passt wohin?

① Görlitz, auf Polnisch Zgorzelec, Deutschlands östlichste Stadt, ist eine Grenzstadt: Sie liegt an der Grenze im Dreiländereck Deutschland, Polen und Tschechien. Der Fluss Neiße trennt das alte Görlitz heute in zwei Städte: Görlitz, westlich der Neiße, gehört zu Deutschland und Zgorzelec, östlich der Neiße, zu Polen.

② Görlitz liegt an der alten Ost-West-Handelsstraße Via Regia und war eine wichtige deutsche Hansestadt. Es gibt dort noch heute sehr viele Kirchen. Das Wahrzeichen der fast 1000 Jahre alten Stadt ist die Dreifaltigkeitskirche.

③ Der Görlitzer Stadtrat regiert im Rathaus in der berühmten Altstadt. Görlitz und Zgorzelec arbeiten jetzt zusammen. Zum Beispiel gibt es deutsch-polnische Stadtbusse, einen deutsch-polnischen Kindergarten und ein deutsch-polnisches Orchester.

A	Einiges zur Geschichte von Görlitz	Text	2 _____
B	Beispiele für die Zusammenarbeit zwischen Görlitz und Zgorzelec	Text	_____
C	Görlitz, eine Stadt im Dreiländereck Deutschland, Polen und Tschechien	Text	_____

Die Europa-Universität

1 **Was passt zu *Schule*, was zu *Universität*? Bitte ordnen Sie.**

~~Schüler~~	Unterricht	Wissenschaft	Professor	Grundschule
Lehrer	~~Studentin~~	Hochschulabschluss	Klasse	Fakultät

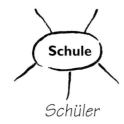

Schule

Schüler

Universität

Studentin

2 **Was kann man lernen? Was kann man studieren? Bitte sortieren Sie.**

~~Musik~~	schwimmen	Wirtschaftswissenschaften		Auto fahren
Kulturwissenschaften		Flöte spielen	kochen	Jura

lernen	studieren
	Musik,

3 **Welches Wort stimmt? Markieren Sie bitte.**

1. Das ist Bernd Moll. Er ☐ lernt ☒ studiert
   Wirtschaftswissenschaften in Frankfurt an der Oder.
2. Er ist erst im dritten
   ☐ Semester ☐ Jahr an der Universität.
3. Aber seine ☐ Professoren ☐ Lehrer
   sind schon sehr zufrieden mit ihm.
4. Wie viele ☐ Schüler ☐ Studenten
   lebt Bernd in einer Wohngemeinschaft.
5. In seiner Freizeit
   ☐ lernt ☐ studiert er Spanisch.
6. Seine Freundin geht mit ihm
   ☐ in den Spanischkurs ☐ in die Spanischklasse.

4 Die Universität Viadrina in Frankfurt. Was ist richtig? Markieren Sie.

1. Die Universität Viadrina hat eine lange Geschichte, das heißt:
   - [A] Dort kann man Geschichte studieren.
   - [B] Ihr Gebäude ist alt.
   - [X] Sie hat eine lange Tradition.

2. Die Frankfurter Viadrina ist eine Europa-Universität:
   - [A] Sie will Brücken zwischen Ost- und Westeuropa schlagen.
   - [B] Dort dürfen nur Europäer studieren.
   - [C] Die Universität ist nicht international orientiert.

3. Die Hochschule ist eine Begegnungsuniversität. Das bedeutet:
   - [A] Die Universität bietet Arbeitsplätze für Menschen aus ganz Europa.
   - [B] Die Universität ist eine Hochschule für Studenten aus der ganzen Welt.
   - [C] Die Universität ist ein Treffpunkt für Alt und Jung.

4. In den Fakultäten der Viadrina sind internationale Aspekte wichtig, das heißt:
   - [A] Nur internationale Studenten können an der Viadrina studieren.
   - [B] Man studiert z. B. Jura und lernt dann deutsches *und* internationales Recht.
   - [C] Die Universität hat viele internationale Gäste.

5. Das Sprachenlernen hat eine neue Dimension bekommen:
   - [A] Man lernt nicht nur die Sprache, man lernt auch etwas über die Menschen und die Kultur.
   - [B] An der Viadrina kann man nur Sprachen lernen.
   - [C] Als Student muss man an der Viadrina mindestens eine Sprache lernen.

5 Welche Nomen passen zu den Verben?

die Hochschule	der Stadtrat	Französisch	die Universität
das Einkaufszentrum	der Strand	Englisch	das Bürohochhaus
das Rathaus	der See	die Währung	das Büro

1. studieren: *die Hochschule, die Universität*
2. bezahlen: _____
3. regieren: _____
4. arbeiten: _____
5. lernen: _____
6. schwimmen: _____

 Seite 59 | **Aufgabe 3–4**

1 Eine E-Mail von Satish aus Indien. Markieren Sie die Verben mit Dativ-Objekt.

Hallo Jürgen,

du weißt es noch nicht: Ich studiere jetzt in München!! Es ist alles ganz schnell gegangen: Mein Professor hat mir viel von München erzählt und mir die Technische Universität empfohlen, weil er früher auch dort studiert hat. Die Universität hat mich dann genommen und mein Professor hat mir gleich dazu gratuliert! München gefällt mir sehr gut und ich habe schnell Freunde gefunden. Gestern hat mich Tom aus Bad Tölz zu einem Fest eingeladen. Dort waren nur Bayern, sie haben mein Deutsch gut verstanden, aber ich selbst habe kein Wort verstanden, weil sie nur Bayerisch gesprochen haben! Aber du und meine Freunde aus Stuttgart fehlen mir sehr ... Wann besuchst du mich mal?

Satish

2 Was passt zusammen? Bitte verbinden Sie.

① Ich studiere nicht mehr in Berlin.
② Regina hat ein Problem.
③ Anita hat ihr Studium beendet.
④ Meine Eltern wohnen in den USA.

⑤ Diese Universität ist sehr gut.
⑥ Die Kinder haben Unterricht.

finalised

A Ihre ganze Familie gratuliert ihr.
B Sie fehlen mir sehr.
C Die Uni in Berlin hat mir nicht gefallen.
D Die Lehrerin erzählt ihnen die Geschichte von Frankfurt.
E Ihre Freundin hilft ihr.
F Meine Lehrerin hat mir die Uni empfohlen.

1	C
2	E
3	A
4	B
5	F
6	D

3 Schreiben Sie die Sätze in die Tabelle.

1. nicht / Magda und Sabine / Der Urlaub / hat / gefallen / .
2. gratulieren / Natalie / ihrer Freundin / möchte / .
3. empfohlen / die Viadrina / den polnischen Studenten / Der Professor / hat / .
4. nicht / schmeckt / der chinesischen Studentin / Das deutsche Essen / .
5. die polnische Sprache / den Studenten / erklärt / Die Professorin / .
6. fehlt / den griechischen Studenten / Die Sonne / sehr / .

Subjekt: Nominativ		Objekt: Dativ	Objekt: Akkusativ	
1. Der Urlaub	hat	Magda und Sabine		nicht gefallen.
2. Natalie	möchte	ihrer Freundin		gratulieren
3. Der Professer	hat	den polnischen Studenten	die Viadrina	empfohlen
4. Das deutsche Essen	schmeckt	der chinesischen Studentin		nicht
5. Die Professorin	erklärt	den Studenten	die Polische Sprache	
6. Die Sonne	fehlt	den griechischen Studenten		sehr

4 Personalpronomen im Dativ.

Nominativ	ich	du	er	sie	es	wir	ihr	sie	Sie
Dativ	mir	dir	ihm	ihr	ihm	uns	euch	ihnen	Ihnen

5 *ihm, ihr* oder *ihnen*? Bitte schreiben Sie.

1. Der Kurs gefällt <u>den Teilnehmern</u> sehr gut. *Er gefällt ihnen sehr gut.*
2. Alma erzählt <u>ihrem Freund</u> von dem Kinofilm. *Sie erzählt ihm von dem kinofilm*
3. Die Ärztin kann <u>dem Kind</u> helfen. *Sie kann ihm helfen*
4. Thomas hilft <u>seiner Mutter</u> im Haushalt. *Er hilft ihr im Haushalt*
5. Der russische Winter fehlt <u>Galina</u> sehr. *Er fehlt ihr sehr.*
6. Herr Gmeiner gratuliert <u>Herrn und Frau Glück</u>. *Er gratuliert ihnen*

6 Wie heißen die Personalpronomen?

1. <u>Julia und Julian</u> heiraten heute. Die Gäste gratulieren _ihnen_ .
2. <u>Du</u> hast viel Arbeit. Warte, wir helfen _dir_ .
3. <u>Die alte Frau Böhler</u> möchte mit dem Bus fahren. Ich frage: „Kann ich _Ihnen_ helfen?"
4. <u>Wir</u> möchten Italienisch essen gehen. Freunde haben _uns_ ein gutes Restaurant empfohlen.
5. <u>Herr Rösch</u> arbeitet seit einigen Monaten im Ausland. Seine Familie fehlt _ihm_ sehr.
6. Hört <u>ihr</u>? Das ist mein neues Lied. Gefällt _euch_ die Musik?

7 Nominativ, Akkusativ oder Dativ. Was passt?

| ~~Er~~ | ~~sie~~ | ihn | ihr | ihnen | Ihr | Er | ihnen | ihr | sie |

1. Marianne kommt aus Frankfurt an der Oder, aber _sie_ studiert am Collegium Polonicum in Słubice Kulturwissenschaften.
2. Sie wohnt in einer Wohngemeinschaft in Frankfurt. Dort hat sie Elsa und Joschka kennen gelernt. Marianne lernt mit _ihnen_ zusammen oder sie lädt _sie_ ein und kocht mit _ihnen_ .
3. Letzte Woche hat Marianne ihren Polnisch-Kurs beendet. ~~Ihr~~ _Er_ ist nicht leicht gewesen. Ihre Freunde haben _ihr_ gratuliert, weil sie so schnell Polnisch gelernt hat.
4. Marianne ist sehr zufrieden. _Ihr_ gefällt das Studium an der polnischen Universität.
5. Sie hat nur ein kleines Problem: Ihr Freund fehlt _ihr_ sehr. _Er_ studiert in Berlin. Aber sie besucht _ihn_ fast jedes Wochenende.

8 Sätze

a) Bitte verbinden Sie.

Wer? Was?		Wem?	Was?
Der Großvater	schreiben	den Studenten	eine Torte.
Der Professor	empfiehlt	den Kindern	einen Brief.
Die Kellnerin	erzählt	ihrer Tochter	sein Leben.
Die Mutter	erklärt	den Gästen	ein Fahrrad.
Die Kinder	kauft	der Tante	die Regeln.

b) Schreiben Sie die Sätze.

1. _Der Großvater erzählt den Kindern sein Leben._
2. _Der_
3.
4.
5.

Die Wohnung von Sabine und Magda

1 Was ist was?

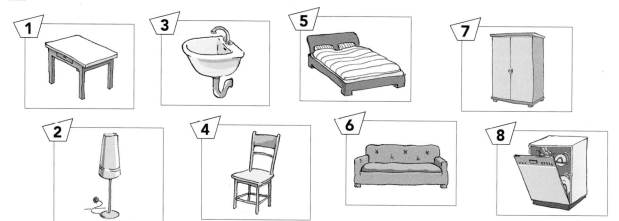

1. _der Tisch_ _____
2. _____
3. _____
4. _____

5. _____
6. _____
7. _____
8. _____

2 In der Wohnung
a) Bitte sortieren Sie.

der Staubsauger   der Mülleimer   der Küchentisch   die Spüle   ~~das Bett~~
~~die Lampe~~   der Herd   der Kühlschrank   der Stuhl   die Badewanne
die Waschmaschine   das Regal   das Sofa   ~~der Teppich~~   der Spiegel
der Schrank   die Spülmaschine   das Waschbecken

Möbel	Einrichtungsgegenstände	Geräte
das Bett,	_der Teppich,_	_die Lampe,_

b) Sie ziehen um. Was kommt in welches Zimmer?

1. In die Küche kommen:
   der Küchentisch, _____

2. In das Badezimmer kommen:
   _____

3. In das Wohnzimmer kommen:
   _____

3 **Was macht man wo? Bitte schreiben Sie.**

in der Badewanne	Im Waschbecken	am Schreibtisch	auf dem Herd
in der Dusche	im Bett	auf dem Sofa	auf dem Küchentisch

1. lesen: _am Schreibtisch, im Bett, ..._
2. schlafen: _____
3. Essen machen: _____
4. schreiben: _____
5. die Hände waschen: _____
6. duschen: _____

4 **von zu Hause, zu Hause, nach Hause**

a) Woher, wo, wohin? Bitte markieren Sie.

	Woher?	Wo?	Wohin?
1. Herr Müller hat gerade von zu Hause angerufen.	☒	☐	☐
2. Linda macht die Aufgaben zu Hause.	☐	☐	☐
3. Ich fahre noch heute Abend nach Hause.	☐	☐	☐
4. Er ist um 20 Uhr von zu Hause abgefahren.	☐	☐	☐
5. Schicken Sie mir bitte die Post nach Hause.	☐	☐	☐
6. Magda ist krank. Sie bleibt heute zu Hause.	☐	☐	☐

b) Der Tag von Suse Peters. Ergänzen Sie bitte.

1. Morgens fährt Suse Peters _von zu Hause_ zur Universität.
2. Dann fährt sie wieder _____.
3. Ihr Freund Niklas ist gekommen und wartet schon _____ auf sie.
4. Den ganzen Nachmittag lernen sie _____.
5. Die Schwester von Niklas ruft _____ an. Sie hat Probleme mit den Hausaufgaben.
6. Später fährt Niklas wieder _____.

Seite 61	Aufgabe 3–4

1 **Gesucht – gefunden. Lesen Sie die Anzeigen.**

Sie wollen einen Schrank für Ihre Kleider kaufen. Welche Anzeige passt? Anzeige Nr. _____.

Mobel/Haushalt

① **Haushaltsauflösung,** Herderweg 17, Sa. ab 10 Uhr: Kleidung, Bücher, Lampen, Herd, Kühlschrank, Spüle (wie neu!) u. v. m. Tel. 03 35/86 34 02 (ab 20 Uhr)

② **Su. gebr. Kleiderschrank** Tel. 03 35/76 54 93 (abends)

Küchenschrank, Sofa und 5 Stühle aus Großmutters ③ Zeiten, billig zu verkaufen! Tel. 01 74/13 08 94 32

④ **Verk. Kleiderschrank,** 150 €, Tel. 03 35/60 89 54

⑤ **Design-Sofa,** 2 J., schwarzes Leder und Bücherregal (300 x 200 x 0,30 cm) abzugeben. Preis VB. Tel. 01 71/56 90 45 12

2 Bitte schreiben Sie die Anzeigen ohne Abkürzungen.

1. Su. gebr. Spülm., ca. 5 J., bis 150 € sowie Kühlschr. Tel.: 05342/85386

   Suche
   _____

2. Verk. Staubs. „Vampir" (Bosch), 50 € sowie kl. Waschm., 5 Progr. u.v.m., Preis VB
   Tel.: 07633/56347 _____
   _____

3 Schreiben Sie eine Anzeige.

Sie suchen eine gebrauchte Spülmaschine. Sie darf circa 1 Jahr alt sein. Der Preis ist auf Verhandlungs-basis.

Von Kunde zu Kunde ...

☒ **suche**   ☐ **verkaufe**

Kaufmarkt ...

gute Lebensmittel

Telefon-Nr. zum Abreißen

_____

_____

_____

Name: _____

Adresse: _____

_____

4 Markieren Sie *wissen* oder *kennen*.

1. Ich kenne / (weiß) die Telefonnummer nicht mehr, ich habe sie vergessen.

2. Kennen / Wissen Sie die neue Studentin aus Polen?

3. Kennst / Weißt du den neuen Film von Doris Dörrie?

4. Kennen / Wissen Sie die Schweiz?

5. Leider habe ich meine Großeltern nicht mehr gekannt. / gewusst.

6. Wie alt ist die Europa-Universität? – Tut mir leid. Das kenne / weiß ich nicht.

7. Frau Möller ist krank. – Oh, das habe ich nicht gekannt. / gewusst.

8. Was? Ihr kennt / wisst die Krimis von Agatha Christi nicht?

Der Campingplatz am Helene-See

Seite 62	Aufgabe 1–2

1 Auf dem Campingplatz

a) Was sehen Sie auf dem Bild? Bitte markieren Sie.

1. [X] der Garten [ ] die Blume
2. [ ] das Auto [ ] der Wohnwagen
3. [ ] der Grill [ ] der Herd
4. [ ] der Stuhl [ ] der Liegestuhl

5. [ ] der Sonnenschirm [ ] das Schwimmbad
6. [ ] das Zelt [ ] das Vorzelt
7. [ ] der Gartentisch [ ] der Liegestuhl
8. [ ] das Zimmer [ ] das Zelt

b) Was machen die Personen?

> ~~grillen~~   im Liegestuhl sitzen   in der Sonne liegen   Blumen gießen
> den Sonnenschirm aufmachen   das Zelt aufstellen

1. Ein Mann _grillt._
2. Ein Mädchen _____
3. Eine Frau _____

4. Zwei Kinder _____
5. Ein Mann und eine Frau _____
6. Ein Hund _____

2 Bitte ergänzen Sie.

> ~~Ferien~~   Dauercamper   Liegestühle   Garten   Wohnwagen
> Grünen   Vorzelt   Campingplatz   Hotel

1. Familie Bolle wohnt in Berlin. Fast jedes Wochenende und in den _Ferien_ fährt
   sie an die Ostsee nach Rügen.

2. Dort haben sie – wie viele andere Berliner auch – einen großen _Wohnwagen_ mit
   Vorzelt. Er steht auf einem _Campingplatz_ direkt am Strand.

3. Die Bolles sind _DauerCamper_. So müssen sie kein Geld für ein _Hotel_
   bezahlen, aber sie verbringen viel Zeit im _Grünen_.

4. Zu dem Wohnwagen gehört auch ein kleiner _Garten_. Dort stehen der Gartentisch, der Grill und die _Liegestühle_.

1 **Astrid und Daniel Bolle haben viele Wünsche. Bitte ergänzen Sie den Imperativ.**

1. Mama, hast du unsere Betten schon gemacht?
   Nein, _macht_ eure Betten selbst.
2. Mama, hast du schon den Brief an Tante Ursel geschrieben?
   Nein, Astrid, _schreib_ den Brief doch selbst.
3. Mama, hast du schon mit dem Lehrer telefoniert?
   Nein, Daniel, _telefonier_ doch selbst mit ihm.
4. Mama, hast du schon die Großmutter besucht?
   Nein, ihr zwei, _besucht_ sie doch auch einmal.
5. Mama, hast du schon meinen neuen Pullover gesucht?
   Nein, Astrid, _Bsuch_ den Pulli doch selbst.
6. Mama, hast du schon Kuchen beim Bäcker gekauft?
   Nein, ihr zwei, _kauft_ den Kuchen doch selbst.

2 **Wie heißen die Fragen im Imperativ?**

1. Wartest du bitte auf mich?   _Warte doch bitte auf mich._
2. Könnt ihr mir vielleicht helfen?   _Helft mir doch bitte_
3. Können Sie bitte mit dem Chef telefonieren?   _Telefonieren Sie doch mit dem Chef bit_
4. Schreibt ihr mir bitte aus Italien?   _Schreibt mir doch bitte aus Italien_
5. Können Sie mir bitte Ihre Adresse sagen?   _Sagen Sie mir doch bitte Ihre Adres_
6. Antwortest du mir bitte?   _Antworte mir doch bitte_

3 **Verben mit Vokalwechsel *a>ä*. Ergänzen Sie den Imperativ.**

Frau Bolle ist sehr ärgerlich. Was sagt sie zu ihrem Mann?

1. Schatz, Frau Schneider fährst du immer nach Hause.
   Bitte, _fahr_ mich doch mal ins Büro.
2. Schatz, du wäschst immer nur dein Auto.
   Bitte, _wasch_ auch mal mein Auto.
3. Schatz, du lädst immer nur deine Eltern ein.
   Bitte, _lade_ auch mal meine Eltern ein.
4. Schatz, du fängst immer so früh mit der Arbeit an.
   Bitte, _fang_ doch mal später mit der Arbeit an.
5. Schatz, deiner Mutter brätst du immer Fische auf dem Grill.
   Bitte, _brate_ mir doch auch mal einen Fisch.
6. Schatz, du schläfst beim Fernsehen immer ein.
   Bitte, _schlaf_ doch heute mal nicht ein.
   Aber Schatz, sag doch was!

*og hon
ivv
pabe*

4 **Imperativ bei unregelmäßigen Verben e > i. Welche Form passt?**

	Infinitiv	Astrid	Astrid und Daniel
1.	vergessen	_Vergiss_ die Bücher nicht.	Vergesst die Hefte nicht.
2.	sprechen	_Sprich_ etwas lauter.	Sprecht nicht so laut.
3.	nehmen	Nimm noch ein Glas Wasser.	_Nehmt_ ein Stück Torte.
4.	sehen	_Sieh_ doch mal her.	Seht nicht so viel fern.
5.	essen	Iss mehr Gemüse.	_Esst_ weniger Fleisch.
6.	lesen	_Lies_ den Brief von Britta.	Lest eure Bücher.

5 **Der Imperativ – trennbare Verben. Jutta Kleinschmidt ist unzufrieden, sie spricht mit ihrer Kollegin Helga Bolle.**

1. ▶ Ach Helga, morgens bin ich immer so müde.
   ◁ Dann _fang_ mit dem Joggen _an_
   (anfangen).
2. ▶ Ich kann nicht gut schlafen.
   ◁ Dann _Sieh_ nicht so lange _fern_
   (fernsehen).
3. ▶ Jeden Abend bin ich nur zu Hause.
   ◁ Dann _geh_ abends mal _aus_
   (ausgehen).
4. ▶ Meine Wohnung ist nicht schön.
   ◁ Dann _räum_ doch mal _auf_
   (aufräumen).
5. ▶ Aber ich suche einen Mann.
   ◁ Ach so, du möchtest also einen Mann kennen
   lernen. Dann _gib_ doch eine Anzeige
   in der Zeitung _auf_ (aufgeben).

6 **Der Imperativ – Verben mit d/t. Was sagt Frau Bolle zu ihren Kindern?**

1. (Astrid, das Abendessen vorbereiten): _prepare_
   Astrid, bereite doch bitte das Abendessen vor.
2. (Daniel und Astrid, nicht immer so viele Freunde einladen):
   Kinder, ladet doch bitte nicht immer so viele Freunde ein.
3. (Daniel, mehr für die Schule arbeiten):
   Daniel arbeite doch bitte mehr für die Schule
4. (Daniel und Astrid, auf den Brief von Tante Gaby antworten):
   Daniel und Astrid antwortet doch bitte auf den Brief von Tante Gaby
5. (Astrid, Onkel Lutz ein Glas Wasser anbieten):
   Astrid biet Onkel doch bitte Onkle Lutz ein Glass Wasser an
6. (Daniel und Astrid, das Gemüse schneiden):
   Daniel und Astrid schneidet doch bitte das Gemüse

7 In der Schule

Herr Steiger ist Hausmeister an einer Schule. Heute hat er schon tausendmal höflich gesagt „Macht das!" oder „Macht das nicht!". Jetzt ist er ärgerlich und nicht mehr höflich. Was sagt er?

1. Herr Steiger fragt: „Wer war das?!", und die Schüler antworten ihm schon wieder nicht.
   Antwortet mir!

2. Die Schüler bringen ihren Müll schon wieder nicht weg.
   _____

3. Eine Schülerin telefoniert schon wieder mit ihrem Handy.
   _____

4. Zwei Schüler rauchen schon wieder in den Toiletten.
   _____

5. Die Schüler sind in der Pause so laut.
   _____

Das Grillfest

Seite 64/65	Aufgabe 1–5

 Sie haben ein Grillfest organisiert. Sie erzählen Ihrem Freund davon im Perfekt.

letzten Samstag	Grillfest machen	Examen feiern	15 Freunde einladen

Geschenke mitbringen   Wetter gut   Fleisch und Fisch grillen
Orangensaft und Bier trinken   Musik hören, tanzen   Thomas   Gitarre spielen,
alle laut singen   schöner Abend   ganzen Sonntag schlafen

Hallo Erik!
Letzten Samstag habe ich ...
_____
_____
_____
_____
_____
_____
Viele Grüße und hoffentlich bis bald,
_____

2 Ein Haus in Frankfurt an der Oder. Was sollen die Leute machen?

1. Ich _soll_ öfter im Haus putzen.
2. Du _sollst_ nicht mehr im Zimmer rauchen.
3. Robert _soll_ nicht mehr so lange Besuch empfangen.
4. Wir _sollen_ die Küche aufräumen.
5. Die anderen Hausbewohner _sollen_ immer den Müll wegbringen.
6. Das kleine Kind von Elsa _soll_ nicht so laut schreien.
7. Michaela _soll_ die Blumen gießen.
8. Und ihr _sollt_ nicht so laut Musik hören.

3 Seine Familie möchte nur das Beste für ihn. Was empfiehlt sie ihm?

1. „Suche dir doch eine Arbeit.“
   Mein Vater sagt, _ich soll mir eine Arbeit suchen._
2. „Lern doch mal eine Sprache.“
   Mein Bruder sagt, _ich soll mir eine Sprache lernen._
3. „Kauf doch eine Wohnung.“
   Meine Tante sagt, _____
4. „Fahr nicht mehr mit dem Auto!“
   Mein Onkel sagt, _____
5. „Heirate doch bald einmal.“
   Meine Schwester sagt, _____
6. „Werde doch endlich erwachsen.“
   Meine Mutter sagt, _____

4 Herr Mitleid hat viele Probleme. Was soll er tun?

a) Bitte verbinden Sie.

① Er ist immer sehr nervös.	Ⓐ weniger Schokolade essen.	1	C
② Er ist oft krank.	Ⓑ joggen gehen.	2	
③ Er isst zu viele Süßigkeiten.	Ⓒ nicht mehr so viel rauchen.	3	
④ Er kann nachts nicht schlafen.	Ⓓ mal ein paar Tage Urlaub machen.	4	
⑤ Er arbeitet immer sehr viel.	Ⓔ abends keinen Kaffee mehr trinken.	5	
⑥ Er ist sehr unsportlich.	Ⓕ öfter zum Arzt gehen.	6	

b) Was sagt ihm sein Arzt? Bitte schreiben Sie.

1. Sein Arzt sagt, _er soll weniger Schokolade essen._
2. Er sagt, _____
3. Er sagt, _____
4. Er sagt, _____
5. Er sagt, _____
6. Er sagt, _____

wollen, können, müssen, dürfen, sollen. **Was passt?**

Margitta und Dietrich Wirschow möchten im nächsten Sommer einmal ohne Kinder und ohne Wohnwagen Urlaub machen. Deshalb gehen sie ins Reisebüro Sager.

Herr Wirschow	Also, meine Frau und ich, wir _wollen_ nach Polen reisen.
Frau Sager	Nach Polen möchten Sie reisen. Da _kann_ ich Ihnen Krakau empfehlen. Eine sehr schöne Stadt, viele alte Gebäude und interessante Veranstaltungen.
Frau Wirschow	Eine gute Idee. Dort _kan_ man viel sehen.
Frau Sager	Wann _wollen_ Sie fahren?
Herr Wirschow	Also, ich _will_ am liebsten nächste Woche fahren.
Frau Wirschow	Ach nein, Dietrich. Großmutti kommt doch erst Anfang Juli aus Spanien zurück. Sie _____ doch für die Kinder kochen.
Frau Sager	Sie fahren also im Juli. Im Hotel Zentral ist noch ein Doppelzimmer für Sie frei.
Frau Wirschow	_müssen_ wir schon heute reservieren?
Frau Sager	Aber nein, das müssen Sie nicht heute entscheiden. Sie haben noch ein paar Tage Zeit.
Herr Wirschow	_darf_ man in dem Hotel rauchen?
Frau Sager	Aber natürlich.
Frau Wirschow	Aber dein Arzt sagt, du _sollst_ nicht mehr rauchen.
Frau Sager	Also, ich denke, Sie sprechen noch einmal zu Hause über die Reise und dann telefonieren wir in der nächsten Woche.
Frau Wirschow	Ja, genau. Vielen Dank. Auf Wiedersehen.

6 **Ergänzen Sie die Formen.**

	möcht-	wollen	können	dürfen	müssen	sollen
ich	möchte					soll
du			kannst			
er • sie • es	möchte	will		darf		
wir						sollen
ihr				dürft		
sie • Sie		wollen	können		müssen	

7 *machen oder spielen?* **Bitte markieren Sie.**

		machen	spielen
1.	Fußball	☐	☒
2.	Tennis	☐	☐
3.	Sport	☐	☐
4.	Klavier	☐	☐
5.	Pause	☐	☐
6.	Musik	☐	☐
7.	Karten	☐	☐
8.	einen Deutschkurs	☐	☐

Bilder aus dem Studentenleben

Seite 66	Aufgabe 1–2

 Studentenleben früher

a) Lesen Sie im Kursbuch Seite 66, Aufgabe 1. Ergänzen Sie dann die Sätze.

> Uniform einer Studentenverbindung.   ernst und diszipliniert aus.
> im Pferdeschlitten.   ~~aus dem Studentenleben um 1805.~~   einen gefährlichen Degen.
> tragen Uniform.   einen Studenten.   spielt also im Winter.
> heiter und fröhlich.   die Studenten immer Männer.

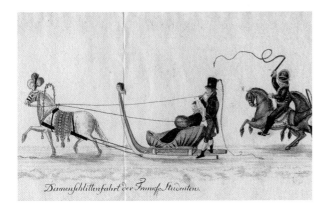

Damenschlittenfahrt der Franz. Studenten.

1. Es zeigt eine Szene *aus dem* _____
   Studentenleben um 1805.
2. Die Studenten _____
   _____
3. Sie begleiten eine Dame. Sie sitzt _____
4. Die Szene _____
   _____
5. Die Gesellschaft wirkt _____
   _____

1. Man sieht _____
   _____
2. Er trägt die _____
   _____
3. Damals waren _____
   _____
4. Der junge Mann hält _____
   _____
5. Er sieht _____
   _____

b) Ordnen Sie bitte die Wörter.

> ~~die Szene~~   ~~reiten~~   ~~fröhlich~~   sein   diszipliniert   eine Dame
> tragen   begleiten   heiter   die Männer   die Studentenverbindung
> ernst   sitzen   der Degen   der Schlitten   jung   gefährlich   aussehen

Nomen: *die Szene,* _____
Adjektive: *fröhlich,* _____
Verben: *reiten,* _____

Lektion 12

Eine Reise nach Berlin

Seite 68	Aufgabe 1

 Wo passen diese Adjektive?

modern	langweilig	lustig	schlecht	furchtbar	traurig

1. ernst – *lustig*
2. gut – *schlecht*
3. interessant – *langweilig*

4. altmodisch – *modern*
5. schön – *furchtbar*
6. fröhlich – *traurig*

 Bitte erklären Sie mit *weil*-Sätzen.

1. Paris, romantisch, es gibt dort schöne Brücken und Parks
   Paris ist romantisch, weil es dort schöne Brücken und Parks gibt.
2. Jan, traurig, seine Großmutter ist gestorben
   Jan ist traurig, weil seine Großmutter gestorben ist
3. Das Buch, langweilig, es hat 700 Seiten und keine Bilder
   Das Buch ist langweilig, weil es 700 Seiten und keine Bilder hat
4. Der Film, fantasievoll, er spielt im Jahr 3010
   Der Film ist fantasievoll, weil er im Jahr 3010 spielt
5. Sie, zufrieden, sie fliegt heute nach London
   Sie ist zufrieden, weil sie heute nach London fliegt
6. Der Abend, lustig, wir grillen mit unseren Freunden
   Der Abend ist lustig, weil wir mit unseren Freunden grillen

3 **Marlene Dietrich – eine Kurzbiografie**

a) Lesen Sie den Text.

Die Dietrich war auf der ganzen Welt zu Hause, aber eigentlich ist
sie eine Berlinerin, geboren 1901 als Maria Magdalena von Losch.
1922/23 studiert sie erst an der Berliner Hochschule für Musik.
Schon 1922 geht sie zum Theater. 1930 spielt sie die „Lola Lola"
in dem Film „Der blaue Engel" und wird auf der ganzen Welt berühmt.
Alle Männer lieben die schöne Marlene.
1939 geht sie nach Amerika, weil sie gegen die Nazi-Regierung in
Deutschland ist. 1936–1983 macht sie wichtige Filme mit Ernst Lubitsch,
Billy Wilder, Alfred Hitchcock und Orson Welles.
Marlene Dietrich arbeitet in Hollywood, aber sie lebt seit 1976 in Paris.
Dort stirbt sie auch 1992 einsam im Alter von 91 Jahren.

b) Bitte ergänzen Sie.

Geburtsname: _Maria Magdalena von Losch_

Geburtsjahr: _1901_   Geburtsort: _Berlin_

Studium in den Jahren: _1922/23_   Berühmtester Film: _Der blaue Engel_

Filme mit folgenden Regisseuren: _Ernst Lubitsch, Billy Wilder, Alfred Hitchcock_
und Orson Welles

1939 Auswanderung nach: _Amerika_   Wohnort seit 1976: _Paris_

Tod in: _Paris_   Im Jahr: _1992_

4 Fünf E-Mails. Können Sie *Emoticons* ;-) lesen?

lustig	unglücklich	ärgerlich	~~traurig~~	langweilig

1
Liebe Johanna,
Iris hat mir gesagt, dass dein Hund gestorben ist. Meine arme Johanna, sei
nicht :-(.
Wir finden sicher bald wieder einen süßen kleinen Hund für dich.
Liebe Grüße, dein Onkel Julius

1. Johanna soll nicht :-(_traurig_ sein.

2
Liebe Lisa,
heute Morgen bin ich furchtbar müde — du auch? Ich glaube, ich schlafe
einfach noch ein bisschen im Büro, hihi! Aber der Abend gestern war wirklich sehr :-). Ich habe schon lange nicht mehr so viel gelacht.
Viele Grüße, Rosi

2. Rosi findet, dass der Abend :-) _____ war.

3
Hallo Rainer,
du wolltest gestern doch um 19 Uhr ins Café Zett kommen und mir meinen
Fotoapparat zurückgeben. Ich habe eine Stunde dort gewartet, aber du
bist nicht gekommen. Wo warst du? Und wo ist mein Fotoapparat?!
:-@ Wolfgang

3. Wolfgang ist sehr :-@ _____.

4
Hallo Mailingliste,
ihr wolltet doch was über den neuen James-Bond-Film wissen. Also, ich
habe den Film gesehen. Meine Meinung dazu: I-o
Schaut ihn euch lieber nicht an.
Kilian

4. Kilian findet den Film I-o _____.

5
Ach Saskia, es ist etwas Furchtbares passiert: Stefan will nicht mehr
mein Freund sein! Er sagt, dass ich zu jung für ihn bin. Ich — zu jung?!
Ich bin doch schon 16 und Stefan ist auch erst 17. Und außerdem liebt
er ein anderes Mädchen, sagt er. Saskia, was soll ich machen?!
Deine :-< Jenny

5. Jenny ist sehr :-< _____.

1 Lesen Sie im Kursbuch Seite 68/69, Aufgabe 3. Richtig **r** oder falsch **f**?

1. Die Nazis haben die Bücher von Erich Kästner verbrannt. _____ **r** **f**
2. In Kreuzberg leben Menschen aus vielen Kulturen. _____ **r** **f**
3. In Berlin kann man nur Döner Kebab, Käsespätzle und Buletten essen. _____ **r** **f**
4. Bis zum 17. Jahrhundert war Spandau das Zentrum der Berliner Juden. _____ **r** **f**
5. Die Regierung arbeitet im Reichstag. _____ **r** **f**
6. Die Berliner Mauer war eine Grenze. _____ **r** **f**

2 Entdecken Sie Berlin. Welche Stadtrundfahrt passt?

① Kirche, Moschee, Synagoge: _____

② Grenze, Checkpoint Charlie, Potsdamer Platz: _____

③ Schriftsteller, Romanhelden, Literatur: _____

④ Centrum Judaicum, jüdische Schule, Synagoge: _____

⑤ Reichstagsgebäude, Kanzleramt, Ministerien: _____

A Der ehemalige Mauerstreifen

B Jüdisches Berlin

C Das Regierungsviertel

D Berlin Kreuzberg

E Erich Kästner in Berlin

1	D
2	
3	
4	
5	

Im Reichstagsgebäude

1 Aufzugführer im Reichstag. Ein Traumberuf?

Harry Löber ist von Beruf

Reichstagsgebäude, zur Orientierung im Gebäude und natürlich zu

er sehr interessant. Jeden Tag sieht er etwa 6000 Menschen. Die

freundlich, weil sein Beruf ihm viel Spaß macht.

war nach dem Ende der DDR lange arbeitslos. Seinen neuen Job findet

Aufzugführer im Reichstagsgebäude. Der 56-Jährige

den Politikern. Aber Harry Löber bleibt immer ruhig und

Besucher stellen Hunderte von Fragen zum

Harry Löber ist von Beruf Aufzugführer im Reichstagsgebäude.

2 Immer zwei Wörter haben die gleiche Bedeutung. Welche?

1. (Restaurant) – (Gaststätte) – Hotel
2. Schnellzug – Aufzug – Lift
3. Toilette – Bad – WC

4. Universität – Hochschule – Grundschule
5. Ferien – Urlaub – Wochenende
6. Besucher – Freunde – Gäste

1 **Beschreibung und Orientierung**

a) **Im Reichstag. Was ist wo?**

Dachterrasse / Restaurant

3. Stock

Pressebüros

2. Stock

Bibliothek

1. Stock

Post

Aufzüge   WC

Erdgeschoss

1. Wo sind die Aufzüge?   ☒ Vorn am Eingang.   ☐ Im ersten Stock.
2. Wo ist das Restaurant?   ☐ Hinten rechts.   ☐ Oben auf der Dachterrasse.
3. Wo finde ich die Post?   ☐ Unten im Erdgeschoss.   ☐ Gleich hier rechts.
4. Ich möchte zum Pressebüro.   ☐ Im zweiten Stock hinten links.   ☐ Im ersten Stock hinten rechts.
5. Wo sind bitte die Toiletten?   ☐ Überall im ganzen Haus.   ☐ Gleich hier rechts.
6. Ich suche die Bibliothek.   ☐ Hinten links.   ☐ Im ersten Stock.

b) **Fragen an Manfred Knie, Aufzugführer im Hotel Bellevue in Berlin.**

1. Wo ist die Rezeption?
   Die Rezeption ist gleich hier rechts.
2. Wir suchen die Bar.

   _____

3. Wo ist bitte der Frühstücksraum?

   _____

4. Ich suche die Toiletten.

   _____

5. Wir möchten ins Fitness-Studio.

   _____

6. Wo finden wir die Sauna?

   _____

Hotel Bellevue

Bar	Fitness-Studio	Dachterrasse
Doppelzimmer	Einzelzimmer	3. Stock
Doppelzimmer	Einzelzimmer	2. Stock
Doppelzimmer	Einzelzimmer	Stock
Frühstücks-raum	Hotel Bellevue Rezeption Toiletten	Erdgeschoss
Sauna und Schwimmbad		Keller

2 Wo und wohin? Bitte sortieren Sie.

~~hinten~~   ~~nach unten~~   vorn   nach rechts   in die Mitte   rechts   nach vorn
in der Mitte   oben   nach links   nach hinten   unten   links   nach oben

Wo?	Wohin?
hinten,	nach unten,

3 Was gehört zusammen?

hinten ————————— nach hinten links
oben   unten in der Mitte
nach rechts   nach links
nach vorn links   → vorn
oben in der Mitte   unten

4 Ein Foto von Harry Löber und seinen Kollegen

Auf dem Foto sieht man:

1. Herr Löber steht in der Mitte.
2. Frau Gieche steht links an der Wand.
3. Frau Koparan steht jetzt vorn.

4. Herr Schneider steht rechts im Bild.
5. Herr Paulson steht jetzt hinten.
6. Herr Paulson schaut nach oben.
   Alle lachen.

Was hat der Fotograf gesagt?

„Sie da! Gehen Sie _in die Mitte_ ."
„Die Dame mit dem Hut. Bitte mehr _____."
„Und Sie, Sie sind sehr klein. Kommen Sie bitte
_____."
„Der Herr mit der Brille. Gehen Sie _____."
„Sie sind sehr groß. Gehen Sie bitte _____."
„Und schauen Sie nicht _____."
„Und jetzt alle mal lachen!"

5 Was macht Harry Löber nach der Arbeit? Ergänzen Sie bitte.

1. Harry Löber kommt von der Arbeit nach Hause. Seine Wohnung liegt im 2. Stock. Er geht die Treppen ☒ nach oben ☐ oben zu seiner Wohnung.
2. Zuerst macht er den Haushalt. Er bringt den Müll ☒ nach unten ☐ unten, dann geht er wieder ☒ nach oben ☐ oben in die Wohnung. Dann geht er zu seinem Englischkurs.
3. Seine Lehrerin sagt: „Herr Löber, kommen Sie bitte ☒ nach vorn ☐ vorn zu mir."
4. Jetzt steht er ☐ nach vorn ☒ vorn bei der Lehrerin und weiß nichts!
5. Er hat wie immer seine Hausaufgaben nicht gemacht und möchte ganz schnell wieder ☒ nach hinten ☒ hinten auf seinen Platz an der Wand gehen.
6. Ganz ☒ nach hinten ☐ hinten im Klassenzimmer hat er meistens seine Ruhe.
7. Nach dem Englischkurs holt Harry seinen Kollegen Paul ab, weil sie noch ins Kino gehen wollen. Er wohnt in einem Hochhaus, ☐ nach oben ☒ oben im 3. Stock.
8. Er wartet ☐ nach unten ☒ unten am Eingang und fragt. „Soll ich ☒ nach oben ☐ oben kommen oder kommst du gleich ☒ nach unten ☐ unten?" „Warte, ich komme gleich ..."

6 **Im Kaufhaus *Kaufland*. Was ist wo? In welchen Stock muss man gehen?**

Dachterrasse
Café

3. Stock
Freizeit
Sport
Camping

2. Stock
Bekleidung

1. Stock
Möbel

Erdgeschoss
Supermarkt
WC

1. ▶ Guten Tag, wo sind die Toiletten?
   ◁ Die Toiletten sind hier unten. Sie finden Sie
   im Erdgeschoss   .

2. ▶ Entschuldigung, ich möchte ein Zelt für meinen Sohn kaufen.
   ◁ Zelte gibt es in der Abteilung Freizeit/Sport/Camping. Fahren
   Sie nach *nach oben ... Stock 3*   .

3. ▶ Entschuldigung, wo finde ich Sofas?
   ◁ Sofas finden Sie in unserer Möbelabteilung. Fahren Sie
   nach oben Stock 1   in den 3. Stock   .

4. ▶ Hallo, ich möchte einen Rock kaufen.
   ◁ Bekleidung verkaufen wir im zweiten Stock. Fahren Sie also
   _____.

5. ▶ Ich brauche eine Schachtel Pralinen für meine Mutter.
   ◁ Also, Lebensmittel gibt es im Supermarkt im Erdgeschoss.
   Gehen Sie _____.

6. ▶ Entschuldigung, ich suche das Café. Dort treffe ich meine
   Freundin.
   ◁ Junger Mann, unser Café finden Sie auf der Dachterrasse.
   Fahren Sie _____.

nach = motion
in = Static

Linie 100

Seite 72	Aufgabe 1

1 **Lesen Sie noch einmal im Kursbuch Seite 72, Aufgabe 1.**

1. Heike Blütner ist mit dem Auto nach Berlin gefahren. _____ **r** **f**
2. Zu den Sehenswürdigkeiten kommt man nur mit der Linie 100. _____ **r** **f**
3. Heike Blütner möchte alle Sehenswürdigkeiten von Berlin sehen. _____ **r** **f**
4. Sie ist sehr müde und schläft im Bus. _____ **r** **f**
5. Die Polizei nimmt Heike Blütner mit. _____ **r** **f**
6. Heike Blütner hat geträumt. _____ **r** **f**

2 **Die Busfahrt. Was hat Heike Blütner wirklich gesehen? Was hat sie geträumt?**

		Wirklichkeit	Traum
1.	Nun sitze ich da: im Doppeldeckerbus der Linie 100, oben, ganz vorn, direkt über dem Fahrer, zwischen meinen Gepäckstücken.	☒	☐
2.	Dort liegt ein Mann vor der Mauer. Ein Polizist steht hinter ihm, mit der Waffe in der Hand.	☐	☐
3.	„Aufwachen", der Busfahrer steht neben mir.	☐	☐
4.	Und Berlin liegt vor mir: Tiergarten, Siegessäule, Reichstag, Brandenburger Tor, Alexanderplatz.	☐	☐
5.	„Warum sind die Dächer von Berlin denn jetzt plötzlich unter mir?"	☐	☐
6.	Der Bus Linie 100 fährt direkt vom Bahnhof Zoo bis zum Prenzlauer Berg.	☐	☐
7.	Jetzt stehen hier überall Leute: vor der Mauer, hinter der Mauer, auf der Mauer.	☐	☐
8.	Die Deutschlandflagge weht über dem Brandenburger Tor. Alle jubeln. Was feiert ihr?	☐	☐

Seite 73	Aufgabe 2–5

1 **Heike Blütner in der Linie 100.**

an	zwischen	vorn	über	auf	i̶m̶	hinter

1. Heike Blütner sitzt _im_____ Doppeldeckerbus.
2. Der Bus fährt vom Bahnhof Zoo bis zum Prenzlauer Berg und kommt _____ vielen Sehenswürdigkeiten vorbei.
3. Heike sitzt ganz _____, direkt _____ dem Fahrer.
4. Sie kann _____ die Straßen von Berlin schauen.
5. Aber sie hat wenig Platz _____ ihren Taschen.
6. _____ ihr sitzt eine Familie mit Kindern. Sie kommen aus Bonn.

2 **Wo oder wohin? Bitte markieren Sie.**

		Wo?	Wohin?
1.	Der Bus hält am Brandenburger Tor.	☒	☐
2.	Sie hängt das Bild zwischen die Regale.	☐	☐
3.	Die Familie steigt auf den Fernsehturm.	☐	☐
4.	Das Haus von Familie Müller ist hinter der Kirche.	☐	☐
5.	Wir stellen die Liegestühle unter den Sonnenschirm.	☐	☐
6.	Die Leute stehen vor dem Reichstag.	☐	☐
7.	Der Hund schläft unter dem Tisch.	☐	☐
8.	Familie Müller wohnt über Frau Schneider.	☐	☐
9.	Stell doch den Tisch neben das Regal.	☐	☐
10.	Die Katze läuft in die Küche.	☐	☐

3 **Linie 100. Ergänzen Sie den bestimmten Artikel.**

a) Wo + Dativ.

1. Familie Döringer aus Bonn ist auch in _der_ Linie 100.
2. Die Eltern sitzen neben _den_ Kindern. *PL*
3. Aber die beiden Mädchen möchten hinter _dem_ Fahrer sitzen.
4. Dann suchen sie das Spielzeug. Aber das Spielzeug ist unter _den_ Kleidern im Koffer. *PL*
5. Die Eltern möchten Fotos machen, weil der Bus an _der_ Sehenswürdigkeiten hält.
6. Herr Döringer sucht den Fotoapparat. Er liegt zwischen _den_ Taschen.

b) Wohin + Akkusativ.

1. Am Brandenburger Tor steigt Herr Damaschke mit seinem Hund in _den_ Bus. *suddenly*
2. Der Rentner geht an _den_ Platz am Fenster. Plötzlich ist der Hund weg.
3. Er läuft zwischen _die pl_ Koffer von Familie Döringer.
4. Dann geht er unter _den_ Platz von Heike Blütner.
5. Endlich fährt der Bus an _die_ nächste Haltestelle. Er hält am Dom und Herr Damaschke steigt zusammen mit seinem Hund aus.

4 **Wo oder wohin? Berliner Szenen.**

1. Ein Mann fotografiert seine Familie. Die Kinder stehen neben _der_ Mutter und finden Fotografieren langweilig.
2. Eine junge Frau steht an _der_ Haltestelle und schaut auf _die_ Uhr. Sie wirkt nervös. *seems* Kommt der Bus zu spät?
3. Auf _der_ Bank vor _dem_ Hotel sitzt eine alte Dame. Jetzt steht sie auf und geht weiter.
4. Einige Kinder spielen Verstecken. *finding* Sie laufen so schnell wie möglich über _den_ Platz.
5. Ein Maler kommt und legt seine Farben und ein kleines Bild von Michelangelo auf _die_ Straße. Dann zeichnet er das Bild auf _die_ Straße. *WO*
6. Einige junge Leute kommen mit ihrem Kassettenrekorder. Sie stellen das Gerät auf _die ?_ *wohin?* Bank und hören sehr laut Musik. *bench*

Wohin / Wo

5 **Ein Tag bei Familie Damaschke. Ergänzen Sie auf oder am.** *damashka*

1. Familie Damaschke wohnt _auf_ dem Land. Heute fährt der Großvater mit seinem Hund in die Stadt. Er will _auf_ die Bank und _auf_ die Post.
2. Jan Damaschke geht _auf_ die Erich-Kästner-Schule. Er ist in der 9. Klasse.
3. Seine Schwester Britta geht schon _auf_ die Universität. Sie studiert Englisch.
4. Heute sitzt sie den ganzen Tag _am_ Schreibtisch und _am_ Computer. Am Abend geht Britta _auf_ eine Geburtstagsfeier und Jan muss ins Bett. Das findet er gar nicht gut.
5. Herr Damaschke ist _auf_ dem Arbeitsamt. Er sucht gerade Arbeit.
6. Frau Damaschke hat diese Woche Urlaub. Die Sonne scheint, und Frau Damaschke liegt den ganzen Nachmittag _auf_ der Terrasse oder sitzt _am_ Tisch und liest Zeitung.

6 *hängen, stellen, stehen, liegen* und *legen*. Bitte ergänzen Sie.

Großvater Damaschke ist 80 Jahre alt. Er vergisst viel und muss immer alles suchen.

Heute:

1. Er _stellt_ seinen Schirm hinter die Tür.
2. Er _hängt_ seinen Mantel in den Schrank.
3. Er _Liegt_ sein Geld unter das Bett.
4. Er _stellt_ seine Hausschuhe unter den Tisch.
5. Er _hängt_ seine Schlüssel an die Wand.
6. Er _liegt_ seine Medikamente in den Kühlschrank.

Morgen fragt er:

Wo _steht_ denn mein Schirm?
Wo _hängt_ denn mein Mantel?
Wo _legt_ denn mein Geld?
Wo _steht_ denn meine Hausschuhe?
Wo _hängen_ denn meine Schlüssel?
Wo _legen_ denn meine Medikamente?

7 Heike Blütner geht im Zentrum von Berlin spazieren. Bitte ergänzen Sie.

zum	an der	vor dem	auf dem	unten	in den
über den		auf dem	im		zwischen dem

1. Ihr Spaziergang beginnt _an der_ Siegessäule.
2. Dann geht sie geradeaus direkt _zum_ Brandenburger Tor.
3. Es ist _auf dem_ Pariser Platz.
4. Heike steht _vor dem_ Brandenburger Tor und macht Fotos.
5. Dann geht sie nach links _in den_ Reichstag.
6. _Im_ Reichstag kauft sie Postkarten.
7. Dann möchte sie noch zur Museumsinsel. _Zwischen dem_ Bode-Museum und der Nationalgalerie sieht sie das Pergamon-Museum. Sie geht zum Haupteingang und liest: „Heute geschlossen!". Dann geht sie in die Nationalgalerie. Dort gibt es eine Ausstellung über die Kunst des 19. Jahrhunderts.
8. Jetzt ist sie müde. Am liebsten möchte sie sofort in ein Café gehen, aber in Berlin kann man so viel sehen! Also weiter. _über den_ Dächern kann sie schon den Dom sehen.
9. Zum Schluss steigt sie noch auf den Fernsehturm. _Unten_ sieht sie viele Autos.
10. Es ist wirklich sehr laut hier _auf dem_ Alexanderplatz. Jetzt will sie nur noch sitzen, essen, trinken und ausruhen.

8 Harry und Paul kochen zusammen. Welches Wort passt? Markieren Sie bitte.

Harry Mensch, Paule, wie geht's?

Paul Es geht. Ich bin ziemlich müde. Ich komme gerade **(1)** _____ Stadt. Ich war zuerst
(2) _____ Supermarkt, dann in der Bäckerei. Dort habe ich Özer getroffen.
Du weißt schon. Das ist doch der Kollege **(3)** _____ Türkei.

Harry Ach ja. Also, ich komme gerade **(4)** _____ Arbeit. Und jetzt habe ich Hunger.

1. a) aus der   b) von der   c) in der
2. a) in   b) im   c) zum
3. a) aus   b) aus die   c) aus der
4. a) von der   b) vom   c) aus der

Paul Na, dann wollen wir mal kochen.

Harry Wo ist der Salat? Ich kann ihn nicht finden.

Paul Im Regal links **(5)** _____, bei den Orangen.

Harry Mmh, im Regal? Und nicht im Kühlschrank? Und wo ist der Schafskäse?

Paul Auf dem Balkon. Schau dort genau nach, in der Mitte oder ganz **(6)** _____.

Harry Und wo sind die Tomaten? Sind sie auch auf dem Balkon?

Paul Nein. Warum denn das? Sie sind im Wohnzimmer, **(7)** _____ Sofa. Dort findest du
auch die Oliven und den Reis.

Harry Na gut … Sag mal, hast du Mineralwasser da? Ich brauche jetzt etwas zu trinken.

Paul Natürlich. Der Kasten steht da, **(8)** _____ Regalen.

5. a) vorn   b) nach vorn   c) vor
6. a) hinten   b) hinter   c) nach hinten
7. a) am   b) vorn   c) neben dem
8. a) zwischen den   b) an den   c) zwischen die

Harry Dann suche ich noch den Kochtopf für den Reis.

Paul Der ist im Waschbecken. Du weißt ja, das Badezimmer ist **(9)** _____.

Harry Das kann ich nicht glauben! Und wo sind dann die Teller?

Paul Schau mal. Sie sind **(10)** _____ Zeitung auf dem Tisch. Ach nein, … ich glaube, sie
sind im Keller, in dem Regal **(11)** _____ Mülleimern.

Harry Im Keller? Also gut, ich gehe **(12)** _____ in den Keller. – Hier sind die Teller. Aber
die sind ja gar nicht sauber.

9. a) nach hinten links   b) hinten links   c) nach links
10. a) unten   b) nach unten   c) unter der
11. a) oben   b) über den   c) nach oben
12. a) unter   b) unten   c) nach unten

Paul Das macht nichts. Dann müssen wir erst spülen, danach können wir essen. Geh
(13) _____ in das Badezimmer. Da steht **(14)** _____ die Spülmaschine.

Harry Wollen wir nicht lieber **(15)** _____ Kreuzberg fahren und **(16)** _____
Schnellimbiss essen?

13. a) hinter   b) hinten   c) nach hinten
14. a) vorne rechts   b) oben rechts   c) oben links
15. a) in die   b) zu   c) nach
16. a) im   b) in die   c) in einen

Karneval der Kulturen

Seite 74 | Aufgabe 1–2

1 Welche Antwort passt? Markieren Sie bitte.

1. Was ist der Karneval der Kulturen?
   - [A] ein Fest aller Kulturen
   - [B] Fastnacht
   - [C] ein Musikfestival

2. Was gibt es in einer multikulturellen Stadt?
   - [A] viele kulturelle Veranstaltungen
   - [B] zweisprachige Busfahrer
   - [C] Menschen ganz verschiedener Nationalitäten

3. Wie ist ein toleranter Mensch?
   - [A] Er ist toll.
   - [B] Er findet andere Denkweisen interessant.
   - [C] Seine Meinung ist für ihn am wichtigsten.

4. Was bedeutet Heimat?
   - [A] der Geburtstag
   - [B] die Firma
   - [C] zu Hause

5. Was ist eine Stadt mit Gegensätzen?
   - [A] eine Stadt mit Tradition und Avantgarde
   - [B] eine Stadt mit vielen Hochhäusern
   - [C] eine sehr laute Stadt

6. Was ist ein kulturelles Angebot?
   - [A] z.B. Konzerte oder Kunstausstellungen
   - [B] eine Art Sonderangebot
   - [C] eine Freizeiteinrichtung

2 Lesen Sie noch einmal im Kursbuch Seite 74, Aufgabe 2 a.

1. Martin Miller schreibt eine Reportage über das multikulturelle Berlin. _____ r f
2. Die Eltern von Özlem Arslan möchten in ihre Heimat zurückgehen, weil ihr Vater in Deutschland keine Rente bekommt. _____ r f
3. Özlem Arslan hat Jura studiert. _____ r f
4. Duc Nguyen lebt und arbeitet in Berlin, weil er dort besonders viel verkaufen kann. _____ r f
5. Irina Ivanova kennt Berlin extrem gut. _____ r f
6. Sam Salman kann auch in London oder New York leben. _____ r f

Seite 75 | Aufgabe 3–5

1 Die Arbeit von Martin Miller. Kombinieren Sie bitte.

① Wenn der Karneval der Kulturen stattfindet,	[A] hat er am Montag frei.	1	E
② Wenn Martin in Berlin arbeitet,	[B] fährt er immer nach Australien.	2	
③ Wenn er am Sonntag gearbeitet hat,	[C] trifft er seinen Kollegen Rainer Leyenfels.	3	
④ Wenn er abends viel Zeit hat,	[D] braucht er starken Kaffee.	4	
⑤ Wenn er müde ist,	[E] ist Martin Miller in Berlin.	5	
⑥ Wenn er Urlaub hat,	[F] geht er mit Freunden ins Kino.	6	

2 wenn-Sätze

a) Bilden Sie wenn-Sätze.

1. Martin Miller arbeitet in Berlin. / Er besucht seinen Kollegen Rainer Leyenfels.
   Wenn Martin Miller in Berlin arbeitet, besucht er seinen Kollegen Rainer Leyenfels.

2. Der Sommer ist vorbei. / Irina studiert wieder in Kiew.

3. Der Vater geht in Rente. / Die Eltern möchten zurück in die Türkei.

4. Sam ist in einer großen Stadt. / Er muss in ein Konzert gehen.

5. Sam hat Urlaub. / Er fliegt nach New York.

6. Ein großes Fest findet statt. / Duc Nguyen verkauft viel.

b) Schreiben Sie die Sätze noch einmal anders.

1. _Martin Miller besucht seinen Kollegen Rainer Leyenfels, wenn er in Berlin arbeitet._
2. _____
3. _____
4. _____
5. _____
6. _____

3 Özlem Arslan muss beruflich ⟨, or occupational⟩ nach Chicago fliegen. Ihre Eltern haben Angst.

| Eltern | Du musst sofort mit uns telefonieren,
wenn du in Chicago ankommst
(in Chicago ankommen). |
| Özlem | Aber ich bin doch am Samstag schon wieder in Berlin. |
| Eltern | Und geh nicht allein auf die Straße,

(dunkel sein). |
| Özlem | Keine Angst, meine Kollegen fliegen auch mit. |
| Eltern | Und _____

(müde sein), geh bitte sofort auf dein Hotelzimmer!
Und dann das schlechte Wetter!
Du musst warme Kleidung tragen,

_____ (regnen). Und nimm nicht zu viel
Geld mit, _____ (in die Stadt gehen). |
| Özlem | Ja, aber … |
| Eltern | Sag es uns bitte gleich, _____ (wieder in
Berlin sein). |
| Özlem | Also, ich bin doch kein kleines Kind mehr! |

4 *wenn*-Sätze: einmal oder immer? Markieren Sie bitte.

	einmal	immer
1. Wenn der Sommer kommt, steigen die Temperaturen.	☐	☒
2. Telefoniere bitte gleich, wenn du in Chicago ankommst.	☐	☐
3. Wenn die Sommerferien beginnen, gibt es viel Verkehr.	☐	☐
4. Wenn die Schulzeit vorbei ist, fängt das Arbeitsleben an.	☐	☐
5. Wenn die Eltern von Özlem in Rente gehen, haben sie viel Freizeit.	☐	☐
6. Wenn in Brasilien Winter ist, ist in Deutschland Sommer.	☐	☐

5 Irina Ivanova erzählt von ihren Plänen

a) Ergänzen Sie bitte *wenn*, *weil* und *dass*.

1. _Wenn_ ich in die Ukraine zurückgehe, beginnt mein Studium an der Universität.
2. Ich will Deutschlehrerin werden, _____ mir Deutschland gefällt.
3. Es ist mir egal, _____ ich als Lehrerin nicht so viel Geld verdiene.
4. Spaß bei der Arbeit ist mir wichtiger als Geld, _____ ich sonst unzufrieden bin.
5. Ich denke, _____ man an der Universität schnell Freunde finden kann.
6. _____ ich nicht allein sein will, kann ich die anderen Studenten treffen.
7. _____ ich Semesterferien habe, möchte ich meine Freunde in Berlin besuchen.
8. Das finde ich wichtig, _____ ich den direkten Kontakt mit der deutschen Sprache nicht verlieren will.
9. _____ ich mein Studium beendet habe, möchte ich gern ein Jahr an einer deutschen Schule arbeiten.
10. Ich glaube, _____ ich dort viel lernen kann.

b) Schreiben Sie die Sätze aus a) in die passende Tabelle.

Nebensatz			Hauptsatz		
Subjunktion	**Satzmitte**	**Satzende/ Verb**	**Verb**	**Satzmitte**	**Satzende/ Verb**
Wenn	ich in die Ukraine	zurückgehe,	beginnt	mein Studium an der Universität.	

Hauptsatz				Nebensatz		
Position 1	**Verb**	**Satzmitte**	**Satzende/ Verb**	**Subjunktion**	**Satzmitte**	**Satzende/ Verb**
Ich	will	Deutsch- lehrerin	werden,	weil	mir Deutschland	gefällt.

Feste und Feiern

Seite 76	Aufgabe 1

1 Welcher Feiertag ist das?

a) Bitte schreiben Sie.

| der Nationalfeiertag | | Silvester | | Ostern |
| der Tag der Arbeit | Karneval | | Weihnachten | |

1. Man feiert den letzten Tag im Jahr: _Silvester_
2. Es gibt Geschenke und gutes Essen: _____
3. Die Menschen tragen Masken und sind fröhlich: _____
4. Die Kinder suchen bunte Eier und essen Schokoladenhasen: _____
5. Es gibt viele politische Demonstrationen an diesem politischen Feiertag: _____
6. Deutschland feiert seine Wiedervereinigung: _____

b) Was passt? Bitte kombinieren Sie.

1. Am 1. August
2. Im Februar und im März
3. Am ersten Sonntag nach Frühlingsvollmond
4. Am 25. und 26. Dezember
5. Am 31. Dezember
6. Am 26. Oktober

feiert man in manchen Regionen Karneval.
ist Ostern.
feiert man Weihnachten.
ist Nationalfeiertag in der Schweiz.
ist Nationalfeiertag in Österreich.
feiert man Silvester.

Seite 77	Aufgabe 2–3

1 Die Monate. Was fehlt? Bitte ergänzen Sie.

Januar	_Februar_	_____	April	Mai	_____
Juli	_____	September	_____	November	_____

2 Wie heißen die Jahreszeiten?

1. Dezember, Januar, Februar = _der Winter_
2. März, April, Mai = _____
3. Juni, Juli, August = _____
4. September, Oktober, November = _____

3 Kennen Sie die Wochentage noch? Schreiben Sie bitte.

Wochenanfang: _Montag_____, _____

Wochenmitte: _____, _____

Wochenende: _____, _____ und _____

4 Wie heißen die Tageszeiten?

10.00 Uhr = _am Morgen_____ → Jeden Morgen = _morgens_____

12.30 Uhr = _____ → _____ = mittags

16.15 Uhr = _____ → Jeden Nachmittag = _____

5 Wann? Das Datum.

1. 24. Juli:
   _am vierundzwanzigsten Juli_____

2. 7. September:
   _____

3. 1. März:
   _____

4. 31. Januar:
   _____

5. 3. Mai:
   _____

6. 29. Februar:
   _____

Emil und die Detektive

Seite 78	Aufgabe 1

1 Lesen Sie im Kursbuch Seite 78, Aufgabe 1. Was passt?

1. Was sind Sorgen?
   - ☒ Probleme
   - ☐ Pläne
   - ☐ Projekte

2. Was macht ein Dieb?
   - ☐ Kindern Geld schenken
   - ☐ Geld verstecken
   - ☐ Geld stehlen

3. Was bedeutet Eisenbahn?
   - ☐ Straßenbahn
   - ☐ U-Bahn
   - ☐ Zug

4. Wen verfolgt die Polizei?
   - ☐ Detektive
   - ☐ Diebe
   - ☐ Fußbälle

2 Emil und die Detektive. Erzählen Sie die Geschichte noch einmal.

> dass die Kinder ihn wie Detektive verfolgen.   ist die Polizei sehr zufrieden.
> er kann endlich zu seiner Großmutter.   kann ein Dieb ihm 140 Mark stehlen.
> Emil helfen und macht einen Plan.   Polizei den Dieb fangen.
> seine Freunde zu Hilfe.   als zwanzig Kinder.

1. Weil Emil im Zugabteil schläft, _kann ein Dieb ihm 140 Mark stehlen._
2. Gustav, der Berliner Junge, will _____
3. Er ruft alle _____
4. Jetzt sind sie mehr_____
5. Der Dieb sieht nicht, _____
6. Der Plan funktioniert: Am Ende kann die _____
7. Dann gibt die Polizei Emil das Geld wieder und _____
8. Weil Emil und seine Freunde beste Detektivarbeit gemacht haben, _____

3 Erich Kästner. Ergänzen Sie bitte.

> am   aus   weil   ab   für   gegen   dass   in   am

1. _Am_ 23. Februar 1899 wird Erich Kästner _____ Dresden geboren.
2. Er studiert in Leipzig und arbeitet _____ 1927 als Schriftsteller in Berlin.
3. _____ er Gedichte und Texte _____ die Nazis schreibt, verbrennen sie 1933 seine Bücher.
4. Aber Kästner geht nicht _____ Deutschland weg.
5. Die Kinder wissen, _____ er die meisten Bücher _____ sie geschrieben hat, wie zum Beispiel „Emil und die Detektive" (1928), „Pünktchen und Anton" (1931), „Das fliegende Klassenzimmer" (1933) und „Das doppelte Lottchen" (1949).
6. Erich Kästner stirbt _____ 29. Juli 1974 in München.

4 Ein Quiz. Das wissen Sie schon über die deutschsprachigen Länder.

1. Welche Stadt in Deutschland ist berühmt für ihre Lebkuchen? _Nürnberg._
2. Wie sagt man in der Schweiz für „Fahrrad"? _____
3. In welcher Region liegen die Städte Essen, Herne und Gelsenkirchen? _____
4. In welchem Gebäude diskutiert und arbeitet das deutsche Parlament? _____
5. Wie heißt die Nachbarstadt von Słubice? _____
6. Wie sagt man in Österreich für „Guten Tag"? _____
7. Wie heißt der Weihnachtsmarkt in Nürnberg? _____
8. In welchem Jahr fand die Wiedervereinigung von Ostdeutschland (DDR) und Westdeutschland (Bundesrepublik Deutschland) statt? _____
9. Welche Länder grenzen an die Stadt Basel? _____
10. In welcher Stadt ist Wolfgang Amadeus Mozart geboren? _____
11. Was baut man in einer Zeche ab? _____
12. Wie heißt die Hochschule in Frankfurt an der Oder? _____

Anhang

Lösungen zum Übungsbuch
Die *Lösungen zum Übungsbuch* enthalten die Lösungen
zu sämtlichen Übungen der Lektionen im Übungsbuch **180**

Systematische Grammatik
Die *systematische Grammatik* erläutert alle grammatischen Kapitel
des Kurs- und Übungsbuchs. Das detaillierte Inhaltsverzeichnis hilft
das gesuchte Grammatikkapitel zu finden **193**

Liste der Verben
Alle Verben des Kurs- und Übungsbuchs, die Unregelmäßigkeiten
aufweisen, sind in der *Liste der Verben* mit Infinitiv, Präsens und
Perfekt aufgeführt. **209**

Alphabetische Wortliste
Die *alphabetische Wortliste* enthält alle Wörter aus dem Kursbuch,
zusammen mit einem Hinweis auf die Stelle in der Lektion, an der
das jeweilige Wort zum ersten Mal vorkommt. Außerdem ist der
Wortschatz für das *Zertifikat Deutsch* markiert **211**

Lösungen

Lektion 7

S. 82/83 **Ein Hotel in Salzburg**

1 **Orte:** das Einzelzimmer, das Schwimmbad, der Frühstücksraum, die Sauna, das Bad • **Berufe:** die Empfangschefin, die Köchin, der Hotelier, der Kellner, der Musiker

2 Doppelzimmer • Bad • Restaurant • Bar • Empfangschefin • Koch • Gäste • Zithermusik

3 2. Ja, ich empfange auch meine Gäste. 3. Nein, wir kochen das Essen nicht. / Nein, das Essen kochen wir nicht. 4. Nein, das macht unser Kellner Herr Riedl. 5. Natürlich serviere ich auch die Getränke. 6. Ich spiele abends Zither im Restaurant.

S. 83–87 **Arbeit und Freizeit**

1 **Arbeit:** für die Gäste kochen, Hotelzimmer aufräumen, Hotelgäste empfangen, Fenster putzen, unterrichten • **Freizeit:** Salzburger Nockerln essen, Fahrrad fahren, Freunde besuchen, Zeitung lesen, Sport machen

2 abfahren • einladen • vorbereiten • stattfinden • auswechseln • anfangen • mitbringen

3 2. ab, abfahren 3. aus, auswechseln 4. auf, aufmachen 5. mit, mitbringen 6. statt, stattfinden 7. ein, einladen 8. vor, vorbereiten

4 2. machen Frau Ponte und Frau Nováková die Betten in den Zimmern Nr. 1–5. 3. bereitet Herr Walketseder das Mittagessen vor. 4. wechselt Frau Ponte die Handtücher aus. 5. serviert Herr Mikulski das Mittagessen. 6. räumen Frau Ponte und Frau Nováková die Doppelzimmer Nr. 7 und 8 auf. 7. bereitet Herr Walketseder das Abendessen vor. 8. serviert Herr Mikulski das Abendessen. 9. spielt Herr Hinterleitner Zither. 10. bringt Herr Mikulski Getränke.

5 2. aufgeräumt 3. aufgestanden 4. ausgewechselt 5. angekommen 6. mitgebracht 7. abgefahren

6 2. aufgeräumt 3. aufgemacht 4. mitgebracht 5. aufgestanden 6. vorgelesen

7 2. Hast du schon die Betten gemacht? 3. Hast du schon die Fenster aufgemacht? 4. Hast du schon die Handtücher ausgewechselt? 5. … Gäste schon abgefahren? 6. Sind die Gäste schon angekommen? 7. Hast du die Brezeln schon mitgebracht? 8. Hast du schon Kaffee gekocht?

8 2. gerade 3. schon 4. schon 5. schon 6. gerade

9 2. hat … gefeiert, ist … geworden, hat … stattgefunden 3. hat … getroffen, hat … gemacht 4. hat … geheiratet, ist … gekommen, hat … mitgebracht 5. hat … gearbeitet, getrunken, ist … gewesen 6. ist … gewesen, hat … gesprochen

S. 87–90 **Unterwegs nach Salzburg**

1 a) 2. Es ist regnerisch. 3. Es ist windig. 4. Es ist bewölkt.
b) 2A • 3B • 4E • 5D

2 2. Es ist regnerisch. Die Temperatur beträgt 20° C. 3. Es ist bewölkt. Die Temperatur beträgt 22° C. 4. Es ist sonnig. Die Temperatur beträgt 24° C.

3 2. aufgestanden 3. Regenschirm 4. Sauna 5. Wetterbericht 6. anrufen

4 2. verstanden 3. verloren 4. erklärt 5. bestellt 6. begonnen, vergessen

5 2. entdeckt 3. erklärt 4. erklären 5. entdeckt

6 a) 2. trennbar 3. untrennbar 4. untrennbar 5. trennbar 6. trennbar 7. untrennbar 8. untrennbar 9. trennbar 10. untrennbar 11. untrennbar 12. trennbar
b) 2. Sie hat den Text vorgelesen. 3. Er hat die Hotelgäste empfangen. 4. Er hat die Leute beobachtet. 5. Sie haben die Handtücher ausgewechselt. 6. Sie sind aus Wien zurückgekommen. 7. Er hat die Familie besucht. 8. Sie haben die Getränke bezahlt. 9. Sie hat Gemüse eingekauft. 10. Sie hat den Weg erklärt. 11. Sie hat das Geld vergessen. 12. Er hat um 20 Uhr angefangen.

7

	Verb	Satzmitte	Satzende
2. Die japanischen Touristinnen	haben	Salzburger Nockerln	bestellt.
3. Der Koch	kauft	alle Zutaten für das Abendessen	ein.
4. Der Kellner	vergisst	die Getränke.	
5. Marlene Steinmann	möchte	viele Fotos von Salzburg	machen.
6.	Sind	die Gäste schon	abgefahren?
7. Jonas Kajewski	hat	seine Sonnenbrille	verloren.
8.	Räumt	ihr die Doppelzimmer	auf?

8 2. Von 8.45 Uhr bis 9.30 Uhr habe ich telefoniert und ein Fax geschrieben. 3. Dann habe ich Informationen im Internet gesucht und einen Plan gemacht. 4. Um 11.00 Uhr habe ich eine Kundin besucht. 5. Um 12.30 Uhr habe ich Mittagspause gemacht und zu Mittag gegessen. 6. Nachmittags habe ich den Film ausgewechselt, Leute beobachtet und fotografiert. 7. Um 16.30 Uhr bin ich ins Büro zurückgegangen und habe aufgeräumt. 8. Ab 20.00 Uhr habe ich Krimis im Fernsehen angeschaut.

S. 91–93 An der Rezeption

1 b) 1. r 2. f 3. f 4. r 5. r 6. r

2 2. Empfangschefin 3. Empfangschefin 4. Gast 5. Gast 6. Empfangschefin 7. Gast 8. Empfangschefin

3 2F • 3B • 4G • 5A • 6D • 7E

4 *Mögliche Lösungen:* 2. Nein, ich habe nicht reserviert. 3. Ein Einzelzimmer, bitte. 4. Ich bleibe zwei Nächte. 5. Nein, ich nehme Halbpension. 6. Nein, ich habe nur einen Koffer.

5 reservieren • demonstrieren • buchstabieren • studieren • informieren • verlieren • fotografieren

6 2. habe … besucht, studiert 3. habe … gearbeitet 4. habe … getroffen 5. haben … geheiratet 6. sind … gegangen 7. haben … mitgebracht 8. haben … gefunden, sind … gewesen 9. haben … gemacht 10. hat … gefunden 11. bin … geblieben, habe … aufgeräumt, geputzt 12. habe … angefangen

S. 94–96 Im Speisesaal

1 a) 2. einer Zither 3. zwei Kindern 4. Kameras 5. einem Handy 6. einem Teller

b) 2. der Zither macht Musik. 3. mit den zwei Kindern sind nervös. 4. den Kameras bestellen Salzburger Nockerln. 5. dem Handy telefoniert. 6. dem Teller serviert Salzburger Nockerln.

2 1. mit den Filmen, mit den Visitenkarten, mit der Zeitung, Marlene Steinmann 2. mit den Handtüchern, mit dem Wörterbuch, mit der Kamera, mit dem Buch über Salzburg, Akiko Tashibo 3. mit dem Fußball, mit der Flöte, mit der Banane, mit dem Kinderbuch, Jonas Kajewski

3 2D • 3E • 4F • 5A • 6B

4 2. Womit? 3. Mit wem? 4. Womit? 5. Womit? 6. Mit wem? 7. Mit wem? 8. Womit?

5 2. Wofür braucht man viele Eier? 3. Mit wem geht Susanne immer joggen? 4. Ohne wen fährt Herr Kajewski nicht in den Urlaub? 5. Ohne was geht Marlene Steinmann nie auf die Reise? 6. Womit bezahlt man in Österreich?

6 2. Laura telefoniert mit ihrem Großvater und dann mit ihrer Freundin. 3. Wir telefonieren mit unserem Großvater und dann mit unseren Eltern. 4. Ich telefoniere mit meiner Freundin und dann mit meinen Eltern. 5. Simon und David telefonieren mit ihrer Freundin und dann mit ihrem Freund. 6. Du telefonierst mit deinem Großvater und dann mit deiner Deutschlehrerin.

S. 97 Wolfgang Amadeus Mozart

1 b) 2. Musiker 3. Konzertreise 4. Konzertmeister 5. Oper 6. Sinfonie 7. Konzert 8. Musikwelt

2 2. Auch sein Vater war Musiker von Beruf. 3. Mit 6 Jahren macht er schon Konzertreisen. 4. Er zieht 1780 nach Wien um. 5. Mozart und Constanze haben nicht viel Geld. 6. 1787 komponiert Mozart die Oper "Don Giovanni". 7. Er ist oft krank. 8. Mozart stirbt mit 35 Jahren.

Lektion 8

S. 98/99 **Projekt: Nürnberg – unsere Stadt**

1 2. Projekt 3. Projektthema 4. Gruppen 5. Arbeit 6. Wandzeitung

2 2D • 3E • 4C • 5B • 6A

3 2. Drei oder vier Kursteilnehmer arbeiten in jeder Projektgruppe. 3. Jede Arbeitsgruppe sammelt Informationen über Nürnberg. 4. Die Kursteilnehmer gehen in die Touristen-Information und bringen Prospekte mit. 5. Die Projektgruppen machen viele Interviews. 6. Der Deutschkurs macht eine Wandzeitung über Nürnberg.

4 2. Bratwürste 3. Projekt 4. Christkindlesmarkt 5. Lebkuchen 6. Atelier 7. Brunnen 8. Burg • *Lösungswort:* Nürnberg

5 bin ... gefahren, habe ... getroffen • bin ... angekommen, haben ... geschlafen • haben ... gefrühstückt, sind ... gefahren, haben ... besichtigt • haben ... gegessen, getrunken • haben ... gekauft • habe ... vergessen • sind ... gewesen

S. 100–102 **Straßen und Plätze in Nürnberg**

1 **a)** 2. dem 3. dem 4. der 5. dem 6. dem
  b) 3. in dem 4. am 5. in dem 6. im 7. an dem 8. im

2 2. Die Koffer sind auf dem Auto. 3. Der Regenschirm ist in der Dusche. 4. Das Handy ist auf der Bank. 5. Das Kind ist im Bett. 6. Die Brille ist im Schwimmbad. 7. Die Schlüssel sind an der Tasche. 8. Das Fahrrad ist an der Haltestelle.

3 2. in der Oper. 3. im Krankenhaus. 4. im Restaurant. 5. auf dem Christkindlesmarkt. 6. im Hotel. 7. in der Bäckerei. 8. im Supermarkt.

4 2. in einem 3. an einem 4. in einem 5. an einer 6. an einem

5 2. Die Freunde feiern in einem Restaurant. 3. Die Kinder spielen auf einem Spielplatz. 4. Die Gäste schlafen in einem Bett. 5. Die Köchin kocht in einem Topf. 6. Ich warte an einer Haltestelle.

6 2. Bewegung haben 3. nicht krank sein 4. in einem Restaurant essen 5. funktionieren 6. in einem anderen Land leben

S. 102–104 **1** **a)** 2E • 3C • 4A • 5D • 6B
  b) 2C • 3F • 4B • 5A • 6E

2 **wo:** bleiben, sitzen, sein, schlafen • **woher:** gehen, fahren, schauen, fliegen

3 2. fahren in die Stadt. 3. steigt auf den Turm. 4. wohnen im Dorf. 5. ist am Haus. 6. wartet an der Haltestelle. 7. arbeitest im Krankenhaus. 8. geht / gehen ins Kino.

4 2. in die 3. in den 4. im 5. in der 6. ins

5 2. Wo spielen die Kinder? 3. Wo arbeitet Hans? 4. Möchtest du heute ins Theater gehen? 5. Wohin geht Marlene? 6. Wohin ist Tim gefahren?

6 **b)** 1. in der Albrecht-Dürer-Straße 2. die Bäckerei Fischer

7 2B • 3D • 4F • 5G • 6C • 7A •

8 *Mögliche Lösungen:* 2. Er geht nach rechts und dann die nächste links. Dann ist er in der Schulgasse. 3. Er geht nach links, dann die zweite Straße rechts in die Kaiserstraße und dann geht er in die erste Straße links. Dann kommt er in die Adlerstraße.

S. 106–108 **Im Atelier für Mode und Design**

1 2. leicht 3. bestellt 4. Werbung 5. Schneiderin 6. nähen 7. Kleidungsstücke 8. genau.

2 2. hat ... anprobiert 3. hat ... gekauft 4. hat ... umgetauscht 5. hat ... genäht 6. hat ... bestellt

3 2. besuchen 3. besucht 4. sucht 5. besuchen 6. habe ... gesucht 7. suche 8. besucht

4 **a)** 2. rot 3. grün 4. gelb 5. blau 6. braun 7. schwarz 8. grau
  b) 2. Hose 3. Mantel 4. Pullover 5. Kleid 6. Rock 7. Hemd 8. Bluse

5 **a)** 2. Ein Kleid. Es ist rot. 3. Ein Kleid. Es ist schwarz. 4. Eine Jacke. Sie ist schwarz. 5. Eine Jacke. Sie ist braun. 6. Ein Hemd. Es ist grün. 7. Einen Pullover. Er ist blau. 8. Eine Hose. Sie ist braun.
  b) 1. ein Kleid 2. eine Jacke 3. ein Pullover

6 Anna, Hose, rot, 40 • Dieter, Mantel, grau, 50 • Beatrice, Kleid, grün, 36 • Carlos, Jacke, grün, 52

S. 108/109
1 **Welcher:** Brunnen, Deutschkurs, Mantel • **Welche:** Farbe, Kirche, Stadt, Größe • **Welches:** Eis, Projekt, Theater, Haus • **Welche (Pl.):** Filme, Hosen, Sprachen, Kleider

2 a) 2. Welche Farbe ist das? 3. Welche Stadt ist das? 4. Welcher Kuchen ist das? 5. Welche Größe ist das? 6. Welches Eis ist das?

b) 2. Welche Bluse probiert sie? 3. Welche Schlüssel sucht er? 4. Welches Hotel reservieren sie / Sie? 5. Welchen Kuchen möchtet ihr / möchten Sie? 6. Welchen Kurs machen Sie / machst du?

3 Kunde / Kundin 3. Verkäufer / Verkäuferin 4. Verkäufer / Verkäuferin 5. Kunde / Kundin 6. Kunde / Kundin 7. Kunde / Kundin 8. Verkäufer / Verkäuferin

4 Schwarz. Vielleicht auch dunkelgrün. • Wie finden Sie ihn? • Gerne, welche Größe brauchen Sie? • Hier sind die Umkleidekabinen. • Ja, er passt gut. Was kostet der Rock denn? • Ach, ich weiß noch nicht.

S. 110 **Im Lebkuchenhaus**
1 b) 1. f 2. f 3. r 4. r 5. f 6. r

S. 110–112
1 **Dürfen:** 2. darfst 3. darf 4. dürfen 5. Dürft 6. dürfen • **Wollen:** 2. Willst 3. will 4. wollen 5. Wollt 6. wollen

2 a) *Mögliche Lösungen:* **Das wollen Kinder:** laut Musik hören, viel Eis essen • **Das dürfen Kinder nicht:** Auto fahren, rauchen • **Das dürfen Kinder:** fernsehen, ihre Freunde treffen • **Das wollen Kinder nicht:** Grammatik lernen, im Haushalt arbeiten

b) *Mögliche Lösungen:* Kinder wollen laut Musik hören. • Kinder wollen viel Eis essen. • Kinder dürfen nicht rauchen. • Kinder dürfen nicht Auto fahren. • Kinder dürfen ihre Freunde treffen. • Kinder dürfen fernsehen. • Kinder wollen nicht Grammatik lernen. • Kinder wollen nicht im Haushalt arbeiten.

3 a) 2. will 3. will 4. Wollen 5. wollen 6. will, wollen

b) 2. darf 3. dürfen 4. darf 5. dürfen 6. dürfen

4 *Mögliche Lösungen:* Du willst keinen Kaffee trinken. • Ich darf keine Limonade trinken. • Anke und Andreas dürfen nicht fotografieren. • Ihr wollt keine Freunde besuchen. • Mama und ich dürfen nicht viel Schokolade essen.

5 *Mögliche Lösungen:* Mein Ehemann muss immer Betten machen. • Meine Schwester darf oft einkaufen gehen. • Unsere Töchter möchten manchmal putzen. • Unser Vater will selten waschen. • Meine Freundin und ich müssen nie aufräumen.

6 2. darf 3. dürfen 4. dürft 5. müssen 6. muss 7. dürfen 8. muss

S. 113 **Projekte präsentieren**
1 b) 1. Man muss Lebkuchen backen. 2. Lebkuchen schmeckt süß. 3. Man isst Lebkuchen kalt.

Lektion 9

S. 114/115 **Eine Stadt im Dreiländereck**
1 2D • 3A • 4E • 5B • 6C
2 2. die Sprache 3. das Gebirge 4. die Region 5. der Kanton 6. die Stadt
3 Verkehr • Export • Gebirge • Veranstaltung • Medikamente
4 2. Pendler 3. mehrsprachig 4. Luft 5. Großstadt 6. Pharmakonzerne
5 2. b) 3. a) 4. c) 5. b) 6. c) 7. b) 8. a)

Stadt und Land

    1 2C • 3F • 4A • 5D • 6B

    2 **Landleben:** Die Mieten sind niedriger. Es gibt viel Natur. Das Leben ist billiger. • **Stadt-leben:** Das Leben ist interessanter. Das Kulturangebot ist besser. Es gibt mehr Arbeits-plätze.

    1 **Adjektiv:** gut, ruhig, gern, groß, schnell, viel, billig • **Komparativ:** interessanter, teurer, besser, lieber, höher, dunkler, gesünder

    2 2. sauberer 3. interessanter 4. niedriger 5. ruhiger 6. bequemer

    3 2. Das Buch ist interessanter als der Film. Der Film ist uninteressanter als das Buch. 3. Martin Miller fotografiert schlechter als Marlene Steinmann. Marlene Steinmann foto-grafiert besser als Martin Miller. 4. Das Fahrrad ist billiger als das Auto. Das Auto ist teu-rer als das Fahrrad. 5. Das Haus ist kleiner als die Kirche. Die Kirche ist größer als das Haus. 6. Die Kinder sind zufriedener als der Großvater. Der Großvater ist unzufriedener als die Kinder.

    4 7. besser 8. weniger 12. mehr 14. dunkler 15. voller 16. teurer 18. lieber 19. dunkler 21. sauberer 22. wärmer 23. älter 24. höher 26. länger 27. leerer

    5 2. Das Theater ist näher als das Museum. 3. Frankreich ist größer als die Schweiz. 4. Basel ist älter als Kilchberg. 5. Italien ist wärmer als Deutschland. 6. Der Rhein ist länger als die Elbe.

    6 höher, dunkler • mehr • teurer • besser

    7 Wir joggen gern, aber unsere Kinder machen lieber Musik. • Inge wandert gern, aber Johannes macht lieber Musik. • Familie Schulz fährt gern Fahrrad, aber Familie Troll liest lieber Krimis. • Emil geht gern ins Kino, aber Beat fährt lieber Fahrrad. • Urs wandert gern, aber seine Frau geht lieber ins Kino.

    8 2. sagt 3. Sprechen 4. erzählt 5. sprechen 6. Erzählen

    9 a) gesund • billig • sauber • laut • wenig • schlecht • unfreundlich
        b) 2. ruhiger 3. freundlicher 4. besser 5. lieber 6. mehr 7. sauberer 8. gesünder

Pendeln – aber wie?

    1 a) am bequemsten • am besten • am vollsten • am gesündesten • am billigsten • am teuersten
        b) 2. am bequemsten 3. am besten 4. am vollsten 5. am gesündesten, am billigsten 6. am teuersten

    2 2. Obst ist am gesündesten. 3. Das Flugzeug ist am schnellsten. 4. Auf dem Dorf ist es am ruhigsten. 5. Der Berg Monte Rosa ist am höchsten. 6. Der Computer ist am teuersten.

    3 2. interessantesten 3. schlechtesten 4. lautesten 5. berühmtesten 6. heißesten

    4 2. älter 3. am interessantesten 4. teurer 5. viel 6. höher 7. gut 8. dunkler

    5 a) 2. voll 3. dunkel 4. alt
        b) *Mögliche Lösungen:* Welches Glas ist am vollsten? Das Glas Nr. 1 ist voller als das Glas Nr. 3, aber das Glas Nr. 2 ist am vollsten. • Welche Brille ist am dunkelsten? Die Brille Nr. 1 ist dunkler als die Brille Nr. 3, aber die Brille Nr. 2 ist am dunkelsten. • Welcher Mann ist am ältesten? Der Mann Nr. 3 ist älter als der Mann Nr. 1, aber der Mann Nr. 2 ist am ältesten.

    6 2. am höchsten, Monte Rosa (4634 m). 3. am ältesten, Die Universität Basel. 4. am berühmtesten, Schokolade. 5. am größten, Graubünden (7105 km^2). 6. am meisten, Schweizerdeutsch.

    7 2. Regula ist groß, Marcel ist größer, Ilona ist am größten. 3. Ilona ist zufrieden, Marcel ist zufriedener, Regula ist am zufriedensten. 4. Ilona lebt gesund, Hugo lebt gesünder, Regula lebt am gesündesten.

    8 2. mehr 3. früh 4. länger 5. mehr 6. interessant

    9 2. wie 3. als 4. als 5. als 6. wie

Arbeiten in Basel

1 2. Herr Eberle ist Grenzgänger und Pendler. 3. Er wohnt in Deutschland und arbeitet in der Schweiz. 4. Jeden Morgen fährt er mit dem Auto nach Basel. 5. Er ist Chemielaborant und arbeitet bei einem Pharmakonzern. 6. In seiner Firma arbeiten viele Leute aus Deutschland.

2 2F • 3D • 4C • 5B • 6A

3 2. Wohin? 3. Woher? 4. Wo? 5. Woher? 6. Wohin?

4 **Woher:** aus Deutschland, aus der Schweiz, aus der Schule, aus dem Kino, von der Arbeit, vom Theater, von Frau Bürgi, von der Kursleiterin • **Wo:** in Frankreich, in der Schweiz, in der Schule, im Kino, bei der Arbeit, beim Theater, bei Frau Bürgi, bei der Kursleiterin • **Wohin:** nach Italien, in die Schweiz, in die Schule, ins Kino, zum Theater, zu Frau Bürgi

5 **a)** 2. aus 3. aus 4. von 5. vom
b) 2. bei 3. in 4. bei 5. im 6. bei
c) 2. zu 3. zum 4. in 5. nach

6 1. mit, aus, mit, zur 2. aus, vom, bei, vom, zur 3. zum, mit, mit, von

7 2. der 3. zum 4. der 5. der 6. zum 7. dem 8. der

8 2. Ich habe früher in Basel gearbeitet. 3. Ich arbeite bei einem Pharmakonzern. 4. Meine Kollegen kommen aus der Schweiz. 5. Heute fahre ich zum Arzt. 6. Ich kenne sie von der Arbeit. 7. Heute Abend gehe ich zu Freunden.

9 2. schon 3. schon 4. erst 5. schon 6. erst

Basel international

1 **b)** 1. f 2. r 3. r 4. f 5. f 6. r

2 2. ihm 3. ihr 4. ihnen 5. ihm 6. ihm

3 2. ihm 3. Ihnen 4. euch 5. ihr 6. ihnen

4 2. ihm 3. ihr 4. mir, mir

5 1. Japanerin, Japan 2. Chilenin, chilenisch, Chile 3. Rumäne, Rumänin, rumänisch 4. Däne, Dänin, Dänemark 5. Ungarin, ungarisch, Ungarn 6. Pole, Polin, Polen 7. Brite, Britin, Großbritannien 8. Amerikaner, amerikanisch, Amerika / USA 9. Schweizer, Schweizerin, die Schweiz 10. Deutsche, deutsch, Deutschland

6 2. Russisch, Russland 3. Tschechin, Tschechisch 4. Italienisch, Italien 5. Französisch, Frankreich 6. Pole, Polen 7. Koreanisch, Korea 8. Schwedisch, Schweden

7 2. Türkisch 3. Russisch 4. Indonesisch 5. Arabisch 6. Schweizerdeutsch

8 **a)** 2. die Niederlande 3. die Schweiz 4. die Türkei 5. der Iran 6. die USA
b) 2. in die 3. im 4. in die 5. im 6. in die

9 **In der Schweiz:** 3. das Velo 5. der Chauffeur • **In Deutschland:** 2. Auf Wiedersehen 4. der Euro 6. die Straßenbahn

Aus der Basler Zeitung

1 **b)** 2. Nr. 2 • 3. Nr. 1 • 4. Nr. 4 • 5. Nr. 5 • 6. Nr. 3

Lektion 10

Glückaufstraße 14, Bochum

1 2. die Treppe 3. der Balkon 4. das Treppenhaus 5. das Dachgeschoss 6. das Erdgeschoss 7. der Laden 8. die Garage

2 2. das Bad 3. das Kinderzimmer 4. das Wohnzimmer 5. das Schlafzimmer 6. die Küche

3 1. r 2. f 3. r 4. f 5. f 6. r

4 **a)** Balkon • Erdgeschoss • Kinderzimmer • Treppenhaus • Wohnung
b) Wohnung, Kinderzimmer • Erdgeschoss • Balkon • Garage • Treppenhaus

5 *Mögliche Lösungen:* 2. Das ist Birgül Alak. Sie ist Ladenbesitzerin und wohnt im Erdgeschoss. Ihre Wohnung hat einen Hof und eine Garage, aber keinen Balkon. 3. Das ist Tao Gui. Er ist Student und kommt aus Singapur. Er wohnt in einem 1-Zimmer-Appartement mit Küchenzeile. Sein Appartement ist im Dachgeschoss.

6 2A • 3B • 4F • 5E • 6D

Die Zeche Helene

1 **früher:** das Bergwerk, Kohle abbauen, der Bergmann, wenig Tageslicht • **heute:** das Sport- und Freizeitzentrum, das Programm für Kinder, Sauna und Solarium, Biergarten im Sommer

2 1. (r) 2. (f) 3. (f) 4. (r) 5. (r) 6. (r)

3 2. abbauen 3. besuchen 4. verbringen 5. treffen 6. sein

4 2. Man kann Fußball spielen. 3. Man kann in das Solarium gehen. 4. Man kann schwimmen. 5. Man kann Fitness machen. 6. Man kann Tennis spielen.

1 **a)** 2D • 3F • 4H • 5G • 6E • 7A • 8C

b) 2. Angela 3. Christiane 4. Angela 5. Christiane 6. Angela

2 2. Ich habe dich ja schon ewig nicht mehr gesehen! 3. Arbeiten Sie noch immer bei Bosch? 4. Erzählen Sie doch mal ein bisschen! 5. Was hast du denn in letzter Zeit so gemacht?

3 2. Wie geht es denn so? 3. Ich hab dich ja noch nie hier gesehen. 4. Was hast du denn in letzter Zeit so gemacht? 5. Wohnst du immer noch in Bergkamen? 6. Arbeitest du immer noch bei der Firma Meyer? 7. Was macht deine Familie? 8. Kann ich deine neue Telefonnummer haben? Vielleicht können wir ja mal telefonieren?

Zwei Biografien

1 **Zeche:** Kohle abbauen, Bergleute, kein Tageslicht • **Internetfirma:** Marketingassistentin, Büro, Computer

2 2. Kerstin 3. Otto 4. Kerstin 5. Kerstin 6. Otto

3 **wollen:** will, wollten, wollen 2. **können:** kann, konntest, könnt 3. **müssen:** müssen, musste, musst 4. **dürfen:** dürfen, durfte, darf

4 2. Herr Grabowski musste oft Nachtschicht machen. 3. Tao und Ying konnten früher noch nicht Deutsch sprechen. 4. Ihr durftet als Kinder nie fernsehen. 5. Du durftest früher nicht alleine ausgehen. 6. Wir mussten früher immer unsere Zimmer aufräumen.

5 **a)** 2. konntest, durftest 3. konnte, durfte 4. konntet, durftet 5. konnten, durften

b) 2. wollte, musste 3. wolltet, musstet 4. wollte, musste 5. wollten 6. mussten

6 **a)** musste • durfte • durfte, musste • musste

b) konnte • wollte • konnte • wollte • wollte

c) durfte keine, durfte keinen • durfte nicht, keinen • durfte nicht

7 2. Früher durfte er keine Computerspiele machen. 3. Früher musste er jeden Abend zu Hause bleiben. 4. Früher durfte er nicht auf Partys gehen. 5. Früher wollte er immer eine Freundin haben, konnte aber keine finden. 6. Früher musste er Mathematik studieren.

8 1. konnte 2. war, wollte 3. gab 4. wollten 5. musste 6. durfte 7. hatte 8. durfte

Lebensmittel Alak

1 2. Nachtschicht 3. Kohle 4. Leergut 5. Sonderangebot 6. Treppe

2 2. Flasche 3. Glas 4. Schachtel 5. Kasten 6. Paket 7. Dose 8. Tüte

3 **a)** 2. Singular 3. Plural 4. Singular 5. Plural 6. Plural 7. Plural 8. Singular

b) Gläser • Tüten • Schachteln • Pakete • Dosen • Packungen • Kästen

4 **Getränke:** Traubensaft, Orangensaft **Gemüse:** Karotten, Zwiebeln, Lauch • **Obst:** Äpfel, Orangen, Birnen • **Fleisch:** Schinken, Schnitzel, Wurst • **Süßigkeiten:** Schokolade, Pralinen, Mozartkugeln • **Molkereiprodukte:** Käse, Joghurt, Butter

5 2. 1500 g • 3. 9 Pfd • 4. 2,5 kg • 5. 6000 g • 6. 2 kg

6 2. kostet 3. kostet 4. kosten 5. kosten 6. kostet

7 2. c) 3. c) 4. a) 5. b) 6. c) 7. b) 8. b)

8 **a)** **Sonderangebote sind:** 2. 4. 6.

b) 2. teurer 3. frischer 4. mehr 5. freundlicher 6. länger

9 2. unfreundlich 3. freundlich 4. unfreundlich 5. freundlich 6. unfreundlich

Meinungen über das Ruhrgebiet

1 2B • 3C • 4A

2 Viele Industriegebäude sind Museen geworden, weil die Leute über 180 Jahre Industriegeschichte sehen wollen. • Es gibt gute Freizeitmöglichkeiten, weil man viele kulturelle und sportliche Veranstaltungen besuchen kann. • Das Ruhrgebiet ist ein internationaler Wohnort, weil dort Menschen aus vielen Ländern leben. • Viele Menschen sind arbeitslos, weil die Stahlfabrik in Duisburg geschlossen hat. • Viele Studenten wohnen in einer Wohngemeinschaft, weil sie dann weniger Miete bezahlen.

1 2. Viele Industriegebäude sind heute Museen, weil man dort viel über Industriegeschichte lernen kann. 3. Es gibt viele Arbeitslose, weil die Stahlindustrie im Ruhrgebiet große Probleme hat. 4. Das Ruhrgebiet ist sehr interessant, weil dort Menschen aus vielen Ländern leben. 5. Federica Petrera möchte nicht mehr in einer Wohngemeinschaft wohnen, weil sie eine große Wohnung möchte. 6. Die Zeitung macht eine Umfrage, weil sie Informationen bekommen möchte.

2 2. Weil Otto Grabowski viele Kollegen aus der Türkei hatte, konnte er früher ein bisschen Türkisch sprechen. 3. Weil unser Chef viel gearbeitet hat, mussten wir auch viele Überstunden machen. 4. Weil wir oft Nachtschicht machen mussten, war ich mit meiner Familie nur am Wochenende zusammen. 5. Weil wir jeden Tag zwölf Stunden arbeiten mussten, war die Arbeit im Bergwerk sehr hart.

3 2. Viele Leute kommen zu Frau Alak, weil sie Kontakt haben möchten. Weil sie Kontakt haben möchten, kommen viele Leute zu Frau Alak. 3. Frau Alak verkauft gut, weil sie frische Produkte anbieten kann. Weil sie frische Produkte anbieten kann, verkauft Frau Alak gut. 4. Die Rentner kaufen bei Frau Alak, weil es viele Sonderangebote gibt. Weil es viele Sonderangebote gibt, kaufen die Rentner bei Frau Alak.

4 2. Die Kauffrau Renate Pokanski findet, dass Industriegeschichte interessant ist. 3. Der Mechaniker José Rodrigues sagt, dass seine ganze Familie in Portugal lebt. 4. Stefanie Fritsch, Auszubildende, denkt, dass die Ausbildung Spaß macht. 5. Der arbeitslose Friedrich Bertsch glaubt, dass es nicht leicht ist, eine Arbeit zu finden. 6. Der Rentner Otto Grabowski weiß, dass die Arbeit im Bergwerk hart war.

5 **a)** 2. Otto Grabowski denkt, dass heute niemand mehr körperlich arbeiten will. 3. Kerstin Schmittke weiß, dass 15 Überstunden pro Woche anstrengend sind.

   b) 2. Frau Alak glaubt, dass die Leute lieber in ihrem Geschäft einkaufen als im Supermarkt. 3. Tao Gui findet, dass die Studenten bei ihnen mehr Prüfungen machen als in Deutschland.

6 2. sie 3. sie 4. er 5. uns 6. ich

7 2. dass 3. weil 4. dass 5. dass 6. weil

8

Hauptsatz				**Nebensatz**		
Pos. 1	**Verb**	**S.-Mitte**	**Satzende**	**Subj.**	**Satzmitte**	**Satzende**
Er	sagt		zu Frau Alak,	dass	er 10 Freunde	eingeladen hat.
Frau Alak	meint,			dass	ein Paket für 10 Personen zu wenig	ist.

Nebensatz			**Hauptsatz**		
Subj.	**S.-Mitte**	**Satzende**	**Verb**	**Satzmitte**	**Satzende**
Weil	Tao Gui viel	eingekauft hat,	nimmt	er noch eine Plastiktüte.	
Dass	er auch noch Fleisch	braucht,	hat	er ganz	vergessen.

9 2. Herr und Frau Hoffmann sagen, dass sie nicht mehr schlafen können, weil das Baby von Familie Gül die ganze Nacht laut ist. 3. Walter Kowalski sagt, dass die Arbeit dort keinen Spaß macht, weil die Mieter nur Probleme machen. 4. Christine, Anna und Peter sagen, dass ihr Hausmeister sehr anstrengend ist, weil er immer alles wissen möchte. 5. Josef und Andrea Koslowski sagen, dass sie am Wochenende nie Ruhe haben, weil die Studenten über ihnen immer Partys feiern. 6. Herta und Erika Plaschke sagen, dass es sehr laut im Haus ist, weil die Kinder von Koslowskis in der Wohnung Fußball spielen.

Wohnungssuche im Ruhrgebiet

1 B4 • C1 • D3

2 3 • 6 • 1 • 7 • 5 • 2 • 4: Guten Tag, Frau Petrera, Wollen Sie gleich mal die Wohnung anschauen? – Ja gern. ... Wie groß ist die Wohnung? 68m²? Hm, die Küche ist sehr schön. Und das Wohnzimmer ist ... – Ja, das Wohnzimmer ist sehr hell. Sagen Sie, Frau Petrera, Sie haben doch keine Kinder, oder? – Nein, Kinder habe ich keine. Der Balkon ist auch toll. – Keine Kinder, gut. Haben Sie Haustiere? – Nein, ich habe auch keine Haustiere. Ich habe keinen Mann und ich rauche nicht. Sonst noch Fragen? – Also so etwas. So eine Mieterin will ich nicht haben. Gehen Sie bitte, aber schnell.

3 2. Sie 3. der Vermieter 4. der Vermieter 5. Sie 6. der Vermieter 7. der Vermieter 8. Sie 9. der Vermieter 10. Sie

Lektion 11

Frankfurt an der Oder

1 der Sandstrand • die Grenzbrücke • die Hansestadt • das Hochhaus • das Wahrzeichen

2 2. Grenze 3. Nachbarstadt 4. Grenzbrücken 5. Hansestadt 6. Wahrzeichen, Einkaufszentrum 7. Stadtrat, Rathaus 8. Freizeitpark

3 2. Wohngemeinschaft 3. Brücke 4. Verwandte 5. Hochhaus 6. Projekt

4 b) 1. f 2. r 3. f 4. f 5. r 6. r

5 b) B3 • C1

Die Europa-Universität

1 **Schule:** Unterricht, Grundschule, Lehrer, Klasse • **Universität:** Wissenschaft, Professor, Hochschulabschluss, Fakultät

2 **lernen:** schwimmen, Auto fahren, Flöte spielen, kochen • **studieren:** Wirtschaftswissenschaften, Kulturwissenschaften, Jura

3 2. Semester 3. Professoren 4. Studenten 5. lernt 6. in den Spanischkurs

4 2A • 3B • 4B • 5A

5 2. das Einkaufszentrum, die Währung 3. der Stadtrat, das Rathaus 4. das Bürohochhaus, das Büro 5. Französisch, Englisch 6. der Strand, der See

1 mir ... empfohlen • mir ... gratuliert • gefällt mir • fehlen mir

2 2E • 3A • 4B • 5F • 6D

3

Subjekt: Nominativ		Objekt: Dativ	Objekt: Akkusativ	
2. Natalie	möchte	ihrer Freundin		gratulieren.
3. Der Professor	hat	den polnischen Studenten	die Viadrina	empfohlen.
4. Das deutsche Essen	schmeckt	der chinesischen Studentin		nicht.
5. Die Professorin	erklärt	den Studenten	die polnische Sprache.	
6. Die Sonne	fehlt	den griechischen Studenten		sehr.

4 Dativ: mir • ihm • ihr • ihm • uns • euch • ihnen • Ihnen

5 2. ihm von dem Kinofilm. 3. kann ihm helfen. 4. hilft ihr im Haushalt. 5. fehlt ihr sehr. 6. gratuliert ihnen.

6 2. dir 3. Ihnen 4. uns 5. ihm 6. euch

7 2. ihnen, sie, ihnen 3. Er, ihr 4. Ihr 5. ihr, Er, ihn

8 b) Der Professor erklärt den Studenten die Regeln. • Die Kellnerin empfiehlt den Gästen eine Torte. • Die Mutter kauft ihrer Tochter ein Fahrrad. • Die Kinder schreiben der Tante einen Brief.

S. 152/153 ▓ **Die Wohnung von Sabine und Magda** ▓

1 2. die Lampe 3. das Waschbecken 4. der Stuhl 5. das Bett 6. das Sofa 7. der Schrank 8. die Spülmaschine

2 **a) Möbel:** der Küchentisch, der Stuhl, das Regal, das Sofa, der Schrank • **Einrichtungs-gegenstände:** der Mülleimer, die Spüle, die Badewanne, der Spiegel, das Wasch-becken • **Geräte:** der Staubsauger, der Herd, der Kühlschrank, die Waschmaschine, die Spülmaschine

   b) *Mögliche Lösungen:* 1. der Stuhl, der Mülleimer, der Herd, der Kühlschrank, die Spül-maschine, die Spüle 2. der Spiegel, die Badewanne, das Waschbecken, die Waschmaschi-ne, die Dusche, 3. das Regal, das Sofa, der Schrank, der Teppich, die Lampe

3 *Mögliche Lösungen:* 2. im Bett, auf dem Sofa 3. auf dem Herd, auf dem Küchentisch 4. auf dem Schreibtisch, auf dem Küchentisch 5. im Waschbecken 6. in der Badewanne, in der Dusche

4 **a)** 2. Wo? 3. Wohin? 4. Woher? 5. Wohin? 6. Wo?

   b) 2. nach Hause 3. zu Hause 4. zu Hause 5. von zu Hause 6. nach Hause

S. 153/154 **1** Nr. 4

2 *Mögliche Lösungen:* 1. Suche gebrauchte Spülmaschine, circa fünf Jahre, bis 150 Euro, sowie Kühlschrank. Telefon: 05342/85386 2. Verkaufe Staubsauger "Vampir" (Bosch), 50 Euro, sowie kleine Waschmaschine, fünf Programme und vieles mehr, Preis Verhandlungsbasis. Telefon: 0 76 33/5 63 47

3 *Mögliche Lösungen:* Suche eine gebrauchte Spülmaschine, circa 1 Jahr alt, Preis nach Verein-barung / Su. gebr. Spülm., ca. 1 J., Preis VB.

4 2. Kennen 3. Kennst 4. Kennen 5. gekannt 6. weiß 7. gewusst 8. kennt

S. 155 ▓ **Der Campingplatz am Helene-See** ▓

1 **a)** 2. der Wohnwagen 3. der Grill 4. der Liegestuhl 5. der Sonnenschirm 6. das Vorzelt 7. der Gartentisch 8. das Zelt

   b) 2. macht den Sonnenschirm auf. 3. gießt Blumen. 4. stellen das Zelt auf. 5. sitzen im Lie-gestuhl. 6. liegt in der Sonne.

2 2. Wohnwagen, Vorzelt, Campingplatz 3. Dauercamper, Hotel, Grünen 4. Garten, Liege-stühle

S. 156–158 **1** 2. schreib 3. telefonier 4. besucht 5. such 6. kauft

2 2. Helft mir doch bitte. 3. Telefonieren Sie doch bitte mit dem Chef. 4. Schreibt mir doch bitte aus Italien. 5. Sagen Sie mir doch bitte Ihre Adresse. 6. Antworte mir doch bitte.

3 2. wasch 3. lade 4. fang 5. brate 6. schlaf

4 2. Sprich 3. Nehmt 4. Sieh 5. Esst 6. Lies

5 2. sieh … fern 3. geh … aus 4. räum … auf 5. gib … auf

6 3. Daniel, arbeite doch bitte mehr für die Schule. 4. Daniel und Astrid, antwortet doch bitte auf den Brief von Tante Gaby. 5. Astrid, biete doch Onkel Lutz bitte ein Glas Wasser an. 6. Daniel und Astrid, schneidet doch bitte das Gemüse.

7 2. Bringt den Müll weg! 3. Telefonier nicht mit deinem Handy! 4. Raucht nicht in den Toi-letten! 5. Seid nicht so laut!

S. 158–160 ▓ **Das Grillfest** ▓

1 *Mögliche Lösung:* Letzten Samstag habe ich ein Grillfest gemacht und mein Examen gefeiert. Ich habe 15 Freunde eingeladen und alle haben mir Geschenke mitgebracht. Das Wetter ist gut gewesen. Wir haben Fleisch und Fisch gegrillt und Orangensaft und Bier getrunken. Wir haben Musik gehört und getanzt. Dann hat Thomas Gitarre gespielt und alle haben laut gesungen. Es ist ein schöner Abend gewesen, aber ich habe danach den ganzen Sonn-tag geschlafen.

2 2. sollst 3. soll 4. sollen 5. sollen 6. soll 7. soll 8. sollt

3 2. ich soll eine Sprache lernen. 3. ich soll eine Wohnung kaufen. 4. ich soll nicht mehr mit dem Auto fahren. 5. ich soll bald heiraten. 6. ich soll endlich erwachsen werden.

4 a) 2F • 3A • 4E • 5D • 6B

b) 2. er soll joggen gehen. 3. er soll nicht mehr so viel rauchen. 4. er soll mal ein paar Tage Urlaub machen. 5. er soll abends keinen Kaffee mehr trinken. 6 er soll öfter zum Arzt gehen.

5 kann • kann • wollen / möchten • will / möchte • soll • Müssen • Darf • sollst

6 möcht-: du möchtest, wir möchten, ihr möchtet, sie / Sie möchten • **wollen:** ich will, du willst, wir wollen, ihr wollt • **können:** ich kann, er/sie/es kann, wir können, ihr könnt • **dürfen:** ich darf, du darfst, wir dürfen, sie/Sie dürfen • **müssen:** ich muss, du musst, er/sie/es muss, wir müssen, ihr müsst • **sollen:** du sollst, er/sie/es soll, ihr sollt, sie/Sie sollen

7 2. Tennis spielen 3. Sport machen 4. Klavier spielen 5. Pause machen 6. Musik machen 7. Karten spielen 8. einen Deutschkurs machen

S. 161 Bilder aus dem Studentenleben

1 a) Bild 1: 2. tragen Uniform. 3. im Pferdeschlitten. 4. spielt also im Winter. 5. heiter und fröhlich. • **Bild 2:** 1. einen Studenten. 2. Uniform einer Studentenverbindung. 3. die Studenten immer Männer. 4. einen gefährlichen Degen. 5. ernst und diszipliniert aus.

b) Nomen: eine Dame, die Männer, die Studentenverbindung, der Degen, der Schlitten • **Adjektive:** diszipliniert, heiter, ernst, jung, gefährlich • **Verben:** sein, tragen, begleiten, sitzen, aussehen

Lektion 12

S. 162/163 Eine Reise nach Berlin

1 2. schlecht 3. langweilig 4. modern 5. furchtbar 6. traurig

2 2. Jan ist traurig, weil seine Großmutter gestorben ist. 3. Das Buch ist langweilig, weil es 700 Seiten und keine Bilder hat. 4. Der Film ist fantasievoll, weil er im Jahr 3010 spielt. 5. Sie ist zufrieden, weil sie heute nach London fliegt. 6. Der Abend ist lustig, weil wir mit unseren Freunden grillen.

3 b) Geburtsname: Maria Magdalena von Losch • **Geburtsjahr:** 1901 • **Geburtsort:** Berlin • **Studium in den Jahren:** 1922/23 • **Berühmtester Film:** „Der blaue Engel" • **Filme mit folgenden Regisseuren:** Ernst Lubitsch, Billy Wilder, Alfred Hitchcock und Orson Welles • **1939 Auswanderung nach:** Amerika • **Wohnort seit 1976:** Paris • **Tod in:** Paris • **im Jahr:** 1992

4 2. lustig 3. ärgerlich 4. langweilig 5. unglücklich

S. 164 1 1. r 2. r 3. f 4. f 5. r 6. r

2 2A • 3E • 4B • 5C

S. 164 Im Reichstagsgebäude

1 Der 56-Jährige war nach dem Ende der DDR lange arbeitslos. Seinen neuen Job findet er sehr interessant. Jeden Tag sieht er etwa 6000 Menschen. Die Besucher stellen Hunderte von Fragen zum Reichstagsgebäude, zur Orientierung im Gebäude und natürlich zu den Politikern. Aber Harry Löber bleibt immer ruhig und freundlich, weil sein Beruf ihm viel Spaß macht.

2 2. Aufzug, Lift 3. Toilette, WC 4. Universität, Hochschule 5. Ferien, Urlaub 6. Besucher, Gäste

S. 165–167 1 a) 2. Oben auf der Dachterrasse. 3. Unten im Erdgeschoss. 4. Im zweiten Stock hinten links. 5. Gleich hier rechts. 6. Im ersten Stock.

b) *Mögliche Lösungen:* 2. Die Bar ist oben links auf der Dachterrasse. 3. Der Frühstücksraum ist unten rechts im Erdgeschoss. 4. Die Toiletten sind im Erdgeschoss, rechts neben der Rezeption. 5. Das Fitness-Studio ist oben rechts auf der Dachterrasse. 6. Die Sauna ist unten im Keller.

2 **Wo:** vorn, rechts, in der Mitte, oben, unten, links • **Wohin:** nach rechts, in die Mitte, nach vorn, nach links, nach hinten, nach oben

3 oben – unten • nach rechts – nach links • nach vorn links – nach hinten links • oben in der Mitte – unten in der Mitte

4 2. nach links 3. nach vorn 4. nach rechts 5. nach hinten 6. nach unten

5 2. nach unten, nach oben 3. nach vorn 4. vorn 5. nach hinten 6. hinten 7. oben 8. unten, nach oben, nach unten

6 2. in den 3. Stock 3. nach oben in den 1. Stock 4. nach oben in den 2. Stock 5. nach unten in das / ins Erdgeschoss 6. nach oben auf die Dachterrasse

S. 167/168 Linie 100

1 1. f 2. f 3. r 4. r 5. f 6. r

2 2. Traum 3. Wirklichkeit 4. Wirklichkeit 5. Traum 6. Wirklichkeit 7. Traum 8. Traum

S. 168–171

1 2. an 3. vorn, über 4. auf 5. zwischen 6. hinter

2 2. Wohin? 3. Wohin? 4. Wo? 5. Wohin? 6. Wo? 7. Wo? 8. Wo? 9. Wohin? 10. Wohin?

3 **a)** 2. den 3. dem 4. den 5. den 6. den
  b) 2. den 3. die 4. den 5. die

4 2. der, die 3. der, dem 4. den 5. die, die 6. die

5 1. auf, auf 2. auf 3. auf 4. am, am, auf 5. auf 6. auf, am

6 2. hängt, hängt 3. legt, liegt 4. stellt, stehen 5. hängt, hängen 6. legt, liegen/stellt, stehen

7 2. zum 3. auf dem 4. vor dem 5. in den 6. Im 7. Zwischen dem 8. Über den 9. Unten 10. auf dem

8 2. b) 3. c) 4. a) 5. a) 6. a) 7. c) 8. a) 9. b) 10. c) 11. b) 12. c) 13. c) 14. a) 15. c) 16. a)

S. 172 Karneval der Kulturen

1 2C • 3B • 4C • 5A • 6A

2 1. r 2. f 3. r 4. f 5. f 6. r

S. 172–174

1 2C • 3A • 4F • 5D • 6B

2 **a)** 2. Wenn der Sommer vorbei ist, studiert Irina wieder in Kiew. 3. Wenn der Vater in Rente geht, möchten die Eltern zurück in die Türkei. 4. Wenn Sam in einer großen Stadt ist, muss er in ein Konzert gehen. 5. Wenn Sam Urlaub hat, fliegt er nach New York. 6. Wenn ein großes Fest stattfindet, verkauft Duc Nguyen viel.
  b) 2. Irina studiert wieder in Kiew, wenn der Sommer vorbei ist. 3. Die Eltern möchten zurück in die Türkei, wenn der Vater in Rente geht. 4. Sam muss in ein Konzert gehen, wenn er in einer großen Stadt ist. 5. Sam fliegt nach New York, wenn er Urlaub hat. 6. Duc Nguyen verkauft viel, wenn ein großes Fest stattfindet.

3 wenn es dunkel ist • wenn du müde bist • wenn es regnet • wenn du in die Stadt gehst • wenn du wieder in Berlin bist

4 2. einmal 3. immer 4. einmal 5. einmal 6. immer

5 **a)** 2. weil 3. dass 4. weil 5. dass 6. Wenn 7. Wenn 8. weil 9. Wenn 10. dass
  b)

Nebensatz			Hauptsatz		
Subj.	Satzmitte	Satzende	Verb	Satzmitte	Satzende
Wenn	ich nicht allein	sein will,	kann	ich die anderen Studenten	treffen.
Wenn	ich Semesterferien	habe,	möchte	ich meine Freunde in Berlin	besuchen.
Wenn	ich mein Studium	beendet habe,	möchte	ich gern ein Jahr an einer deutschen Schule	arbeiten.

Hauptsatz				Nebensatz		
Position 1	Verb	Satzmitte	S.-Ende	Subj.	Satzmitte	Satzende
Es	ist	mir egal,		dass	ich als Lehrerin nicht so viel Geld	verdiene.
Spaß bei der Arbeit	ist	mir wichtiger als Geld,		weil	ich sonst unzufrieden	bin.
Ich	denke,			dass	man an der Universität schnell Freunde	finden kann.
Das	finde	ich wichtig,		weil	ich den direkten Kontakt mit der deutschen Sprache nicht	verlieren will.
Ich	glaube,			dass	ich dort viel	lernen kann.

S. 175 Feste und Feiern

1 **a)** 2. Weihnachten 3. Karneval 4. Ostern 5. der Tag der Arbeit 6. der Nationalfeiertag

   b) 2. Im Februar und im März feiert man in manchen Regionen Karneval. 3. Am ersten Sonntag nach Frühlingsvollmond ist Ostern. 4. Am 25. und 26. Dezember feiert man Weihnachten. 5. Am 31. Dezember feiert man Silvester. 6. Am 26. Oktober ist Nationalfeiertag in Österreich.

S. 175/176

1 März • Juni • August • Oktober • Dezember

2 2. der Frühling 3. der Sommer 4. der Herbst

3 **Wochenanfang:** Dienstag • **Wochenmitte:** Mittwoch, Donnerstag • **Wochenende:** Freitag, Samstag, Sonntag

4 **12.30 Uhr** = am Mittag, Jeden Mittag • **16.15 Uhr** = am Nachmittag, nachmittags • **19.45 Uhr** = am Abend, Jeden Abend • **23.55 Uhr** = in der Nacht, nachts

5 2. am siebten September 3. am ersten März 4. am einunddreißigsten Januar 5. am dritten Mai 6. am neunundzwanzigsten Februar

S. 176/177 Emil und die Detektive

1 2C • 3C • 4B

2 2. Emil helfen und macht einen Plan. 3. seine Freunde zu Hilfe. 4. als zwanzig Kinder. 5. dass die Kinder ihn wie Detektive verfolgen. 6. Polizei den Dieb fangen. 7. er kann endlich zu seiner Großmutter. 8. ist die Polizei sehr zufrieden.

3 1. in 2. ab 3. Weil, gegen 4. aus 5. dass, für 6. am

4 2. Velo. 3. Im Ruhrgebiet. 4. Im Reichstagsgebäude. 5. Frankfurt an der Oder. 6. Grüß Gott. 7. Christkindlesmarkt. 8. 1990. 9. Frankreich und Deutschland. 10. In Salzburg. 11. Kohle. 12. Europa-Universität Viadrina.

Inhalt der Grammatik

Sätze und Satzkombinationen

1 Der Aussagesatz

→ L7–L12

In der Regel hat jeder Satz im Deutschen ein **Subjekt** und ein **Verb**.

Barbara steht auf.

Es gibt auch weitere **Satzteile**. Vgl. dazu auch S. 201 (Verben mit Orts- und Richtungs-angaben).

Kennen Sie den Film?	Akkusativ-Objekt (wen? was?)
Ich finde ihn sehr spannend.	
Die Idee gefällt meinem Vater.	Dativ-Objekt (wem?)
Mir gefällt sie nicht.	
Eine Frau sitzt im Café.	Ortsangabe (wo?)
Bernd Binger ist nicht hier.	
Schau mal nach oben!	Richtungsangabe (wohin? woher?)
Boris kommt aus Russland.	
Am Morgen geht er spazieren.	Zeitangabe (wann?)
Der Zug kommt jetzt an.	

Das Akkusativ-Objekt kann in der **Satzmitte** (meistens) oder auf **Position 1** stehen. Vgl. dazu auch S. 200 (Verben und ihre Objekte).

Position 1	Verb	Satzmitte	Satzende
▶ „Ich	beobachte	einen Dieb."	
◁ „Einen Dieb	beobachtest	du?	
	Siehst	du ihn denn?	
Ich	kann	keinen Menschen	sehen!"

Tipp In der Satzmitte steht das Akkusativ-Objekt **nach** dem Subjekt.

Auch das Dativ-Objekt kann in der **Satzmitte** oder auf **Position 1** stehen.

Position 1	Verb	Satzmitte	Satzende
Dieses Lied	gefällt	mir.	
Meinem Freund	gefällt	es nicht.	
Leider	kann	ich der Frau nicht	helfen.

Tipp In der Satzmitte steht das Dativ-Objekt **nach** dem Subjekt.

Sätze mit Akkusativ- und Dativ-Objekt: In der Satzmitte steht das Dativ-Objekt **vor** dem Akkusativ-Objekt.

Position 1	Verb	Satzmitte	Satzende
Ich	habe	meinen Eltern einen Brief	geschrieben.
Jetzt	schreibe	ich meinem Freund einen Brief.	
	Hat	er dir die Geschichte	erzählt?

Tipp Wenn Dativ-Objekt **und** Akkusativ-Objekt Pronomen sind, steht der **Akkusativ vor dem Dativ**.

	Erzähl	ihm die Geschichte nicht!	
Ich	habe	sie ihm doch schon	erzählt!

Die Negation **nicht** steht nach den Objekten, aber vor der Orts- oder Richtungsangabe.

Meiner Mutter	gefällt	das Buch	nicht.	
Er	sagt	ihr seine Adresse	nicht.	
Emil Maurer	wohnt		nicht in Basel.	
Gestern	ist	Beat	nicht nach Luzern	gefahren.

2 Fragesätze mit *welch-*   → **L8**

Das Fragewort *welch-* steht zusammen mit dem Nomen auf **Position 1**.

Position 1		
Welcher Tag	ist	heute?
Welche Farbe	hat	das Kleid?
Welches Auto	ist	billig?

Vgl. dazu auch S. 202
(Artikel und Artikelwörter).

3 Der Imperativ-Satz   → **L11**

Das Verb steht auf **Position 1**.

	Position 1		
du	Leg		das Buch bitte auf den Tisch.
Sie	Nehmen	Sie	doch noch ein Stück Kuchen.
wir	Gehen	wir	jetzt mal los.
ihr	Macht		bitte mal das Buch zu.

Tipp Vor dem Verb kann nur *bitte* stehen: Bitte mach das Buch jetzt auf.

4 Die Satzklammer   → **L7, 8, 10, 11**

Modalverben bilden mit dem Infinitiv eine Satzklammer. Das Modalverb steht auf **Position 2 oder 1**, der Infinitiv steht am **Satzende**.

	Verb (Modalverb)		Satzende (Infinitiv)
Tanja	will	noch mehr von Nürnberg	kennen lernen.
	Darf	ich Sie etwas	fragen?
Dietrich	soll	den Grill jetzt	ausmachen.
Die Bergleute	mussten	hart	arbeiten.

Satzklammer

Tipp In Sätzen mit Modalverben und trennbaren Verben steht das trennbare Verb im Infinitiv am Satzende: Er soll den Grill ⟨aus|machen⟩.

Im **Perfekt** bilden alle Verben eine Satzklammer. *haben* oder *sein* stehen auf **Position 2 oder 1**, das Partizip Perfekt steht am **Satzende**.

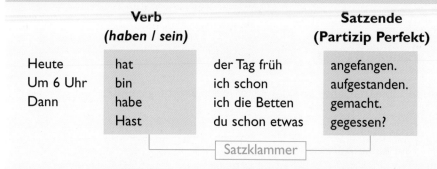

	Verb (haben / sein)		Satzende (Partizip Perfekt)
Heute	hat	der Tag früh	angefangen.
Um 6 Uhr	bin	ich schon	aufgestanden.
Dann	habe	ich die Betten	gemacht.
	Hast	du schon etwas	gegessen?

Satzklammer

als + **Nomen / Adverb** und *wie* + **Nomen / Adverb** stehen meistens **nach dem Satzende**.

	Verb		Satzende	*als / wie* + Nomen / Adverb
Berlin	ist	viel	größer	als Nürnberg.
Er	hat	gestern mehr	gearbeitet	als heute.
	Ist	Basel so	anstrengend	wie Zürich?
Früher	ist	man nicht so viel	gereist	wie heute.

Satzklammer

5 Satzkombinationen: Hauptsatz und Nebensatz → L10, 12

Viele Verben haben im Satz zwei Teile. Dann gibt es im Hauptsatz eine **Satzklammer**: Das konjugierte Verb steht auf **Position 2 oder 1**, der zweite Teil des Verbs steht am **Satzende**.

	Verb	Satzmitte	Satzende
Heute	hat	der Tag früh	angefangen.
	Kommst	du morgen	mit?

Satzklammer

Bei Nebensätzen steht auf **Position 1** die **Subjunktion**, am Ende steht das **konjugierte Verb**.

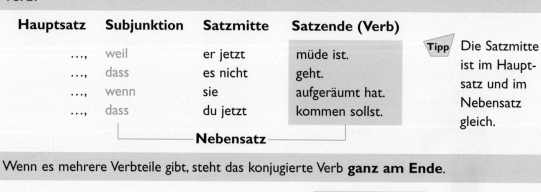

Hauptsatz	Subjunktion	Satzmitte	Satzende (Verb)
...,	weil	er jetzt	müde ist.
...,	dass	es nicht	geht.
...,	wenn	sie	aufgeräumt hat.
...,	dass	du jetzt	kommen sollst.

Nebensatz

Tipp Die Satzmitte ist im Hauptsatz und im Nebensatz gleich.

Wenn es mehrere Verbteile gibt, steht das konjugierte Verb **ganz am Ende**.

...,	wenn	sie	aufgeräumt hat.
...,	dass	du jetzt	kommen sollst.

Nebensätze kombiniert man fast immer mit einem Hauptsatz.

Hauptsatz	Nebensatz
Er schläft,	weil er müde ist.
Ich glaube,	dass es nicht geht.
Sie kommt,	wenn sie aufgeräumt hat.

Tipp Als Antwort kann ein Nebensatz auch allein stehen: „Wann kommt sie?" „Wenn sie Zeit hat."

Der Nebensatz kann auch **zuerst** stehen. Dann steht er auf **Position 1 vom Hauptsatz**.

Position 1	Position 2		Satzende
Nebensatz	konjugiertes Verb		zweiter Verbteil
Weil er in Berlin ist,	kann	er nicht	kommen.

So verwendet man die Subjunktionen:

Kerstin ist nicht Stewardess geworden,	weil ihre Eltern das nicht wollten.	**Grund**
Duc verkauft besonders viel,	wenn ein großes Fest stattfindet.	**Zeitpunkt**

Die Subjunktion *dass* hat grammatische Funktion, sie verbindet den Nebensatz mit dem Hauptsatz:

Ich glaube: Er kommt bald. → Ich glaube, dass er bald kommt.

Das Verb

1 Das Perfekt

→ L7

Das Perfekt hat zwei Teile: eine Verbform von *haben* oder *sein* und das Partizip Perfekt.

Infinitiv		Verb (haben / sein)		Satzende (Partizip Perfekt)
kommen	Sie	sind	gestern	gekommen.
aufräumen	Wir	haben	das Zimmer jetzt	aufgeräumt.

Satzklammer

Hilfsverb haben oder sein

Die meisten Verben bilden das Perfekt mit *haben*. Diese Verben bilden das Perfekt mit *sein*:

- Verben der Bewegung: Kevin ist zu Fuß gegangen.
- Veränderung des Orts: Tanja ist nach Spanien geflogen.
- Veränderung eines Zustands: Sascha ist krank geworden.
- Außerdem: *sein, bleiben, geschehen, passieren.*

Das Partizip Perfekt

Das Partizip Perfekt bildet man mit:

- **ge-** und **-t** (regelmäßige Verben):   fragen → ge- frag -t, sagen → ge- sag -t
- **ge-** und **-en** (unregelmäßige Verben):   fahren → ge- fahr -en, werden → ge- word -en

 Tipp Bei den unregelmäßigen Verben ändert sich auch oft der wichtigste Vokal (der „Stammvokal") und manchmal die Konsonanten:

helfen → geholfen, gehen → gegangen

Einige unregelmäßige Verben enden auf **-t**: bringen → gebracht, denken → gedacht

- Bei Verben mit **trennbaren Präfixen** steht -ge- **nach** dem trennbaren Präfix.

aufmachen → auf -ge- macht	ankommen → an -ge- kommen
aufräumen → auf -ge- räumt	abfahren → ab -ge- fahren
auswechseln → aus -ge- wechselt	mitbringen → mit -ge- bracht

- Einige regelmäßige und unregelmäßige Verben haben **kein ge-**:

Verben auf *-ieren*:

studieren → studier -t; reservieren → reservier -t

Verben mit untrennbarem Präfix:

bestellen → bestell -t, erklären → erklär -t, entdecken → entdeck -t

beginnen → begonn -en, empfangen → empfang -en, vergessen → vergess -en

 Tipp Eine Liste der Verben mit Unregelmäßigkeiten finden Sie im Anhang (S. 209/210).

Verben mit diesen Präfixen sind untrennbar. Sie sind immer unbetont:

be-, ge-, ent-/emp-, er-, ge-, miss-, ver-, zer-

Tipp Alle Verben, die nicht auf der ersten Silbe betont sind, bilden das Partizip Perfekt **ohne ge-**.

2 Der Imperativ   → L11

Die Imperativ-Formen sind nur im *du*-Imperativ anders als die normalen Verbformen.
Der Imperativ hat hier keine Endung: du legst → **leg**.
Im *Sie*-Imperativ und im *wir*-Imperativ verwendet man die Pronomen *Sie* und *wir*:

	du-Imperativ	*ihr*-Imperativ	*Sie*-Imperativ	*wir*-Imperativ
machen	Mach das.	Macht das.	Machen Sie das.	Machen wir das.
mitspielen	Spiel mit.	Spielt mit.	Spielen Sie mit.	Spielen wir mit.
haben	Hab keine Angst.	Habt keine Angst.	Haben Sie keine Angst.	

Verben mit **e → i**-Wechsel haben auch im *du*-Imperativ ein **i**:

sprechen	Sprich.	Sprecht.	Sprechen Sie.	Sprechen wir.
lesen	Lies das.	Lest das.	Lesen Sie das.	Lesen wir das.

Ebenso: empfehlen, essen, geben, nehmen, sehen, treffen

Tipp Verben auf **-ten, -den, -tmen, -chnen** haben im *du*- und *ihr*-Imperativ ein **-e**:
Arbeite / Arbeitet. Finde / Findet. **Ebenso:** warten, atmen, öffnen, rechnen

Der Imperativ von *sein* ist unregelmäßig:

sein	Sei still!	Seid still!	Seien Sie still!	Seien wir still!

So verwendet man den Imperativ:

Komm bitte.	**Bitte**
Macht ab und zu eine Pause.	**Rat / Empfehlung**
Lesen Sie mal.	**Aufforderung (freundlich)**
Schauen wir uns das mal an.	**Aufforderung (alle machen es zusammen)**
Räumt jetzt endlich auf.	**Aufforderung (unfreundlich)**

Tipp *bitte, doch* und *mal* machen den Imperativ freundlicher.

3 Modalverben → L8, 10, 11

Modalverben bilden mit dem Infinitiv eine **Satzklammer**.

	Verb (Modalverb)		Satzende (Infinitiv)	Bedeutung:
Wir	möchten	nach Italien	fahren.	**Wunsch**
Herbert	will	jetzt	anfangen.	**Absicht**
	Wollt	ihr schon	gehen?	
Jetzt	kann	Andrea den Unterricht	planen.	**Fähigkeit, Möglichkeit**
Sie	können	gern noch	bleiben!	**freundliche Erlaubnis**
Ihr	dürft	jetzt im Garten	spielen.	**Erlaubnis**
Hier	darf	man nicht	rauchen.	**Verbot**
Warum	musst	du schon	gehen?	**Notwendigkeit**
Ihr	sollt	jetzt	aufräumen.	**Aufforderung**
	Soll	ich noch	warten?	**Notwendigkeit**

Satzklammer

Tipp *sollen* bedeutet: Eine andere Person will, dass etwas passiert.
Die Mutter sagt: „Peter, räum bitte auf!"
Klaus sagt zu Peter: „(Die Mutter hat gesagt,) du sollst aufräumen!"

Negation von *müssen* und *dürfen*:	**Bedeutung:**
„Du musst nicht aufräumen!"	Es ist nicht unbedingt notwendig, dass du aufräumst; du entscheidest selbst.
„Du darfst das nicht vergessen!"	Vergiss das auf keinen Fall! (Verbot)

Weitere Verwendung der Modalverben:

- *dürfen* und *können* machen Bitten, Aufforderungen und Einladungen freundlicher:
  Darf ich Sie etwas fragen?
  Können Sie mir bitte helfen?
- Wünsche drückt man mit *möchte* aus, *wollen* klingt nicht sehr freundlich:
  Ich möchte (gern) fünf Brezeln und ein Weißbrot.

Das Präsens und das Präteritum

Die Modalverben haben im **Präsens** Singular nur in der zweiten Person eine Endung (-st),
können, müssen, wollen und *dürfen* haben im Singular auch einen anderen Vokal.
Das **Präteritum** bildet man mit **-te**. Achtung: *möcht-* hat kein Präteritum.

	können	**müssen**	**wollen**	**dürfen**	**sollen**	**möcht-**
ich	kann	muss	will	darf	soll	möchte
du	kannst	musst	willst	darfst	sollst	möchtest
er • sie • es	kann	muss	will	darf	soll	möchte
wir	können	müssen	wollen	dürfen	sollen	möchten
ihr	könnt	müsst	wollt	dürft	sollt	möchtet
sie • Sie	können	müssen	wollen	dürfen	sollen	möchten

	können	**müssen**	**wollen**	**dürfen**	**sollen**
ich	konnte	musste	wollte	durfte	sollte
du	konntest	musstest	wolltest	durftest	solltest
er • sie • es	konnte	musste	wollte	durfte	sollte
wir	konnten	mussten	wollten	durften	sollten
ihr	konntet	musstet	wolltet	durftet	solltet
sie • Sie	konnten	mussten	wollten	durften	sollten

4 Verben und ihre Objekte → L11

Das Verb bestimmt, ob ein Akkusativ-Objekt, ein Dativ-Objekt oder beides
im Satz vorkommt.

Verben mit **Akkusativ-Objekten** sind besonders häufig:

sehen
Subjekt — Akkusativ-Objekt

Ich sehe ihn.
Kennen Sie den Mann?

finden: Klaus hat eine Wohnung gefunden.
haben: Ich habe leider keine Zeit.
kaufen: Hast du eine Zeitung gekauft?
machen: Wir machen eine Pause.
vergessen: Ich habe es ganz vergessen.

Verben mit **Dativ-Objekt** sind nicht so häufig:

helfen
Subjekt — Dativ-Objekt

Ich helfe dir.
Marion gratuliert ihrer Schwester.

antworten: Klaus antwortet der Lehrerin.
fehlen: Mein Freund fehlt mir.
gefallen: Der neue 007-Film gefällt ihm.
schmecken: Das Essen schmeckt ihr gut!

Es gibt einige wichtige Verben mit **Akkusativ- und Dativ-Objekt**. Dann ist es meistens
wie bei *bringen*: Das Dativ-Objekt ist eine Person, das Akkusativ-Objekt eine Sache.

bringen
Subjekt — Dativ-Objekt — Akkusativ-Objekt

Bring mir bitte das Buch.
Er bietet ihr einen Tee an.

erzählen: Sie erzählt ihm eine Geschichte.
geben: Sie gibt ihm Auskunft.
sagen: Hat er es dir schon gesagt?
zeigen: Jetzt zeigt sie mir ihr Büro.

Der Artikel markiert meistens deutlich Subjekt, Akkusativ-Objekt und Dativ-Objekt. Darum kann man im Deutschen die Objekte im Prinzip auch **vor** das Verb stellen. So drückt man meistens einen Kontrast aus:

Akkusativ-Objekt	Akkusativ-Objekt	Kontrast
Das Studium hat sie jetzt beendet, aber	einen Beruf hat sie noch nicht.	Studium ⟷ Beruf

Dativ-Objekt	Dativ-Objekt	
Meiner Mutter hat das Konzert gut gefallen,	mir nicht.	Meine Mutter ⟷ ich

5 Verben mit Orts- und Richtungsangaben → L8, 12

Verben mit Ortsangabe

Manche Verben haben eine obligatorische Ortsangabe bei sich. Die Ortsangabe antwortet auf die Frage **Wo?** (?)

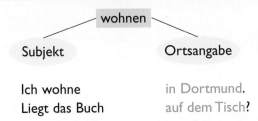

Ich wohne	in Dortmund.
Liegt das Buch	auf dem Tisch?

Andere wichtige Verben mit obligatorischer Ortsangabe:

hängen: Das Bild hängt an der Wand.
leben: Ich lebe in einer Wohngemeinschaft.
sein: Die Zeitung ist auf dem Sofa.
sitzen: Das Kind sitzt auf dem Stuhl.
stehen: Das Glas steht in der Küche.

Die Ortsangabe kann so ausgedrückt werden:

| Peter sitzt | auf dem Bett. | **Präposition + Nomen** (im Dativ) |
| Peter sitzt | oben. | **Ortsadverb** |

Verben mit Richtungsangabe

Manche Verben haben eine obligatorische Richtungsangabe bei sich. Die Richtungsangabe antwortet auf die Frage **Wohin?** ⟶ ?

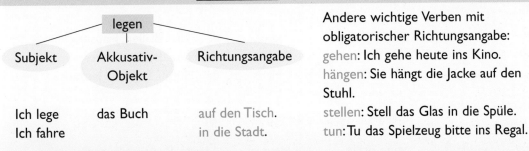

Ich lege	das Buch	auf den Tisch.
Ich fahre		in die Stadt.

Andere wichtige Verben mit obligatorischer Richtungsangabe:

gehen: Ich gehe heute ins Kino.
hängen: Sie hängt die Jacke auf den Stuhl.
stellen: Stell das Glas in die Spüle.
tun: Tu das Spielzeug bitte ins Regal.

Die Richtungsangabe kann so ausgedrückt werden:

| Claudia legt die Zeitung | auf den Tisch. | **Präposition + Nomen** (meist im Akkusativ) |
| Margret geht | nach oben. | **Präposition + Ortsadverb** |

Artikel und Artikelwörter

Artikel und Artikelwörter zeigen an: Ein Nomen steht im **Nominativ**, **Akkusativ** oder **Dativ**.

Nomen im Dativ und Akkusativ können Objekte sein:

Nominativ (Subjekt)		Dativ(-Objekt)	Akkusativ(-Objekt)
Die Frau	erklärt	den Besuchern	das Gebäude.
Sie	zeigt	den Touristen	die Glaskuppel.

Nomen im Dativ und Akkusativ können auch **von einer Präposition abhängen**:

Auf dem Tisch steht ein Glas mit Blumen.	**Präposition mit Nomen im Dativ**
Wir gehen jetzt in den Reichstag.	**Präposition mit Nomen im Akkusativ**

Artikel und Artikelwörter zeigen auch an:

- Etwas ist neu im Text oder in der Situation: *ein, eine, ein* (**unbestimmter Artikel**).
  Emil sagt: „Ich beobachte einen Dieb."
  Manchmal ist *ein, eine, ein* auch eine Zahl: „Ich habe einen Bruder." (= nicht zwei)
- Etwas ist bekannt (es ist im Text schon vorgekommen oder es ist allgemein bekannt):
  der, die, das (**bestimmter Artikel**).
  „Ich beobachte einen Dieb." – „Da ist der Dieb!"
  Der Reichstag steht in Berlin.
- Etwas ist negiert: *kein, keine, kein* (**negativer Artikel**).
  „Hier gibt es keinen Dieb!"
- Besitz oder enge Beziehung: *mein, meine, mein* (**Possessivartikel**).
  Meine Tochter heißt Amelie.

1 Der bestimmte und der unbestimmte Artikel → L7

Der **bestimmte Artikel** hat immer die Signal-Endungen. Der **unbestimmte Artikel** hat meistens die Signal-Endungen:

bestimmt	m	f	n	Pl
Nominativ	der Hut	die Brille	das Haus	die Hüte, Brillen, Häuser
Akkusativ	den Hut	die Brille	das Haus	die Hüte, Brillen, Häuser
Dativ	dem Hut	der Brille	dem Haus	den Hüten, Brillen, Häusern

unbestimmt	m	f	n	Pl
Nominativ	ein Hut	eine Brille	ein Haus	– Hüte, Brillen, Häuser
Akkusativ	einen Hut	eine Brille	ein Haus	– Hüte, Brillen, Häuser
Dativ	einem Hut	einer Brille	einem Haus	– Hüten, Brillen, Häusern

Tipp Es gibt keine Pluralform für *ein, eine, ein*:
Da vorn steht ein Haus! → Plural: Da vorn stehen Häuser!

2 Der negative Artikel

→ L7

Der negative Artikel hat im Singular die gleichen Endungen wie der unbestimmte Artikel:

	m	f	n	Pl
Nominativ	kein Hut	keine Brille	kein Haus	keine Hüte, Brillen, Häuser
Akkusativ	keinen Hut	keine Brille	kein Haus	keine Hüte, Brillen, Häuser
Dativ	keinem Hut	keiner Brille	keinem Haus	keinen Hüten, Brillen, Häusern

3 Der Possessivartikel

→ L7

Der Possessivartikel hat im Singular die gleichen Endungen wie der unbestimmte Artikel:

	m	f	n	Pl
Nominativ	mein Hut	meine Brille	mein Haus	meine Hüte, Häuser …
Akkusativ	meinen Hut	meine Brille	mein Haus	meine Hüte, Häuser …
Dativ	meinem Hut	meiner Brille	meinem Haus	meinen Hüten, Häusern …

4 *welch-*

→ L8

welch- ist ein Fragewort. Es steht zusammen mit dem Nomen auf **Position 1**.
welch- bedeutet: Auswahl aus einer Menge.

Position 1		Mögliche Antwort
Welcher Tag	ist heute?	Dienstag.
Welches Zimmer	möchten Sie lieber? Das Einzelzimmer oder das Doppelzimmer?	Das Einzelzimmer bitte.

welch- hat immer die Signalendungen (wie der bestimmte Artikel *der, die, das*):

	m	f	n	Pl
Nominativ	welcher Hut	welche Brille	welches Haus	welche Häuser
Akkusativ	welchen Hut	welche Brille	welches Haus	welche Häuser
Dativ	welchem Hut	welcher Brille	welchem Haus	welchen Häusern

5 Pronomen

→ L9

Die Pronomen nennen Sprecher und Hörer oder ersetzen Namen und bekannte Nomen.

ich, wir: Sprecher   du, ihr, Sie: Hörer
er, sie, es, sie: über diese Personen und Dinge spricht man

Tipp es kann sich auch auf eine ganze Aussage beziehen:
„Wann kommt der Zug an?" – „Ich weiß es nicht."

	Singular					Plural			
Nominativ	ich	du	er	sie	es	wir	ihr	sie	Sie
Akkusativ	mich	dich	ihn	sie	es	uns	euch	sie	Sie
Dativ	mir	dir	ihm	ihr	ihm	uns	euch	ihnen	Ihnen

Präpositionen

Präpositionen kombiniert man mit Nomen. Sie stehen meistens vor dem Nomen.
Das Nomen steht im Akkusativ oder im Dativ.

1 Orts- oder Richtungsangaben → L8, 9, 12

Es gibt zwei Gruppen von Präpositionen.
① Präpositionen mit einem **festen Kasus** und ② Präpositionen mit Akkusativ **oder** Dativ.

① *aus, bei, von, zu*: immer mit dem **Dativ**:

Herr Eberle arbeitet bei einem Pharmakonzern.
Frau Bürgi kommt vom Sport.
Aus welchem Land kommen Sie?
Am Sonntag fahre ich immer zu meinen Eltern.

> **Tipp** Meistens sagt man
>
> | | | |
> |---|---|---|
> | *beim* | statt | *bei dem* |
> | *vom* | statt | *von dem* |
> | *zum / zur* | statt | *zu dem / zu der* |

Ausnahme: Man zeigt auf etwas Bestimmtes:
„Gehen wir jetzt zu dem Laden?" (= nicht
zu einem anderen Laden). Der Artikel ist
dann betont.

② *an, auf, hinter, in, neben, über, unter, vor, zwischen* mit Akkusativ **oder** Dativ:

Wohin? ⟶ **?**	**Wo?** (**?**)
(Bewegung von A nach B)	(etwas ist oder passiert an einem Ort A)
mit Akkusativ:	**mit Dativ:**
Heike Blütner …	Heike Blütner …
geht an die Bushaltestelle.	steht jetzt an der Bushaltestelle.
steigt auf den Kirchturm.	ist auf dem Kirchturm.
geht in den Reichstag.	ist im Reichstag.
fährt hinter das Brandenburger Tor.	steht hinter dem Brandenburger Tor.
stellt das Gepäck neben den Busfahrer.	steht neben dem Busfahrer.
fliegt über die Stadt.	sitzt über dem Busfahrer.
geht unter das Dach.	steht unter dem Dach.
geht vor die Tür.	steht jetzt vor der Tür.
stellt den Koffer zwischen die Gepäckstücke.	sitzt zwischen den Gepäckstücken.

> **Tipp** Meistens sagt man
>
> | | | |
> |---|---|---|
> | *am, ans* | statt | *an dem, an das* |
> | *im, ins* | statt | *in dem, in das* |

Ausnahme: Man zeigt auf etwas Bestimmtes:
„Warst du in dem Laden?" (= nicht in
einem anderen Laden). Der Artikel ist dann
betont.

> **Tipp** Man hört auch öfters diese Formen (nur gesprochen):
>
> *aufs (= auf das), aufm (= auf dem), aufn (= auf den)*
> *hinters (= hinter das), hinterm (= hinter dem), hintern (= hinter den)*
> *übers (= über das), überm (= über dem), übern (= über den)*
> *unters (= unter das), unterm (= unter dem), untern (= unter den)*
> *vors (= vor das)*

an	Das Bild hängt an der Wand. Abends stehe ich oft am Fenster und schaue raus. Morgen gehen wir wieder an den See.	
auf	Das Glas steht auf dem Tisch. Steigen wir auf den Berg? Spiel bitte nicht auf der Straße! Gestern sind wir auf die Insel Rügen gefahren.	
aus	Kommen Sie aus Berlin? – Nein, aus Hamburg. Komm bitte aus dem Zimmer! Kaffee trinkt man aus der Tasse.	**Herkunft (Land, Stadt)** **Gegenteil von** *in*
bei	Bleib bitte bei mir! Er arbeitet bei einem Pharmakonzern. Die Kirche ist bei der Bank.	**Personen** **Arbeitsplatz** **in der Nähe**
in	Die Milch ist im Kühlschrank. Ich bin gerade in der Küche. Wir fahren morgen in die Schweiz / in die USA … Sie geht in die Schule / in das Haus …	**Länder und Orte mit Artikel; Gebäude**
hinter	Hinter dem Haus steht ein Baum.	
nach	Jeden Abend fährt Herr Eberle nach Deutschland. Wir fahren bald nach Berlin! Schau mal nach oben / nach unten / nach links …	**Länder und Orte ohne Artikel** **Ortsadverbien**

Tipp Die Präposition *nach* verwendet man meistens ohne Artikel:
Ich fahre nach Dortmund. Geht ihr schon nach Hause?

neben	Familie Blütner wohnt neben Familie Maler.	
über	Über dem Tisch hängt eine Lampe.	
unter	Die Katze liegt unter dem Sofa.	
von	Frau Bürgi kommt gerade von der Arbeit. Das ist die Tochter von einem Kollegen.	**weg von etwas** **Zugehörigkeit**
vor	Vor dem Reichstag ist ein großer Platz.	
zu	Emil fährt zu seiner Großmutter. Ich muss noch schnell zur Post gehen. Dieser Bus fährt zum Nollendorfplatz.	**Ziel: Personen, Institutionen, Plätze**
bis zu **bis nach**	Der Bus fährt bis zum Brandenburger Tor, nicht weiter. Er hat mich bis nach Basel gebracht.	

Tipp *bis* kombiniert man meistens mit anderen Präpositionen:
Die Straßenbahn fährt heute nur bis zum Bertoldsbrunnen.

2 Zeitangaben

→ L12

Zeitangaben können so aussehen:

Am Morgen ist Herr Eberle zur Arbeit gefahren.	**Präposition + Nomen**
Morgens bin ich immer sehr müde.	**Adverb**
1945 war der Zweite Weltkrieg zu Ende.	**Jahreszahl**
oder: Im Jahr 1945 war der Zweite Weltkrieg zu Ende.	

Tipp Man sagt im Deutschen nicht „In 1995".

am	Am Samstag arbeitet Herr Eberle auch.	**Tag**
Wann?	Am ersten Januar ist Neujahr.	**Datum**
	Am Morgen bin ich immer noch müde.	**Tageszeiten**
	Ebenso: am Vormittag, am Mittag, am Nachmittag, am Abend	
in	In der Nacht hat es geregnet.	**Nacht**
im	im Februar, im Juni, im September …	**Monate**
Wann?	im Frühling, im Sommer, im Herbst, im Winter	**Jahreszeiten**
um	Das Spiel fängt um drei Uhr an.	**Uhrzeit**
Wann?		
seit	Seit zwanzig Minuten warte ich auf den Bus.	**Dauer**
Seit wann?		
ab	Ab heute mache ich Urlaub!	**Dauer**
Ab wann?		

jetzt

seit ab

3 Andere Präpositionen

→ L7

mit + Dativ

Mit wem? (Personen)	Ich fahre mit meiner Mutter nach Berlin.	**zusammen**
Womit? (Sachen)	Frau Koller geht nur mit ihrem Handy aus dem Haus.	

Komparation und Vergleiche

1 Komparation

→ L9

Adjektive haben eine Grundform, einen Komparativ und einen Superlativ.

Grundform	Komparativ	Superlativ
schön	schöner	am schönsten
schnell	schneller	am schnellsten
praktisch	praktischer	am praktischsten

Kleine Besonderheiten:

Kein -e- im Komparativ			-esten im Superlativ bei Adjektiven auf -t, -d, -s, -ß, -sch, -x, -z		
teuer	teurer	am teuersten	schlecht	schlechter	am schlechtesten
dunkel	dunkler	am dunkelsten	heiß	heißer	am heißesten
			hübsch	hübscher	am hübschesten

Oft: *a, o, u → ä, ö, ü*

lang	länger	am längsten	hoch	höher	am höchsten
alt	älter	am ältesten	nah	näher	am nächsten
kurz	kürzer	am kürzesten	groß	größer	am größten

Unregelmäßige Formen:

gut	besser	am besten
viel	mehr	am meisten
gern	lieber	am liebsten

2 Vergleiche → L9

Zwei Sachen, Personen oder Handlungen sind gleich. Dann verwendet man
so + Grundform + *wie* ...

Mit dem Zug bin ich	so schnell wie	mit dem Flugzeug.
Meine Tochter ist jetzt	so groß wie	ihre Freundin.
Er kocht	so gut wie	seine Frau.

 Tipp Statt *so* kann man auch ***genauso*** sagen:
Mein Haus ist genauso schön wie deine Wohnung.

Man kann die Gleichheit auch negieren:
Die Straßenbahn ist nicht so schnell wie die U-Bahn.

Eine Sache, Person oder Handlung ist in einem Aspekt anders als die andere Sache oder
Person. Dann verwendet man **Komparativ + *als*:**

Mit dem Flugzeug bin ich	schneller als	mit dem Zug.
Meine Tochter ist	kleiner als	ihre Freundin.
Hier kann ich	besser arbeiten als	zu Hause.

 Tipp *wie* + Nomen / Adverb etc. und *als* + Nomen / Adverb stehen
nach der Satzklammer:

Früher ist man nicht so viel gereist wie heute.
└─── Satzklammer ───┘

Eine Sache, Person oder Handlung ist in einem Aspekt größer / kleiner / schneller ... als alle
anderen. Dann verwendet man ***am* + Superlativ.**

Mit dem Auto bin ich am schnellsten bei der Arbeit.

Ortsadverbien

→ L12

Mit Ortsadverbien sagt man, **wo** etwas ist.
Sie sind Ortsangaben.

Das Haus hat zwei Stockwerke: Oben sind die
Schlafzimmer, unten sind Küche und
Wohnzimmer.
„Schau mal, ein Familienfoto: Links steht meine
Mutter, rechts mein Vater und in der Mitte
stehe ich!"

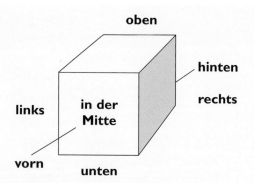

 Man kann Ortsadverbien mit *nach* kombinieren. Dann geben sie an, **wohin** sich
etwas bewegt. Dann sind sie Richtungsangaben.

nach oben, nach unten, nach links, nach rechts, nach vorn, nach hinten

„Siehst du die Kuppel im Reichstag? Komm, wir gehen nach oben!"
„Schau mal nach vorn, dann siehst du das Brandenburger Tor."

Zahlen und Datum

→ L12

Datumsangaben macht man mit *am* + **Ordinalzahl**.

So bildet man die Ordinalzahlen mit *am*:

1–19: Die Ordinalzahlen haben die Endung **-ten**: am vierten zwölften (4. 12.) etc.
Einige Ordinalzahlen sind unregelmäßig: am ersten dritten (1. 3.), am siebten
zweiten (7. 2.).

Ab 20: Die Ordinalzahlen haben die Endung **-sten**:
am zwanzigsten elften (20. 11.), am einunddreißigsten zwölften (31. 12.).

am ersten	am elften	am zwanzigsten
am zweiten	am zwölften	am einundzwanzigsten
am dritten	am dreizehnten	am zweiundzwanzigsten
am vierten	am vierzehnten	…
am fünften	am fünfzehnten	am dreißigsten
am sechsten	am sechzehnten	am einunddreißigsten
am siebten	am siebzehnten	…
am achten	am achtzehnten	
am neunten	am neunzehnten	
am zehnten		

 Wenn man das Datum mit dem bestimmten Artikel sagt, hat die Ordinalzahl
die Endung **-e**:
der zweite Oktober, der vierte August, der zweiundzwanzigste November.

Alphabetische Liste der wichtigsten Verben mit Unregelmäßigkeiten

Infinitiv	3. P. Sing. Präsens	3. P. Sing. Perfekt
abfahren	fährt ab	ist abgefahren
abgeben	gibt ab	hat abgegeben
anbieten	bietet an	hat angeboten
anfangen	fängt an	hat angefangen
ankommen	kommt an	ist angekommen
aufgeben	gibt auf	hat aufgegeben
aufgehen	geht auf	ist aufgegangen
aufschreiben	schreibt auf	hat aufgeschrieben
aufstehen	steht auf	ist aufgestanden
ausgehen	geht aus	ist ausgegangen
aussehen	sieht aus	hat ausgesehen
aussprechen	spricht aus	hat ausgesprochen
aussteigen	steigt aus	ist ausgestiegen
backen	backt	hat gebacken
beginnen	beginnt	hat begonnen
bekommen	bekommt	hat bekommen
beschreiben	beschreibt	hat beschrieben
bestehen	besteht	hat bestanden
betragen	beträgt	hat betragen
bleiben	bleibt	ist geblieben
bringen	bringt	hat gebracht
denken	denkt	hat gedacht
durchstreichen	streicht durch	hat durchgestrichen
dürfen	darf	
einladen	lädt ein	hat eingeladen
einnehmen	nimmt ein	hat eingenommen
einschließen	schließt ein	hat eingeschlossen
eintragen	trägt ein	hat eingetragen
empfangen	empfängt	hat empfangen
empfehlen	empfiehlt	hat empfohlen
entscheiden	entscheidet	hat entschieden
erhalten	erhält	hat erhalten
erschießen	erschießt	hat erschossen
essen	isst	hat gegessen
fahren	fährt	ist gefahren
fallen	fällt	ist gefallen
fernsehen	sieht fern	hat ferngesehen
finden	findet	hat gefunden
fliegen	fliegt	ist geflogen
freihaben	hat frei	hat freigehabt
geben	gibt	hat gegeben
gefallen	gefällt	hat gefallen
gehen	geht	ist gegangen
gelten	gilt	hat gegolten
genießen	genießt	hat genossen
gießen	gießt	hat gegossen
haben	hat	hat gehabt
halten	hält	hat gehalten
helfen	hilft	hat geholfen
kennen	kennt	hat gekannt

Infinitiv	3. P. Sing. Präsens	3. P. Sing. Perfekt
klingen	klingt	hat geklungen
kommen	kommt	ist gekommen
lassen	lässt	hat gelassen
laufen	läuft	ist gelaufen
lesen	liest	hat gelesen
liegen	liegt	hat* gelegen
mitbringen	bringt mit	hat mitgebracht
mitkommen	kommt mit	ist mitgekommen
nehmen	nimmt	hat genommen
reiten	reitet	ist geritten
riechen	riecht	hat gerochen
rufen	ruft	hat gerufen
scheinen	scheint	hat geschienen
schlafen	schläft	hat geschlafen
schlagen	schlägt	hat geschlagen
schließen	schließt	hat geschlossen
schneiden	schneidet	hat geschnitten
schreiben	schreibt	hat geschrieben
schreien	schreit	hat geschrien
schwimmen	schwimmt	ist geschwommen
sehen	sieht	hat gesehen
sein	ist	ist gewesen
singen	singt	hat gesungen
sitzen	sitzt	hat* gesessen
sollen	soll	
sprechen	spricht	hat gesprochen
stattfinden	findet statt	hat stattgefunden
stehen	steht	hat* gestanden
stehlen	stiehlt	hat gestohlen
steigen	steigt	ist gestiegen
sterben	stirbt	ist gestorben
tragen	trägt	hat getragen
treffen	trifft	hat getroffen
trinken	trinkt	hat getrunken
tun	tut	hat getan
umsteigen	steigt um	ist umgestiegen
umziehen	zieht um	ist umgezogen
sich unterhalten	unterhält sich	hat sich unterhalten
verbinden	verbindet	hat verbunden
verbrennen	verbrennt	hat verbrannt
verbringen	verbringt	hat verbracht
vergessen	vergisst	hat vergessen
vergleichen	vergleicht	hat verglichen
verlassen	verlässt	hat verlassen
verlieren	verliert	hat verloren
verstehen	versteht	hat verstanden
vorbeikommen	kommt vorbei	ist vorbeigekommen
wegbringen	bringt weg	hat weggebracht
wiedergeben	gibt wieder	hat wiedergegeben
wollen	will	
zurückgehen	geht zurück	ist zurückgegangen

* in Süddeutschland, Österreich und der Schweiz auch: ist gelegen, ist gesessen, ist gestanden

Alphabetische Wortliste

Die folgende Wortliste enthält den relevanten Wortschatz der Texte, Dialoge und Aufgaben der Kursbuch-Lektionen 7 bis 12.

– Nicht aufgenommen wurden Artikelwörter, Zahlwörter, grammatische und phonetische Fachbegriffe sowie Eigennamen von Personen und Städten.

– Nomen erscheinen mit ihrem Artikel und der Pluralform. Nomen, die nur im Singular oder Plural verwendet werden, sind entsprechend mit *(nur Sing.)* oder *(nur Pl.)* gekennzeichnet.

– Verben erscheinen nur im Infinitiv. Eine Liste der wichtigsten Verben mit Unregelmäßigkeiten finden Sie auf Seite 209/210.

– Zur Erleichterung des Auffindens im Text sind hinter jedem Eintrag nicht nur Lektion und Seite, sondern auch die jeweilige Text- oder Aufgabennummer angegeben; zum Beispiel bedeutet „arm L7, 18/1a", dass das Wort „arm" zum ersten Mal in Lektion 7, auf Seite 18 und dort in der Aufgabe 1a erscheint.

– Wörter, die auf der Liste zum *Zertifikat Deutsch* stehen, sind mit • markiert. Sie sind besonders wichtig für Sie.

– Wörter, die nur oder vorwiegend in Österreich oder der Schweiz gebräuchlich sind, sind mit *(A)* für Österreich bzw. *(CH)* für die Schweiz markiert.

– Einträge, die mit *(Bd. 1)* gekennzeichnet sind, verweisen auf die alphabetische Wortliste von Passwort Deutsch Band 1; zum Beispiel bedeutet „lieber → gern *(Bd. 1)*", dass „gern" in der Wortliste von Band 1 zu finden ist.

A

- • ab L9, 42/1D
- abbauen L10, 46/1a
- abbilden L11, 66/1a
- • abfahren L7, 10/1a
- • abgeben L10, 51/4
- • abholen L12, 72/1a
- Abkürzung, die, -en L10, 50/1b
- • Abschnitt, der, -e L9, 33/3b
- Abteil, das, -e L12, 78/1b
- • Abteilung, die, -en L9, 40/1a
- • ach L10, 48/2a
- Akkordeon, das, -s L9, 34
- akzeptieren L12, 75/4
- • allerdings L11, 58/2a
- • als (Schneiderin) L8, 26/1a
- • als *(Vergleich)* L9, 34/1a
- altmodisch L12, 68/1a
- • am (= an dem) L8, 22/2
- • am + *Datum* L12, 76/1a
- • am + *Tageszeit* L10, 51/5a
- • Ampel, die, -n L8, 24/6b
- • an L7, 14
- • an + *Dat.* L8, 22/2
- • anbieten L10, 46/1b
- • ander- L8, 24/6a
- • anders L9, 37/4
- • Anfang, der, Anfänge L8, 26/1a
- • Angebot, das, -e L9, 34/1a
- • Angestellte, der/die, -n L10, 45/1

- • ankommen L7, 10/1a
- anmachen L11, 65/4
- • Anmeldung, die, -en L9, 42/1E
- anprobieren L8, 27/2
- • Anzeige, die, -n L10, 50/1
- • eine Anzeige aufgeben L11, 61/4
- • Apfel, der, Äpfel L10, 50/1
- Appartement, das, -s L10, 44/1
- • April, der *(nur Sing.)* L12, 77/3
- • Arbeit *(wissenschaftlicher Text)*, die, -en L12, 69/3b
- Arbeiter, der, - L10, 52/1a
- Arbeitsamt, das, -ämter L8, 25/9a
- Arbeitsgruppe, die, -n L8, 30/1a
- Arbeitsplatz, der, -plätze L9, 38/1b
- Arbeitstag, der, -e L9, 42/1A
- Arbeitszeit, die, -en L9, 36/1a
- Architekt, der, -en L12, 70/2a
- • ärgerlich L11, 63/5b
- Argument, das, -e L9, 34/1a
- • arm L7, 18/1a
- • Art, die, -en L11, 61/4
- Artikel *(Lexikon)*, der, - L7, 18/1a
- • Artikel *(Zeitung)*, der, - L8, 30/1a
- Aspekt, der, -e L11, 58/1a
- Atelier, das, -s L8, 21/2a
- • Atmosphäre, die, -n L11, 58/2a
- • auf + *Dat.* L8, 22/2

- • aufgeben *(Anzeige)* L11, 61/4
- aufgehen L11, 61/3a
- • aufmachen L7, 10/1a
- • aufräumen L7, 9/2
- • aufschreiben L7, 16/1
- • aufstehen L7, 10/1a
- aufstellen L11, 62/2
- • aufwachen L12, 72/1a
- • Aufzug, der, Aufzüge L10, 54/1b
- Aufzugführer, der, - L12, 70/1
- • Auge, das, -n L12, 72/1a
- • August, der *(nur Sing.)* L9, 42/1B
- Au-pair-Mädchen, das, - L12, 75/2a
- • aus + *Dat.* L9, 38/2a
- • Ausbildung, die, -en L10, 52/1a
- Ausgabe, die, -n L11, 61/4
- • Ausgang, der, -gänge L12, 69/3a
- • ausgehen L8, 29/4
- • ausgehen *(Licht)* L9, 42/1A
- • Auskunft, die, -künfte L12, 70/1a
- • Auskunft geben L12, 70/1a
- • Ausländer, der, - L12, 74/1
- ausländisch L12, 69/3a
- • ausmachen L11, 64/1b
- • ausruhen L11, 60/2
- • aussehen L11, 66/1a
- • außerdem L10, 46/1b
- aussteigen L12, 78/1a
- • Ausstellung, die, -en L12, 70/2a

Austausch, der (nur Sing.)
L10, 45/1
auswählen   L11, 61/4
auswechseln   L7, 10/1a
• Auszubildende, der/die, -n
L10, 52/1a
Avantgarde, die (hier nur Sing.)
L12, 74/2a

B
• backen   L8, 28/1
Bäcker, der, -   L8, 28/1
Backstein, der   L11, 56/1a
• Bad, das, Bäder   L7, 8/1
• Badewanne, die, -n   L11, 60/1a
Badezimmer, das, -   L11, 60/1b
• Bahn, die, -en   L9, 37/5a
• Bahnsteig, der, -e   L12, 69/3a
• Balkon, der, -s/-e   L10, 44/1
• Bank, die, Bänke   L8, 22/2
Bankangestellte, der/die, -n
L10, 45/1
• Bar, die, -s   L7, 8/1
Basler (Adj.)   L9, 42
• Baum, der, Bäume   L12, 76/1a
• beachten   L11, 61/4
beantworten   L12, 69/3a
beenden   L11, 58/2a
Beförderung, die, -en   L10, 51/5a
befreundet   L9, 40/1a
Begegnung, die, -en   L11, 58/1a
begeistert   L11, 58/2a
begleiten   L11, 66/1a
Behindertenzentrum, das, -zentren
L8, 24/6a
• bei   L7, 12/3
• bei + Dat.   L9, 38/2a
• beide   L11, 66/1a
• beim   L7, 18/1a
• Beitrag (zu), der, Beiträge
L11, 57/2
beklauen   L12, 78/1b
Bekleidung, die (nur Sing.)
L8, 27/4
• bekommen   L9, 42/1B
• beliebt   L9, 42/1B
benannt sein   L7, 18/1a
• bequem   L9, 36/1a
Bereich, der, -e   L11, 61/4
Bergmann, der, -leute   L10, 45/2
Bergwerk, das, -e   L10, 46/1b
Berliner (Person), der, -
L12, 69/3a

Berufsleben, das (nur Sing.)
L9, 42/1C
• berühmt   L8, 21/2a
• beschreiben   L8, 22/1
Beschreibung, die, -en   L11, 66/1a
Besitzer, der, -   L7, 9/2
Besitzerin, die, -nen   L7, 9/2
• besonder-   L11, 58/1a
• besonders   L8, 21/2a
• besser → gut (Bd. 1)   L9, 34/1a
Beste, das (nur Sing.)   L10, 48/2a
• beste → gut (Bd. 1)   L9, 36/1a
• bestehen aus   L9, 33/3a
• bestimmen   L10, 48/2a
• betragen   L7, 12/1b
das Bett machen, Betten machen
L7, 10/1a
• bewölkt   L7, 12/1b
• Bibliothek, die, -en   L12, 70/2a
• Biergarten, der, -gärten   L7, 8/1
Bildunterschrift, die, -en   L10, 46/1a
• billig   L9, 35/4a
• Birne, die, -n   L10, 51/3
• bis zu   L12, 70/1a
• bitte sehr   L7, 14/1
• Bitte, die, -n   L11, 63/5a
• Blick, -der, -e   L7, 15/4
• blau   L8, 27/2
• bloß (Partikel)   L10, 52/1a
• Bluse, die , -n   L8, 26/1a
Botschaft, die, -en   L12, 69/3a
Bratwurst, die, -würste   L8, 21/2a
• braun   L8, 27/2
Brezel, die, -n   L7, 10/1a
• Brücke, die, -n   L11, 56/1a
• buchen   L7, 15/4
• Buchstabe, der, -n   L9, 42/1
• Bulette, die, -n   L12, 69/3a
• Bundesamt, das, -ämter
L9, 42/1C
Bundesfeier, die (hier nur Sing.)
L12, 77/3
• Bundeskanzler, der, -   L12, 70/2a
• Bundesrepublik, die, -en
L12, 76/1a
• Bundestag, der (nur Sing.)
L12, 69/3a
• bunt   L12, 69/3a
Burg, die, -en   L8, 21/2a
Burschenschaft, die, -en
L11, 66/1a
Busfahrt, die, -en   L12, 72/1
Bushaltestelle, die, -n   L8, 22/1

C
ca. (= circa)   L11, 61/3a
Camper, der, -   L11, 62/1
• Camping, das (nur Sing.)
L11, 56/1a
Campingplatz, der, -plätze
L11, 62
• Cent, der, -/-s   L10, 51/3
• Chance, die, -n   L12, 78/1d
Chauffeur, der, -e   L9, 34
• Chef, der, -s   L7, 9/3
• Chemie, die (nur Sing.)   L9, 33/3a
Chemielaborant, der, -en
L9, 38/2a
Chiffre, die, -n   L10, 54/1b
Christ, der, -en   L12, 76/1a
christlich   L12, 76/1a
Collage, die, -n   L8, 20/1c
Comic-Heft, das, -e   L11, 62/3

D
• da (Partikel)   L11, 65/5
• da (zeitl.)   L11, 64/1a
• Dach, das, Dächer   L12, 72/1a
Dachgeschoss, das, -e   L10, 44/1
Dachterrasse, die, -n   L10, 54/1b
• (etwas) dagegen haben
L12, 78/1b
• damit   L11, 58/1a
• danke schön   L7, 14/1
• darauf   L9, 42/1A
• darüber   L11, 58/2a
• dass   L10, 52/1a
• Datum, das, Daten   L12, 76/1c
Dauercamper, der, -   L11, 62/1
• dauern   L7, 13/4
Debatte, die, -n   L12, 69/3a
Degen, der, -   L11, 66/1a
• Dekagramm (Abk. dag), das, - (A)
L10, 50/1b
Dekoration, die, -en   L8, 21/2a
• denken   L9, 35/3
Denkweise, die, -n   L11, 58/1a
Design, das (nur Sing.)
L8, 21/2a
Detektiv, der, -e   L12, 78
• Deziliter (Abk. dl), der, -
L10, 50/1b
• deutlich   L9, 42/1C
• deutsch   L9, 41/5
• Deutsche, der/die, -n   L9, 41/5
Deutschschweiz, die   L9, 42/1C
deutschsprachig   L12, 76/1

- Dezember, der (nur Sing.) L8, 21/2a
- Dieb, der, -e L12, 78/1b
- Dienst, der, -e L11, 61/4
- dieser L11, 58/2
- Dimension, die, -en L11, 58/1a
- direkt L9, 33/3a
- Diskussion, die, -en L9, 34/1a
- diskutieren L9, 34/1a
- diszipliniert L11, 66/1a
- Döner Kebab, der, -s L12, 69/3a
- Doppeldeckerbus, der, -busse L12, 72/1a
- Doppelzimmer, das, - L7, 8/1
- Dose, die, -n L10, 50/1
- Dreiländereck, das (nur Sing.) L9, 33
- dritte- L10, 44/1
- Drittel, das, - L11, 58/1a
- drüben L12, 78/1b
- drücken L12, 70/1a
- dunkel, dunkler, am dunkelsten L8, 21/2a
- dunkelblau L8, 27/2
- durch (örtlich) L7, 18/1a
- durchlässig L11, 58/1a
- durchstreichen L11, 62/1b
- dürfen L8, 28/2b
- Dusche, die, -n L7, 8/1
- duschen L11, 60/2

E
- eben L12, 75/4
- ebenfalls L9, 38/2a
- Ecke, die, -n L8, 24/6b
- ehemalig L12, 69/3a
- eigen- L12, 78/1a
- Eimer, der, - L11, 60/1a
- Eindruck, der, Eindrücke L11, 58/2
- einfach (Adv.) L9, 34/1a
- Eingang, der, -gänge L12, 69/3a
- Einheimische, der/die, -n L12, 69/3a
- Einheit, die (hier nur Sing.) L12, 77/3
- einige L8, 21/2a
- Einkaufsmöglichkeit, die, -en L9, 35/4a
- Einkaufszentrum, das, -zentren L11, 56/1a
- einmal, zweimal usw. L10, 47/3
- einnehmen L11, 58/1a

Einrichtung (Möbel), die (nur Sing.) L11, 60/1
Einrichtung, die, -en L12, 69/3a
Einrichtungsgegenstand, der, -stände L11, 60/1
- einsam L7, 18/1a
einschließen L11, 61/4
eintragen L10, 44/1
- Einwanderer, der, - L12, 69/3a
- Einwohner, der, - L9, 38/2a
- Einzelzimmer, das, - L7, 8
- Eisenbahn, die, -en L12, 78/1b
Elektriker, der, - L9, 34
- Elektrotechnik, die (nur Sing.) L10, 45/1
Elfchen, das, - L8, 30/1a
Elsass, das L9, 32/1
- E-Mail-Adresse, die, -n L11, 61/4
Empfang, der (nur Sing.) L7, 9/2
empfangen L7, 9/2
Empfangschef, der, -s L7, 9/2
Empfangschefin, die, -nen L7, 9/2
- empfehlen L11, 58/2a
- Ende, das (nur Sing.) L12, 70/1a
Endstation, die, -en L12, 72/1a
- eng L10, 52/1a
- Englisch (Sprache) L9, 40/1a
- entdecken L7, 13/4
- Entfernung, die, -en L10, 52/1a
- entlang L12, 69/3a
- entscheiden L10, 48/2a
- Erdgeschoss (Abk. EG), das, -e L10, 44/1
- Ereignis, das, -se L12, 72/1c
- Erfolg, der, -e L7, 18/1a
- Ergebnis, das, -se L8, 20/1a
- erhalten L11, 58/1a
Erklärung, die, -en L11, 57/2
- ernst L11, 66/1a
- eröffnen L12, 75/2a
- erreichen L7, 9/3
erschießen L12, 72/1c
- erst- L8, 24/6b
erwachsen L10, 44
- Erwachsene, der/die, -n L11, 64/1a
Erzbischof, der, -bischöfe L7, 18/1a
- Essen, das (nur Sing.) L7, 9/2
Essen machen L7, 9/2
Esszimmer, das, - L10, 44/1

etc. L11, 61/4
- etwa L12, 70/1a
- etwas (ein bisschen) L10, 45/2
- etwas anderes L10, 48/2a
- europäisch L11, 58/2a
- ewig L10, 47/4a
- Export, der, -e L9, 33/3a
extravagant L12, 70/1a
extrem L12, 74/2a

F
- Fach, das, Fächer L11, 58/1b
Fachhochschule, die, -n L10, 45/1
- Fahrer, der, - L12, 72/1a
Fahrschule, die, -n L8, 24/6a
- Fahrt, die, -en L7, 13/4
Fakultät, die, -en L11, 58/1a
- fallen L12, 72/1c
fantasievoll L9, 42/1D
- Farbe, die, -n L8, 27/4a
Fasnacht, die (nur Sing.) L9, 42/1A
- fast L7, 9/3
- Februar, der (nur Sing.) L9, 42/1A
- Feiertag, der, -e L12, 76
- fein L11, 56/1a
- Fenster, das, - L7, 10/1a
- Ferien, die (nur Pl.) L11, 62/1a
- Fernseher, der, - L7, 8/1
- Fest, das, -e L10, 51/5a
Festival, das, -s L9, 42/1B
Fett, das (hier nur Sing.) L10, 50/1
Feuerwerk, das, -e L12, 76/1a
- Film, der, -e L7, 11/5
- finanziell L7, 18/1a
- finden L8, 27/2
- Firma, die, Firmen L9, 33/3a
Fitness-Studio, das, -s L8, 24/6a
fliehen L12, 72/1c
Flohmarkt, der, -märkte L8, 24/6a
Floristin, die, -nen L10, 44
- Flucht, die, -en L12, 72/1c
Fluchtversuch, der, -e L12, 72/1c
- Flugzeug, das, -e L7, 17/5a
fördern L11, 58/1b
fotokopieren L8, 30/1a
- Franken, der, - L9, 33/3a
- Französisch (Sprache) L9, 33/2
- frei L7, 15/5a
- freihaben L12, 74/2a

- Freizeit, die *(nur Sing.)* L7, 10
  Freizeit- und Campingpark,
  der, -s L11, 56/1a
- Fremdsprache, die, -n L9, 42/1
- Freude, die, -n L12, 78/1a
- sich freuen L12, 75/4
- Freundschaft, die, -en L11, 57/2
- frisch L10, 50/1
- Friseur, der, -e L8, 24/6a
  Friseursalon, der, -s L10, 48/2a
- froh L12, 68/1b
- fröhlich L11, 66/1a
- früh L7, 10/1a
- früher- L12, 69/3b
- Frühling, der *(hier nur Sing.)*
  L12, 76/1a
  Frühlingsanfang, der, -anfänge
  L12, 77/3
  Frührentner, der, - L10, 44
- Führung, die, -en L7, 9/3
- funktionieren L12, 78/1d
- furchtbar L10, 48/2a
  Fußballverein, der, -e L10, 52/1a

G
- ganz *(ganz gut)* L9, 39/5
- ganz- L9, 33/3a
- gar nicht L12, 72/1a
- Garage, die, -n L10, 44/1
- Garten, der, Gärten L7, 15/5a
  Gartenarbeit, die *(nur Sing.)*
  L10, 54/1b
- Gas, das *(nur Sing.)* L10, 54/1b
  Gasheizung, die *(hier nur Sing.)*
  L10, 54/1b
- Gast, der, Gäste L7, 9/2
- Gaststätte, die, -n L9, 42/1A
- Gebiet, das, -e L9, 42/1C
- gebraucht *(Adj.)* L11, 61/3a
- Geburt, die, -en L12, 76/1a
  Geburtstagsparty, die, -s
  L10, 51/5a
  Gedicht, das, -e L8, 30/1a
- geeignet L9, 42/1D
- gefährlich L9, 37/5a
- gefallen L10, 52/1a
- gegen L9, 34/1a
- Gegensatz, der, -sätze L12, 74/2a
- Gegenstand, der, -stände
  L11, 60/1
- gehören zu L10, 46/1a
- gelb L8, 27/2
- gelten L9, 42/1B

- genau *(Adj.)* L8, 28/2b
  genießen L12, 70/1a
- genug L12, 78/1a
  geöffnet sein L12, 70/2a
- Gepäck, das *(nur Sing.)* L7, 15/4
- Gepäckstück, das, -e L12, 72/1a
- gerade *(zeitl.)* L7, 10/1b
- geradeaus L8, 24/6b
- Gerät, das, -e L11, 60/2
- Gericht *(Essen)*, das, -e
  L11, 59/2b
- gesamt L9, 38/2b
- Geschenk, das, -e L12, 76/1a
- Geschichte, die, n L9, 33/3a
  Geschichtsmeile, die, -n
  L12, 69/3a
- geschnitten *(Adj.)* L10, 51/3
- Gesellschaft *(Personengruppe)*,
  die, -en L11, 66/1a
- Gesellschaft, die, -en L12, 69/3a
  Gesuch, das, -e L11, 61/4
- gesund L9, 34/1a
- Getränk, das, -e L7, 9/2
- Gewürz, das, -e L8, 28/2a
  gießen L11, 62/3
- Glas *(Behälter)*, das, Gläser
  L10, 50/1
- Glas *(Material)*, das *(nur Sing.)*
  L12, 70/1a
- gleich *(zeitlich)* L8, 27/2
- gleich *(örtl.)* L12, 71/2b
- gleich- L10, 52/1a
- gleichfalls L10, 51/3
- glücklich L12, 68/1b
  Glühwein, der *(nur Sing.)*
  L8, 30/1a
- Grad *(Celsius)*, der, -e L7, 12/1b
- Gramm, das, - L10, 50/1
- gratulieren L11, 58/2a
- grau L8, 27/2
- Grenze, die, -n L9, 33/3a
  grenzenlos L12, 69/3a
  Grenzgänger, der, - L9, 33/3a
  Grenzpolizist, der, -en L12, 72/1c
  Grill, der, -s L11, 62/3
  grillen L11, 62/2
  Grillfest, das, -e L11, 64
  großartig L12, 78/1b
- Größe, die, -n L8, 27/2
  Größentabelle, die, -n L8, 27/2
- groß, größer, am größten
  L9, 34/1a
- Großfamilie, die, -n L10, 51/5a

- großstädtisch L12, 69/3a
- grün L8, 27/2
  im Grünen L11, 62/1a
- Grund, der, Gründe L12, 68/1b
- Gruppe, die, -n L8, 20/1c
  Grüß Gott! L7, 14/1
- günstig *(billig)* L10, 50/1
- Gymnasium, das, Gymnasien
  L11, 58/2a

H
- Hackfleisch, das *(nur Sing.)*
  L10, 50/1
- Halbpension, die *(nur Sing.)*
  L7, 15/4
- halt! L12, 72/1a
- halten L11, 66/1a
- Haltestelle, die, -n L8, 22/1
- Hand, die, Hände L11, 66/1a
  Handelsstadt, die, -städte
  L11, 56/1a
- Handtuch, das, -tücher L7, 10/1a
  Handwerk, das *(nur Sing.)*
  L8, 21/2a
- Handy, das, -s L7, 16/2
- hängen L11, 62/3
  Hansestadt, die, -städte
  L11, 56/1a
- hart *(Adv.)* L10, 46/1a
  Hase, der, -n L12, 76/1a
- Haupt- L8, 21/2a
  Haushaltsauflösung, die, -en
  L11, 61/3a
  Hausmann, der, -männer
  L10, 45/2
- Hausmeister, der, - L10, 44
- heilig L12, 77/3
  Heiligabend, der *(nur Sing.)*
  L12, 76/1a
- Heimat, die *(nur Sing.)* L12, 74/2a
  heimlich L12, 76/1a
- das heißt *(heißen)* L9, 38/2a
  heiter L9, 42/1D
  Heizung, die, -en L10, 54/1b
- helfen L8, 27/4a
- hell L10, 53/3a
- hellblau L8, 27/2
- Hemd, das, -en L8, 26/1a
  Herausforderung, die, -en
  L11, 58/1a
- Herbst, der *(hier nur Sing.)*
  L8, 26/1a
  Herd, der, -e L11, 60/1a

- Herz, das, -en   L11, 56/1a
- Hilfe, die *(hier nur Sing.)*   L7, 15/4
  zu Hilfe rufen   L12, 78/1d
- hinten   L12, 71/2b
- hinter + *Akk.*, + *Dat.*   L12, 72/1a
- hinterher   L12, 78/1b
  historisch   L8, 28/1
  Hl. Drei Könige, die *(nur Pl.)*
  L12, 77/3
  H-Milch, die *(nur Sing.)*   L10, 50/1
  Hochhaus, das, -häuser
  L11, 56/1a
- Hochschule, die, -n   L11, 58/1a
- hoch, höher, am höchsten
  L12, 76/1a
- höchstens   L11, 61/3a
- Hof, der, Höfe   L10, 44/1
- holen   L11, 64/1a
- Hose, die, -n   L8, 26/1a
  Hotelier, der, -s   L7, 9/2
  Hotelprospekt, der, -e   L7, 8/1
  Hugenotte, der, -n   L12, 69/3a
- Hunderte (von …)   L12, 70/1a
- hungrig   L9, 42/1A
  Hut, der, Hüte   L7, 16/2

I

Imbiss, der, -e   L12, 74/2a
Immobilie, die, -n   L10, 54/1b
- in + *Dat.*   L8, 22/2
  individuell   L8, 26/1a
- Industrie, die, -n   L9, 33/3a
- Information, die, -en   L8, 20/1a
- informieren   L7, 9/3
  Innenhof, der, -höfe   L9, 42/1B
  interessanterweise   L9, 42/1C
- interessieren   L11, 58/2a
- international   L8, 27/2
- Internet, das *(nur Sing.)*
  L8, 28/2a
  Internet-Adresse, die, -n
  L8, 28/2a
  interviewen   L8, 20/1b
  Intonation, die, -en   L10, 53/4
- inzwischen   L11, 58/2a
- Israel   L12, 75/2a

J

- Jacke, die, -n   L8, 26/1a
  -jährig   L12, 70/1a
- Jahreszeit, die, -en   L12, 77/3
- Jahrhundert, das, -e   L9, 42/1D
- Januar, der *(nur Sing.)*   L12, 72/1c
- Jazz, der *(nur Sing.)*   L9, 42/1

- je   L11, 61/4
- je nach   L9, 42/1E
- Jeanshose, die, -n   L10, 49/5
- jeder, -e, -s   L9, 33/3a
  jede Menge   L9, 33/3a
- jemand   L10, 47/4a
  Jesus Christus   L12, 76/1a
- jeweils   L11, 61/4
- Job, der, -s   L9, 40/1a
  Joghurt, der/das, -s   L10, 50/1
  jubeln   L12, 72/1a
  Jude, der, -n   L12, 69/3a
  jüdisch   L12, 69/3a
- Jugend, die *(nur Sing.)*   L12, 74/2a
- jung   L11, 56/1a
- Junge, der, -n   L12, 78/1b
- Juni, der *(nur Sing.)*   L12, 77/3
  Jura *(Studienfach)*   L11, 58/1a

K

Kaiser, der, -   L8, 21/2a
kaiserlich   L7, 18/1a
Kaltmiete, die, -n   L10, 54/1b
Kanon, der, -s   L7, 18/2
- Kantine, die, -n   L9, 38/1a
- Kanton, der, -e   L9, 32/1
- Kanzler, der, -   L12, 69/3a
  Kanzleramt, das *(nur Sing.)*
  L12, 69/3a
- Karneval, der *(nur Sing.)*
  L12, 74
- Karte *(Eintrittskarte)*, die, -n
  L7, 9/3
  Käsespätzle *(nur Pl.)*   L12, 69/3a
- Kasse, die, -n   L8, 27/4a
  Kassenbon, der, -s   L8, 27/4a
- Kassettenrekorder, der, -
  L11, 64/1a
- Kasten, der, Kästen   L10, 50/1
  Kategorie, die, -n   L9, 42/1E
  Kauffrau, die, -en   L10, 52/1a
  Kaution, die, -en   L10, 54/1b
- Keller, der, -   L10, 54/1b
- kennen lernen   L8, 20/1a
- Kenntnisse, die *(nur Pl.)*
  L11, 58/1a
- Kilogramm *(Abk.* kg*)*, das, -
  L10, 50/1
- Kilometer, der, -   L9, 34/1a
  Kinderzimmer, das, -   L10, 44/1
  Kindheit, die, -en   L10, 49/5
  Klammer, die, -n   L11, 63/6
- klar   L11, 56/1a

- Kleid, das, -er   L8, 27/2
- Kleider, die *(nur Pl.)*   L8, 27/2
- Kleidung, die *(nur Sing.)*   L8, 26/1a
- Kleidungsstück, das, -e   L8, 26/1a
  Kleinanzeige, die, -n   L11, 61/4
  klingen   L11, 63/5a
- Klo, das, -s   L7, 14/3
- Kneipe, die, -n   L10, 47/4a
- Knie, das, -   L9, 33/3a
- Knopf, der, Knöpfe   L12, 70/1a
  Kochtopf, der, -töpfe   L11, 60/1b
- Koffer, der, -   L7, 15/4
- Kohle, die *(hier nur Sing.)*
  L10, 46/1a
- Kollege, der, -n   L9, 39/5
- Kollegin, die, -nen   L9, 40/1a
  Kombination, die, -en   L11, 61/3a
  Komma, das, -s / Kommata
  L11, 61/4
  Komponist, der, -en   L7, 18/1a
  Komposition, die, -en   L7, 18/1b
- König, der, -e   L12, 77/3
- Kontrolle, die, -n   L11, 63/6
  Konzern, der, -e   L9, 33/3a
- Konzert, das, -e   L7, 9/3
  Konzertmeister, der, -   L7, 18/1a
  Kopfarbeiter, der, -   L10, 52/1a
  Kopfsalat, der *(nur Sing.)*
  L10, 50/1
  körperlich   L10, 46/1b
- korrigieren   L10, 51/4
- kosten   L7, 8/1
- Kosten, die *(nur Pl.)*   L10, 54/1b
  kostenlos   L11, 61/4
- Kostüm, das, -e   L12, 76/1a
- Kreuzung, die, -en   L8, 24/6b
  Kroate, der, -n   L10, 52/1a
- Küche, die, -n   L10, 44/1
  Küchenzeile, die, -n   L10, 44/1
  Kugel, die, -n   L7, 18/1a
- Kühlschrank, der, -schränke
  L11, 60/1a
- Kultur, die, -en   L9, 33/3a
  kulturell   L12, 74/2a
  Kulturwissenschaften, die
  (hier nur Pl.)   L11, 58/1a
- Kunst, die *(hier nur Sing.)*
  L9, 42/1
  Kunstausstellung, die, -en
  L12, 70/2a
- Künstler, der, -   L7, 18/1a
  Kuppel, die, -n   L12, 70/1a
- Kursleiterin, die, -nen   L8, 20/1a

Kursort, der, -e   L11, 59/4

L
Laborant, der, -en   l 9, 38/2a
Lamm, das, Lämmer   L10, 50/1
• Lampe, die, -n   L11, 60/1a
• Land, das (hier nur Sing.)
L9, 33/3a
• auf dem Land   L9, 34/1a
Landkarte, die, -n   L9, 32/1
Landleben, das (nur Sing.)
L9, 34/1a
• lang, länger, am längsten (… Jahre
lang)   L10, 46/1a
• lange (Adv.)   L7, 14/3
• langweilig   L7, 14/3
Lauf, der, Läufe   L9, 42/1E
• laufen   L9, 42/1
• laufen (etwas läuft)   L12, 74/2a
• laut (gemäß)   L9, 42/1C
• leben   L9, 34/1a
Lebkuchen, der, -   L8, 21/2a
Leergut, das (nur Sing.)
L10, 51/4
Leerzeichen, das, -   L11, 61/4
• leise   L9, 37/5a
Leiterin, die, -nen   L8, 20/1a
• letzt-   L12, 76/1a
Lexikon, das, Lexika   L7, 18/1a
Libanon, der   L9, 40/1a
• Licht, das, -er   L9, 42/1A
• lieber → gern (Bd. 1)   L9, 34/1a
Liegestuhl, der, -stühle   L11, 62/3
• Lift (engl.), der, -e oder -s
L12, 70/1a
Liftboy (engl.), der, -s   L12, 70/1a
• Limo (= Limonade), die, -s
L8, 22/2
• Linie (Bus), die, -n   L12, 72
• link-   L8, 24/6b
• Liter (Abk. l), der, -   L10, 50/1
Literatur, die, -en   L12, 69/3a
• los sein   L9, 34/1a
• lösen   L10, 48/2a
Lücke, die, -n   L10, 48/2b
• Luft, die (hier nur Sing.)   L9, 34/1a
M
• Mädchen, das, -   L10, 48/2a
• mager   L10, 51/4
• Mal, das, -e   L9, 42/1B
• zum ersten, zweiten, dritten usw.
Mal   L12, 76/1c
Maler, der, -   L8, 21/2a

• manch-   L12, 69/3a
• Mantel, der, Mäntel   L8, 26/1a
• Mark, die, -   L12, 78/1b
Marketingassistentin, die, -nen
L10, 45/1
• Markt, der, Märkte   L8, 21/2a
• Marktplatz, der, -plätze   L9, 42/1B
Markttag, der, -e   L8, 30/1a
• März, der (nur Sing.)   L9, 42/1C
• Maschine, die, -n   L9, 42/1D
Maske, die, -n   L9, 42/1
• Maß (in besonderem Maße), das
(hier nur Sing.)   L11, 58/1a
• Mauer, die, -n   L12, 69/3a
Mauerfall, der (nur Sing.)
L12, 69/3a
Mauerstreifen, der (hier nur Sing.)
L12, 69/3a
maximal   L11, 61/4
• Mechaniker, der, -   L10, 52/1a
• Medikament, das, -e   L9, 33/3a
• Mehl, das (nur Sing.)   L9, 42/1A
mehr → viel (Bd. 1)   L7, 18/1a
• mehrere   L9, 33/3a
mehrsprachig   L9, 33/3a
Mehrsprachigkeit, die (nur Sing.)
L9, 42/1C
Meile, die, -n   L12, 69/3a
• meinen   L10, 52/1a
• Meinung, die, -en   L9, 35/4
• meistens   L9, 39/5
• Menge, die, -n   L9, 33/3a
Mensch, …!   L12, 78/1a
• Miete, die, -n   L9, 34/1a
• Million, die, -en   L12, 78/1a
• mindestens   L10, 45/2
Ministerium, das, Ministerien
L12, 69/3a
• mit   L7, 14/1
• mit + Dat.   L7, 16/2
• Mitarbeiter, der, -   L11, 58/1a
• Mitglied, das, -er   L11, 57/3a
• mitlaufen   L9, 42/1
• Mitte, die (nur Sing.)   L11, 66/1a
• Mitternacht, die (nur Sing.)
L12, 76/1a
• Möbel, das, - (meistens Pl.)
L11, 60/1
• Mode, die, -n   L8, 21/2a
• modern   L8, 21/2a
• möglich   L9, 42/1E
• Möglichkeit, die, -en   L9, 35/4a
• Monat, der, -e   L9, 38/1b

• montags, dienstags usw.
L10, 46/1b
montieren   L9, 42/1A
Morgenstraich, der (nur Sing.) (CH)
L9, 42/1A
Moschee, die, -n   L12, 69/3a
• Motorrad, das, -räder   L9, 37/3
Mozartkugel, die, -n   L7, 18/1a
• Müll, der (nur Sing.)   L11, 60/1a
• Mülleimer, der, -   L11, 60/1a
multikulturell   L12, 69/3a
musikalisch   L7, 18/1a
Musiker, der, -   L7, 9/2
Musikinstrument, das, -e
L7, 16/2
Muttersprache, die, -n   L9, 40/1a

N
• nach oben, unten usw.
L12, 70/1a
• Nachmittag, der, -e   L10, 51/5a
• nächst-   L9, 42/1A
• Nacht, die, Nächte   L7, 15/4
• Nachteil, der, -e   L9, 37/5
• Nachtisch, der (nur Sing.)
L10, 51/4
Nachtschicht, die, -en   L10, 48/1
• nah, näher, am nächsten
L9, 42/1D
• nähen   L8, 26/1a
• nämlich   L7, 14/3
• Nationalfeiertag, der, -e
L12, 76/1a
Nationalgericht, das, -e
L11, 59/2b
• Nationalität, die, -en   L9, 41/6
nationalsozialistisch   L8, 21/2a
• Natur, die (hier nur Sing.)
L10, 50/1
Nazi, der, -s   L12, 69/3a
• neben   L11, 58/1a
• neben + Akk., + Dat.   L12, 72/1a
• nebenbei   L10, 44
Nebenkosten, die (nur Pl.)
L10, 54/1b
Neubau, der, -bauten   L10, 54/1b
• Neujahr   L12, 77/3
Niederlande, die (Pl.)
L9, 41/5
• niedrig   L9, 35/4a
Nikolaus   L12, 77/3
• normal   L9, 42/1A
notieren   L8, 25/9a

- Notiz, die, -en   L8, 28/1
  Notizzettel, der, -   L8, 28/1
- November, der *(nur Sing.)*
  L9, 42/1D
- nun   L12, 72/1a

O
- oben   L10, 52/1a
- Ober, der, -   L7, 9/2
  Obergeschoss *(Abk. OG)*,
  das, -e   L10, 54/1b
- offen *(Charakter)*   L12, 74/2a
- öffnen   L12, 72/1c
  oh je   L8, 27/2
- Oktober, der *(nur Sing.)*
  L12, 72/1c
  Olive, die, -n   L10, 50/1
  Oper, die, -n   L7, 18/1a
- Orange, die, -n   L10, 50/1
- Ordnung, die, -en   L9, 40/1a
- in Ordnung sein   L9, 40/1a
  Orientierung, die, -en   L11, 58/1a
- Ostdeutschland   L12, 76/1a
- Ostern, das *(nur Sing.)*   L12, 76/1a
- Österreicher, der, -   L7, 13/4
- Osteuropa   L11, 58/1a

P
- Paar, das, -e   L7, 16/2
  Packung, die, -en   L10, 50/1
- Paket, das, -e   L10, 50/1
  Pärchen, das, - → Paar
  L11, 58/2a
- Park, der, -s   L11, 56/1a
- Parlament, das, -e   L12, 69/3a
- Partei, die, -en   L8, 21/2a
  Parteitag, der, -e   L8, 21/2a
- Party, die, -s   L10, 47/4a
- Pause, die, -n   L7, 10/1b
- Pause machen   L7, 10/1b
  pendeln   L9, 33/3a
  Pendeln, das *(nur Sing.)*
  L9, 37/4
  Pendler, der, -   L9, 33/3a
  Pfand, das *(nur Sing.)*   L10, 50/1
  Pferd, das, -e   L11, 66/1a
- Pfingsten, das *(nur Sing.)*
  L12, 77/3
- Pfund, das, -e   L10, 50/1
  Pharmakonzern, der, -e   L9, 33/3a
  Philharmoniker, der, -   L12, 75/2a
- Picknick, das, -e oder -s
  L10, 51/5a

- Plan, der, Pläne   L12, 78/1d
- Platz *(Sitzplatz)*, der, Plätze
  L9, 42/1B
  Platzwart, der, -e   L11, 64/1a
  Plenarsaal, der *(hier nur Sing.)*
  L12, 70/1a
- plötzlich   L12, 72/1a
- Pole, der, -n   L10, 52/1a
- Politiker, der, -   L12, 70/1a
- politisch   L12, 69/3a
- Polizei, die *(nur Sing.)*   L12, 78/1d
- Polizist, der, -en   L9, 34
- polnisch   L11, 57/2
- Portugal   L10, 52/1a
  Postfach, das, -fächer   L9, 42/1E
- praktisch   L9, 37/5a
  Praline, die, -n   L10, 50/1
  präsentieren   L8, 30
- Presse, die *(nur Sing.)*   L9, 42/1D
  Pressebüro, das, -s   L12, 71/2b
- privat   L10, 54/1b
- pro   L10, 45/2
- probieren   L8, 21/2a
- produzieren   L8, 26/1b
- Professorin, die, -nen   L11, 58/2a
  Programmierer, der, -   L9, 34
- Projekt, das, -e   L8, 20
- Prost!   L10, 47/3
- Prozent (%), das *(hier nur Sing.)*
  L10, 50/1
- Prüfung, die, -en   L10, 45/2
- Pullover, der, -   L8, 26/1a
- pünktlich   L11, 65/5
  Putenschnitzel, das, -   L10, 50/1
- putzen   L7, 10/1a

Q
- Quadratmeter (m²), der, -
  L10, 54/1b
- Qualität, die, -en   L8, 28/2a

R
  Rätoromanisch *(Sprache)*
  L9, 33/3a
- rauchen   L8, 28/3
- Raum, der, Räume   L7, 8/1
  rausholen (= herausholen)
  L11, 62/3
- recht   L11, 58/2a
- Recht, das *(hier nur Sing.)*
  L11, 58/1a
- Recht haben   L10, 48/2a
  Rechtsanwalt, der, -e   L12, 74/2a

  Rechtsanwältin, die, -nen
  L12, 74/2a
- Regal, das, -e   L11, 60/1a
- Regen, der *(nur Sing.)*   L7, 12/2
  Regenjacke, die, -n   L11, 62/3
  Regenschirm, der, -e   L7, 13/4
- regieren   L11, 56/1a
- Regierung, die, -en   L12, 69/3a
- regnen (es regnet)   L7, 12/1b
  regnerisch   L7, 12/2
  Reichsparteitag, der, -e   L8, 21/2a
  Reichstag, der *(nur Sing.)*
  L12, 69/3a
  Reichstagsgebäude, das *(nur Sing.)*
  L12, 69/3a
- reif   L10, 51/3
- Reis, der *(nur Sing.)*   L10, 50/1
  reiten   L11, 66/1a
  rekonstruieren   L11, 57/2
- Religion, die, -en   L12, 74/2a
- Rente, die, -n   L12, 74/2a
- in Rente gehen   L12, 74/2a
- Republik, die, -en   L12, 69/3b
- reservieren   L7, 14/1
  restlich   L9, 42/1A
- Rezept, das, -e   L8, 28/1
- Rezeption, die, -en   L7, 9/3
- riechen   L8, 30/1a
- Rock, der, Röcke   L8, 26/1a
- Rolle, die, -n   L11, 58/1a
  Roman, der, -e   L12, 69/3a
  Romanheld, der, -en   L12, 69/3a
  romantisch   L12, 68/1a
- rot   L8, 27/2
- rufen   L12, 72/1a
- Ruhe, die *(nur Sing.)*   L12, 78/1a
- in Ruhe lassen   L12, 78/1a
- ruhig   L7, 9/3
- rund *(ungefähr)*   L9, 38/2a
  Rundgang, der, -gänge   L12, 69/3a

S
- Saal, der, Säle   L7, 16/1
- sammeln   L8, 20/1a
  Sand, der *(nur Sing.)*   L11, 56/1a
- sauber   L9, 35/4a
- sauer   L7, 14/3
  Sauna, die, Saunen   L10, 46/1a
- Schachtel, die, -n   L10, 50/1
- schade   L12, 74/2a
  Schaf, das, -e   L10, 50/1
  Schafskäse, der *(nur Sing.)*
  L10, 50/1

Schauplatz, der, -plätze L12, 69/3a

• scheinen (Sonne) L7, 12/1b

• schick L8, 26/1a

• Schild, das, -er L12, 72/1a

• Schirm, der, -e L7, 13/4

Schlafzimmer, das, - L10, 44/1

schlagen (Brücke) L11, 58/1a

Schlesier, der, - L12, 69/3a

• schließen L10, 52/1a

Schlitten, der, - L11, 66/1a

• Schlüssel, der, - L7, 14/1

Schlusswort, das, -e L8, 30/1b

• schmutzig L9, 35/4a

Schneiderei, die, -en L8, 21/2a

Schneiderin, die, -nen L8, 26/1a

Schnellimbiss, der, -e L12, 74/2a

• Schnitzel, das, - L10, 50/1

Schnürl-Regen (A), der (nur Sing.) L7, 13/4

• Schrank, der, Schränke L11, 60/1a

• Schreibtisch, der, -e L11, 60/1a

• schreien L11, 64/1b

Schreinerin, die, -nen L10, 48/2a

• schriftlich L9, 42/1E

Schriftsteller, der, - L12, 69/3a

• Schuh, der, -e L8, 26/1a

schwäbisch L12, 69/3a

schwarz L8, 27/2

• Schweizer, der, - L9, 40/1a

• Schweizer (Adj.) L9, 42/1C

• Schweizerdeutsch (Sprache) L9, 33/2

• schweizerisch L9, 41/5

• schwer L10, 52/1a

Schwerpunkt, der, -e L11, 58/2a

• Schwimmbad, das, -bäder L7, 8/1

• See, der, -n L11, 62/1

• Sehenswürdigkeit, die, -en L12, 72/1a

• seit L8, 26/1a

• Seite, die, -n L8, 24/6b

Sekt, der (nur Sing.) L12, 76/1a

Sektor, der, -en L12, 72/1a

• Sekunde, die, -n L12, 70/1a

• selbst L7, 18/1a

• Semester, das, - L11, 58/2a

Sensibilität, die (nur Sing.) L11, 58/1a

• September, der (nur Sing.) L12, 77/3

Service, der (nur Sing.) L10, 54/1b

servieren L7, 9/2

• sich (einander) L12, 76/1a

• sich selbst L8, 30/1b

Siegessäule, die (nur Sing.) L12, 72/1a

siehe (Abk. s.) → sehen (Bd. 1) L9, 42/1D

• Silvester, das, - L12, 76/1a

Sinfonie, die, -n L7, 18/1a

• Singapur L10, 45/1

Skizze, die, -n L8, 26/1b

Skulptur, die, -en L9, 42/1D

• so L10, 47/4a

• so (ungefähr) L8, 26/1a

• so ... wie ... L9, 37/4

• So ein/eine (Überraschung)! L10, 47/4a

Sofa, das, -s L11, 60/1a

• sogar L7, 18/1a

Solarium, das, Solarien L10, 46/1b

• solch- L12, 69/3a

• sollen L11, 64/2

• Sommer, der (hier nur Sing.) L9, 36/1a

• Sonderangebot, das, -e L10, 50/1

• Sonnabend (= Samstag), der, -e L12, 69/3a

• Sonne, die, -n L7, 12/1b

Sonnenbrille, die, -n L7, 16/2

sonnig L7, 12/2

• sonst L10, 51/3

• Sorge, die, -n L12, 78/1a

Sparprogramm, das, -e L11, 61/3a

• Spaß (Viel Spaß!), der, Späße L7, 14/1

• Spaß machen L9, 36/1a

• spät L8, 29/6

• später L8, 20/1a

• Speisesaal, der, -säle L7, 16/1

speziell L9, 42/1D

• Spiegel, der, - L11, 60/1a

• spielen (Szene, Geschichte) L11, 66/1a

• Spielzeug, das (nur Sing.) L8, 21/2a

• sportlich L9, 36/1a

Sportplatz, der, -plätze L8, 25/9a

Sprachkenntnisse, die (nur Pl.) L11, 58/1a

Spüle, die, -n L11, 60/1a

• spülen L11, 60/2

Spülmaschine, die, -n L11, 60/2

Stadtführung, die, -en L7, 9/3

Stadtleben, das (nur Sing.) L9, 34/1b

Stadtmitte, die (nur Sing.) L12, 69/3a

Stadtrat, der, -räte L11, 56/1a

Stadtteil, der, -e L12, 69/3a

Stahl, der (nur Sing.) L10, 52/1a

Stahlarbeiter, der, - L10, 52/1a

Stahlfabrik, die, -en L10, 52/1a

Stammtisch, der, -e L9, 34/1a

Stand, der, Stände L8, 22/2

• stark L12, 78/1d

• Start, der, -s L9, 42/1E

• starten L9, 42/1E

• Station, die, -en L12, 72/1a

Statistik, die, -en L9, 38/2b

• Stau, der, -s L9, 33/3a

Staubsauger, der, - L11, 60/1a

• stehen (in einem Text) L8, 28/2a

• stehen (sich befinden) L11, 60/1b

• stehlen L12, 78/1c

• Stelle (Arbeitsplatz), die, -n L11, 58/2a

• Stelle (Ort), die, -n L12, 69/3a

• stellen L11, 62/2

• stellen (Frage) L8, 28/2b

sich (einer Sache) stellen L11, 58/1a

Stellplatz, der, -plätze L10, 54/1b

• sterben L7, 18/1a

Stewardess, die, -en L10, 48/2a

• Stimme, die, -n L8, 30/1a

• stimmen L7, 14/1

Stipendium, das, Stipendien L11, 58/2a

• Stock, der, Stockwerke L10, 44/1

• Strand, der, Strände L11, 56/1a

• Straßenbahn, die, -en L9, 37/5a

• Strecke, die, -n L9, 42/1E

Strickjacke, die, -n L11, 64/1a

• Stück, das, - (hier Sing. u. Pl. gleich) L10, 50/1

am Stück L10, 51/3

Studentenleben, das (nur Sing.) L11, 66

Studentenverbindung, die, -en L11, 66/1a

Studienberatung, die, -en L11, 58/2a

Studienfach, das, -fächer L11, 58/1b

• Stuhl, der, Stühle L11, 60/1a

- Stunde, die, -n L7, 13/4
  Suche, die (nur Sing.) L7, 15/5a
  südlich (von) L9, 34/1a
  super L8, 27/2
- süß (Lebensmittel) L10, 51/3
  Süßigkeit, die, -en L7, 18/1a
- sympathisch L10, 48/1
  Synagoge, die, -n L12, 69/3a
  Szene, die, -n L11, 66/1a

T

- Tabelle, die, -n L8, 27/2
  Tag der Arbeit, der (nur Sing.)
  L12, 76/1a
  Tag der Dt. Einheit, der (nur Sing.)
  L12, 77/3
  Tageslicht, das (nur Sing.)
  L10, 46/1b
  Tagespresse, die (nur Sing.)
  L9, 42/1D
- täglich L9, 33/3a
- tanzen L12, 76/1a
- Tasche, die, -n L7, 15/4
- tatsächlich (Adv.) L12, 69/3a
- Teil, der, -e L11, 58/1a
- Teilnehmer, der, - L8, 20/1a
  Teilung, die, -en L12, 69/3a
- Temperatur, die, -en L7, 12/1b
- Teppich, der, -e L11, 60/1a
- Termin, der, -e L9, 42/1D
- Terrasse, die, -n L10, 54/1a
  Tessin, das L9, 40/1a
- teuer, teurer, am teuersten
  L9, 34/1a
  Textilfabrik, die, -en L12, 75/2a
- Thema, das, Themen L8, 20/1c
  Tiefgarage, die, -n L10, 54/1b
  Tiergarten, der, -gärten
  L12, 72/1a
- Tisch, der, -e L7, 16/1
- Tod, der, -e L7, 18/1b
- Toilette, die, -n L12, 70/2a
- tolerant L12, 74/2a
  Tor, das, -e L12, 69/3a
- Tradition, die, -en L8, 21/2a
  traditionell L9, 42/1A
- tragen (am Körper) L9, 42/1A
- Tram, das, -s (CH) L9, 36/1a
  Traubensaft, der (hier nur Sing.)
  L10, 50/1
- Traum, der, Träume L7, 11/4
- träumen L12, 72/1b
- traurig L12, 68/1a

- Treppe, die, -n L10, 44/1
  Treppenhaus, das, -häuser
  L10, 44/1
  Trockner, der, - L11, 61/3a
- trotzdem L9, 36/1a
  Tschechien L9, 41/5
- T-Shirt, das, -s L8, 26/1a
- tun L8, 30/1b
- zu tun haben mit L12, 78/1a
  Türkei, die L9, 41/5
- Tüte, die, -n L10, 50/1
- typisch L8, 21/2

U

u. v. m. (= und vieles mehr)
L11, 61/3a
U-Bahn, die, -en L12, 69/3a
- über L8, 20/1a
- über (örtlich) L9, 38/2a
- über (mehr als) L10, 52/1a
- über + Akk., + Dat. L12, 72/1a
- überall L10, 52/1a
  überfüllt L11, 58/2a
- überhaupt L8, 27/2
  Übernachtung, die, -en L7, 15/4
- Überschrift, die, -en L9, 42/1
- Überstunde, die, -n L10, 45/2
- übrigens L9, 33/3a
  Ukraine, die L12, 75/2a
- um + Zeitangabe L11, 66/1a
  Umfrage, die, -n L10, 52/1
  Umkleidekabine, die, -n L8, 27/2
  Umland, das (nur Sing.) L9, 38/2a
- umsteigen L9, 36/1a
- umtauschen L8, 27/4a
  umweltfreundlich L9, 37/5a
- umziehen L7, 18/1a
- unbedingt (Adv.) L11, 58/2a
- unfreundlich L9, 35/4a
- unglücklich L7, 18/1a
  Uniform, die, -en L11, 66/1a
- uninteressant L9, 35/4a
- unregelmäßig L9, 36/1a
- unten L10, 52/1a
- unter L9, 42/1E
- unter + Akk., + Dat. L12, 72/1a
- sich unterhalten L11, 64/1a
- unterwegs L7, 11/1
- unzufrieden L9, 35/4a

V

  Valentinstag, der L12, 77/3
- Velo, das, -s (CH) L9, 34

- veranstalten L9, 42/1E
- Veranstaltung, die, -en L9, 33/3a
- Verbindung, die, -en L10, 52/1a
  verbrennen L12, 69/3a
- verbringen L9, 38/1b
- verdienen L9, 38/1b
- Verein, der, -e L10, 52/1a
  verfolgen L12, 78/1c
- Vergleich, der, -e L9, 34/1b
- vergleichen L9, 37/5
  Verhandlungsbasis, die (nur Sing.)
  L11, 61/3a
- Verkehr, der (nur Sing.)
  L9, 33/3a
- Verkehrsmittel, das, - L9, 36/1
  Verkehrsverbindung, die, -en
  L10, 52/1a
- verlassen L12, 72/1a
- verlieren L7, 13/4
- vermieten L10, 54/1b
- verrückt L12, 74/2a
- verschieden L9, 42/1E
  Verständigung, die (nur Sing.)
  L11, 58/1a
  Verstecken spielen L11, 64/1a
- verstecken L12, 76/1a
- Versuch, der, -e L12, 72/1c
- vieles L7, 18/1a
- Viertel, das, - L12, 69/3a
- Vietnamese, der, -n L12, 74/2a
- Volk, das, Völker L11, 58/1a
- voller L12, 69/3a
- völlig (Adv.) L11, 58/1a
- Vollmond, der (nur Sing.)
  L12, 76/1c
- von + Dat. L9, 38/2a
- vor L9, 42/1B
- vor + Akk., + Dat. L12, 72/1a
- vorbeikommen L12, 72/1a
- vorn L11, 61/3a
- Vorsicht, die (nur Sing.)
  L9, 42/1A
  vorspielen L10, 47/4b
  Vorstadt, die, -städte L12, 69/3a
- Vorteil, der, -e L9, 37/5
  Vorzelt, das, -e L11, 62/1a

W

- Waffe, die, -n L12, 72/1a
- Wahl, die (hier nur Sing.)
  L11, 58/2a
- wählen L8, 20/1c
- während L12, 78/1b
- Währung, die, -en L11, 57/2

Passwort Deutsch Band 2   675827

Lieder: „Bona Nox", Peter Ewers
„Ich hab noch einen Koffer in Berlin", Marlene Dietrich
(EMI Electrola)

Sprecherinnen und Sprecher: Antje Albruschat-Keil, Günther Arnulf, Joachim Bräutigam, Cornelius Dane,
Rudolf Guckelsberger, Daniel Kashi, Claudia Kutter, Markus Michalski,

Stephan Moos, Maria Nohe, Reinhard Peer, Daniela Rössl, Claudia u. Fabio
Schojan, Jennifer u. Benedikt Sittler, Luise Wunderlich u.a.

Aufnahme und Tonregie: Annemarie Weik, Klett Studio
Presswerk: Osswald GmbH & Co., Leinfelden Echterdingen

Verzeichnis der Hörtexte

Lektion	Seite	Übung	Track
7	9	3	1
7	12	1	2
7	13	7	3
7	14	1	4
7	15	4	5
7	16	1	6–9
7	18	2	10
8	21	2	11–14
8	23	5	15–20
8	24	6	21–26
8	25	8	27
8	25	9	28–31
8	27	2	32
8	28	2	33
9	33	2	34–36
9	38	1	37
9	40	4	38
10	47	3	39
10	48	1	40
10	51	3	41
10	51	4	42
10	53	4	43
10	54	1	44
11	57	3	45–46
11	62	2	47
11	63	6	48–49
11	64	1	50
12	68	1	51
12	70	2	52
12	73	5	53
12	74	1	54
12	76	1	55

Quellennachweis

Kursbuch

Umschlag: iStockphoto/Moritz Frei (Basel), iStockphoto/Dave Logan (Mozartstatue) iStockphoto/Lise Gagne (Mitarbeiter) • S. 8/9: Hintergrundbild und Vignette: Bildagentur Huber (Giovanni) • S. 8: Auszüge aus dem Prospekt: Hotel Amadeus, A-Salzburg • S. 11, 12, 13: Fotos: Horst Weber, Dublin/KED • S. 15: Karte: Tourismus Salzburg GmbH, A-Salzburg • S. 18: Familie Mozart: AGK Berlin; Foto: Horst Weber/KED • S. 20/21: Hintergrundbild und Vignette: Bildagentur Huber (S. Damm), Garmisch-Partenkirchen • S. 20: Foto 1: Mauritius Die Bildagentur (Vidler), Stuttgart; Foto 2: Mauritius Die Bildagentur (Waldkirch), Stutt-gart • S. 21: Foto 3: Stockfood Photo Stock Agency (K. Newedel), München; Foto 4: Stadtarchiv Nürnberg; Foto 5: AKG, Berlin; Foto 6: Renate Köhl-Kuhn, Michelbach • S. 22: Bildagentur Huber (R. Schmid), Garmisch-Partenkirchen • S. 26: Foto: Renate Köhl-Kuhn, Michelbach; Zeichnungen: Regina Krawatzki, Stuttgart • S. 28: Mauritius Die Bildagentur (Hackenberg), Stuttgart • S. 32/33: Hintergrundbild und Vignette: Klammet, CH-Ohlstadt • S. 32: Landkarte: Klett-Perthes, Gotha; Foto: Horst Weber, Dublin/KED • S. 33: Sprachgebietskarte: KED; Foto: Horst Weber, Dublin/KED • S. 34: KED • S. 35, 36, 38, 42: Fotos: Horst Weber, Dublin/KED • S. 44: Foto 1: KED; Foto 2: Yüksel Polat, Murrhardt • S. 45: Foto 4: Thomas Lennertz, Martinsried; Foto 5: KED • S. 46: Foto 1: Westfälisches Industriemuseum (M. Holtappels), Dortmund; Foto 2: Zeche Helene, Zentrum für Sport und Freizeit, Essen • S. 47: Zeche Helene, Zentrum für Sport und Freizeit, Essen • S. 48, 51, 52: Fotos: KED • S. 52: Foto R. Pokanski: Markus Biechele, Bad Krozingen • S. 56/57: Hintergrundbild und Vignette: Mausolf, Frankfurt/Oder • S. 56: Foto A: Mausolf, Frankfurt/Oder; Foto B: Europa-Universität Viadrina, Franfurt/Oder • S. 57: Fotos: Mausolf, Frankfurt/Oder; Button: S© ubfurt e.V., Frankfurt/Oder • S. 58: vereinfachter Informationstext und Signet: Europa-Universität Viadrina, Frankfurt/Oder • S. 61: Anzeigenformular aus dem Internet: Quoka Verlag GmbH, Lampertheim • S. 62: Foto: Angela Kilimann, Zorneding • S. 64: Mausolf, Frankfurt/Oder • S. 66: Bilder: Stadtarchiv, Frankfurt/Oder • S. 68/69: Hintergrundbild und Vignette: Transit Archiv (P. Hirth), Berlin; vereinfachte Textauszüge: StattReisen Berlin e.V. • S. 69: Briefmarke: Deutsche Post AG; Fotos 2 bis 5: dpa, Frankfurt a. M. • S. 72, 74: Fotos: dpa, Frankfurt am Main • S. 76: MEV • S. 78: Textauszüge aus „Emil und die Detektive" von Erich Kästner © Atrium Verlag, CH-Zürich

Übungsbuch

S. 82, 84, 88: Fotos: Horst Weber, Dublin/KED • S. 88: Wetterkarte: KED • S. 92: Foto: Nicole Zeisig, Berlin • S. 95, 97: Fotos: Horst Weber, Dublin/KED • S. 97: Familie Mozart: AKG Berlin • S. 109: Zeichnungen: Regina Krawatzki, Stuttgart • S. 113: Mauritius Die Bildagentur (Hackenberg), Stuttgart • S. 114: Landkarte: Klett-Perthes, Gotha • S. 115, 119, 123, 124: Fotos: Horst Weber, Dublin/KED • S. 129: Anzeigen: Böhi, CH-Liestal; Restaurant Dreiländereck, CH-Basel • S. 131: Fotos: Yüksel Polat, Murrhardt; Thomas Lennertz, Martinsried • S. 132: Foto 1: Westfälisches Industriemuseum (M. Holtappels), Dortmund; Foto 2: Zeche Helene, Zentrum für Sport und Freizeit, Essen • S. 135, 139: Fotos: KED • S. 141: Fotos 1 und 3: KED; Foto 2: Markus Biechele, Bad Krozingen • S. 142: Fotos: KED • S. 143: Fotos: KED und Markus Biechele, Bad Krozingen • S. 146: Fotos: Mausolf, Frankfurt/Oder • S. 147: Fotos: Markus Biechele, Bad Krozingen • S. 148: Fotos: Mausolf, Frankfurt/Oder; Europa-Universität Viadrina, Franfurt/Oder • S. 151: Fotos: KED • S. 161: Stadtarchiv Frankfurt/Oder • S. 167: Fotos: dpa • S. 170: Karl-Heinz Raach, Merzhausen • S. 177: Briefmarke: Deutsche Post AG

Alle übrigen Fotos: Jürgen Leupold, Stuttgart
Alle übrigen Zeichnungen: Dorothee Wolters, Köln

Trotz intensiver Bemühungen konnten nicht alle Rechte-Inhaber ermittelt werden.
Für entsprechende Hinweise ist der Verlag dankbar.